신학과 강단을

잇는

설교자를 위한

안내서

설교학이야기

설교학이야기

초판 1쇄	2011년 10월 1일
초판 2쇄	2015년 3월 4일
지 은 이	이현웅
펴 낸 이	김현애
펴 낸 곳	예배와 설교 아카데미
주 소	서울특별시 광진구 광장동 272-12
전 화	02-457-9756
팩 스	02-457-1120
홈페이지	www.wpa.or.kr
등록번호	제18-19호(1998.12.3)
디 자 인	디자인집 02-521-1474
총 판 처	비전북
전 화	031-907-3927
팩 스	031-905-3927
I S B N	978-89-88675-47-2

값 16,000 원

• 잘못 만들어진 책은 교환해 드립니다.

신학과 강단을

잇는

설교자를 위한

안내서

설교학이야기

이현웅 저

C O N T E N T S

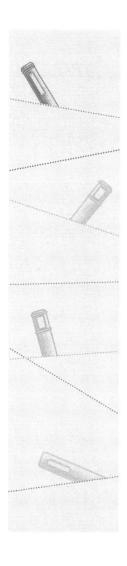

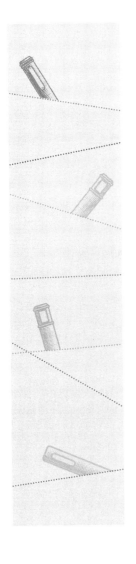

서문

설교의 여정 속으로

어느 교회로부터 설교 부탁을 받았다. 그래서 설교 원고를 정성껏 준비하고 설교할 날이 되어 예배 한 시간 전쯤 교회에 도착했다. 그런데 가방을 열어 보면서 깜짝 놀라지 않을 수 없었다. 가방에는 성경과 찬송가만 있었다. 설교 원고를 가져오지 않은 것이다. 순간 어떻게 해야 하나 망설이다가 시간에 쫓겨 부랴부랴 집으로 다시 가서 원고를 가지고 왔다. 도착해 보니 이미 예배는 시작되고 있었다.

다행히 이것은 현실이 아니라 필자가 어느 날 밤 꾼 꿈 이야기다. 꿈이었으니 다행이지 이것이 현실이라면 어찌할 것인가? 학생들이 가끔 시험에 관한 꿈을 꾸면서 진땀을 흘리듯이 설교하는 사람들은 가끔 설교에 관한 꿈을 꾸면서 설교 때문에 진땀을 흘린다. 설교를 한다는 것이 설교자들에게 얼마나 어렵고 큰 중압감이 되는가를 단적으로 보여 주는 현상이라 하겠다.

설교자가 된다는 것만큼 영광스러운 일이 있을까? 한 인간이 하나님의 선택을 받아 하늘의 말씀을 이 땅에 전할 수 있다는 것은 분명 하나님으로부터 받은 특별한 은혜요, 축복이다. 그러나 이 사명이 영광스러운 만큼 그가 일생을 통해 치러야 할 수고와 대가는 결코 가벼운 것이 아님을 우리는 안다.

설교자로 세워진다는 것, 그리고 설교자로 일생을 산다는 것은 자신에 대한 끊임없는 훈련과 수고와 희생이 있을 때 가능한 일이다. 그래서 우리는 설교자이면서 한편으로는 설교에 대해 가장 큰 두려움을 느끼는 존재들인지도 모른다. 그것은 무궁무진한 하나님의 말씀을 제한된 우리 인간의 머리로 이해하고 인간의 입으로 전하는 것이 얼마나 힘들고 어렵다는 것을 잘 알기 때문이다.

그 동안 많은 학자들에 의해서 설교학에 대한 좋은 이론서들이 출판되어 읽을 수 있고, 어느 시대보다도 설교에 대한 풍부한 자료들을 공유할 수 있다는 것은 이 시대 설교자들이 받은 은총 가운데 하나임이 틀림없다. 설교는 어떤 방법 이전에 이론에 대한 풍부한 지식과 이해가 전제되어야 한다. 이론적 기반이 없는 방법은 설교를 기교에 빠뜨리게 만들고, 그 결과는 순수한 하나님의 말씀이 전해져야 할 강단을 오히려 무너뜨리는 결과를 가져오기 때문이다. 그런 면에서 우리는 설교에 대한 기본적 토대를 구축하기 위해서 설교에 대한 여러 서적들을 읽고 탐구하는 일을 게을리해서는 안 될 것이다.

그러나 우리가 또 하나 잊지 않아야 할 것은 설교는 이론에 의해서 완성되지 않고 설교의 현장을 통해서 완성되어진다는 사실이다. 즉, 설교는 이론을 기초로 하되 실천을 통해서 완성된다. 가끔 설교학자들이 모일 때, '설교학 교수가 설교를 잘 하는 것은 매우 특별한 일'이라고 하면서 함께 웃을 때가 있다. 그만큼 이론과 실제를 연결한다는 것이 쉽지 않음을 표현하는 말이라 하겠다.

설교에 대한 책을 구상하면서 여러 가지를 생각했었다. 이미 설교학에 대한 기본적 이론서들은 부족함이 없을 정도로 많이 나와 있어서 또 하나의 설교학 이론서를 쓰는 것은 별 의미가 없다고 여겨졌다. 그런데 하나님께서 이 책을 쓰게 하시는 데 필자의 개인적 경험을 연계하여 쓸 수 있도록 하는 아이디어를 주셨다. 하나님께서는 필자로 하여금 석사와 박사 과정에서 예배학과 설교학에 대한 이론들을 깊이 있게 공부하도록 하셨을 뿐만 아니라 약 15년에 가까운 시간 동안 개척 교회로부터 미국 이민 교회까지 목회를 하면서 직접 설교할 수 있는 경험을 하게 하셨다.

이 시기는 필자 개인적으로 설교학에 대한 이론을 연구할 수 있는 소중한 시간이었고, 또한 실제 설교 현장을 이해할 수 있는 좋은 기회가 되었다. 한국교회의 상황, 설교자로서의 보람과 때로는 선지자 엘리야처럼 겪어야 했었던 절망감, 이론(신학)과 현장(강단)의 괴리에서 오는 갈등 등을 경험하면서 설교에 대한 많은 생각들을 하게 되었다.

본서는 '신학과 강단을 잇는 설교학'을 목표로 하였다. 즉, 필자가 갖고 있는 설교학에 대한 신학적 지식을 바탕으로 이를 실제 현장과 연관하면서 설교에 대한 이론과 방법들을 함께 나누고자 하는 의도로 집필하였다. 그래서 설교 현장에서 일어나는 일들과 이야기들을 곳곳에 함께 곁들였다. 책의 제목을 『설교학 이야기』라고 한 이유도 여기에 있다.

이 책의 전개는 한 사람의 설교자가 설교자로서 자신을 준비하는 일부터 시작하여 한 편의 설교를 준비하고, 작성하며, 또 그것을 청중에게 전달하기까지의 전체 과정을 이 한 권의 책을 통해서 그려 보려 했다. 물론 여기에는 오늘의 설교 현장에 대한 분석과 함께 설교와 관련된 외적인 사항이나 내용들도 포함되어 있다. 본서에서는 그것을 총 9단계 38항목으로 나누어 보았다.

이 책은 설교자들을 위한 책이다. 이제 이 책과 함께 설교를 위한 사색과 여행을 시작하면서, 설교자로서의 당신의 지난 설교 여정을 조용히 돌아보고, 또한 내일의 설교 사역을 위한 새로운 출발의 계기가 될 수 있기를 소망한다.

특별히 하나님의 말씀을 들고 때로는 고단함과 절망의 순간이 있기도 하지만 그럼에도 불구하고 다시 일어서서 불붙는 심정으로 강단을 오르는 한국의 모든 설교자들에게 이 책이 조그마한 격려와 함께 도움이 될 수 있기를 바라는 마음 간절하다.

> "충성되고 지혜 있는 종이 되어 주인에게 그 집 사람들을 맡아 때를 따라 양식을 나눠 줄 자가 누구뇨 주인이 올 때에 그 종의 이렇게 하는 것을 보면 그 종이 복이 있으리로다"(마 24: 45-46).

말씀의 신실한 종들이 일어나 이 땅이 새롭게 되기를 바라며

2011년 10월

이 현 웅

I
설교의 현장

Preaching With Stories

I
설교의 현장

설교는 현장을 통해서 완성된다. 설교는 허공에다 하는 것이 아니다. 설교는 반드시 듣는 청중이 있는 현장을 필요로 하며, 그 현장을 통해서 이루어진다. 사도 바울은 로마서를 통해서 "말씀을 전해 주는 사람이 없으면 어떻게 들을 수 있겠습니까?"(롬 10:14)라고 말했다. 복음을 전하고 설교하는 사람이 있어야 사람들은 복음에 대해서 들을 수 있다는 말이다.

그러나 이 말을 바꾸어 생각하면 들을 사람이 없다면 우리의 전하는 것이 또한 무슨 소용이 있겠는가? 누가 설교를 하든 설교에는 현장이 있게 된다. 이 현장은 곧 설교를 듣는 사람들이요, 그들이 사는 문화요, 정치 · 사회 · 경제 · 종교적인 것들이 함께 어우러져 있는 공간이다.

그렇기 때문에 설교의 현장은 끊임없이 상황적 변동이 일어나게 된다. 따라서 설교자는 복음의 본질은 변화되지 않을지라도 그 복음이 전해지는 상황으로서의 현장은 언제나 변화의 가능성을 내재하고 있다는 사실을 인식하면서 설교에 임해야 한다.

설교의 현장은 변화한다. 사람들이 바뀌고 세대가 바뀐다. 그리고 무엇보다도 그들이 사는 세상이 바뀌게 된다. 그러므로 설교자는 이런 변화를 읽을 수 있어야 한다. 오늘 많은 설교자들이 설교에서 실패하는 이유는 무엇인가? 설교자들의 성경에 대한 지식이 부족해서인가? 설교학적인 훈련과 준비가 부족해서인가? 물론 그런 측면이 없는 것은 아니다. 하지만 저자는 많은 설교자들이 설교에서 실패를 경험하는 것은 설교의 현장에 대한 이해가 부족하기 때문이라고 본다.

> "오늘의 많은 설교자들이 설교에서 실패하는 분명한 원인 가운데 하나는 성경에 대한 지식의 결여라기보다는 오히려 청중에 대한 이해의 부족에서 오는 것이라 생각한다. 설교자는 설교의 텍스트(text)가 되는 성경을 읽어야 한다. 그러나 그것만으로는 부족하다. 설교자는 성경을 읽는 것과 함께 그의 청중이 살고 있는 세상(context)을 읽을 수 있어야 한다."1)

설교 현장은 시간적 개념과 공간적 개념이 함께하는 복합적인 자리다. 우리는 지금 한국이라는 문화적 공간과 함께 포스트모던 시대(postmodern era)라는 새로운 시대적 변화를 경험하고 있다. 이런 상황에서 설교자들은 오늘의 설교 현장을 어떻게 받아들이고 이해하며, 무엇을 생각해야 하고, 거기에 대해서 어떻게 대비해야 할까? 이것은 이 시대의 설교자들에게 주어진 질문이요, 또한 피할 수 없는 고민이기도 하다.

1. 한국교회의 설교 현장을 생각하며

설교자로서 목사가 가장 간절히 바라는 것이 있다면 그것은 무엇일까?

거의 모든 목회자들은 자신의 입을 통해서 전달되는 설교가 듣는 사람들을 감동케 하고, 그들의 삶을 변화시키는 것이라고 대답할 것이다. 그러나 심각한 문제는 현실이 그렇지 못하다는 데 있다. 설교를 예배의 지나가는 한 순서 정도로 여기면서 그저 들어주는 사람들, 설교 시간이 되면 아예 귀를 닫아 버리는 사람들, 심지어는 노골적으로 설교에 대한 반감을 드러내는 사람들이 있음을 볼 때 설교자가 느끼는 고통과 절망감은 이루 말할 수 없을 것이다.

그러나 감사한 것은 아직도 한국교회 대부분의 교인들은 설교를 하나님의 말씀으로 받아들이고, 그 말씀에서 하나님의 음성을 들으려고 하면서, 말씀에 순종하여 그것을 실천하려고 노력하고 있다는 사실이다. 이러한 모습들은 한국교회 설교 현장에 대한 매우 희망적인 현상임과 동시에 역설적으로 교인들에 대한 우리 설교자들의 책임이 얼마나 큰가를 보여 주는 것이기도 하다.

오늘의 강단에 선 설교자들의 책임과 사명은 실로 중대하다고 하겠다. 그런 의미에서 우리 설교자들이 오늘의 한국 설교 현장을 돌아보고 스스로의 사명을 다시 한 번 확인하는 일은 설교자로서 자신에 대해 더욱 솔직해지고 새로운 설교자의 상(像)을 구현할 수 있는 계기가 되리라고 본다. 설교자는 자신과 주어진 상황에 대해서 보다 솔직하게 대면하려고 진지한 노력을 할 때 강단에서의 새로운 변화를 경험하게 될 것이기 때문이다.

설교의 홍수 시대를 사는 우리들

과거에는 설교를 들을 수 있는 기회가 별로 많지 않았다. 그러므로 설교자가 설교를 잘 하느냐 못하느냐보다는 설교를 들을 수 있다는 것 자체가 교인들에게 매우 소중한 경험이었고 즐거움이었다. 또한 교인들은 다른 목회자의 설교를 들을 수 있는 기회가 거의 없었다. 그러므로 설교자를 비교하거나 평가할 환경이 못 되었다. 그러나 지금의 상황은 달라졌다. 이제는 원하기만 하면 누구나 누구의 설교든지 들을 수 있는 시대가 되었다. 미디어의 발달은 라디오, TV, 인터넷 등을 통해서 수많은 설교자들의 메시지를 접촉할 수 있는 기회를 무한하게 제공하고 있다.

여기에서 오는 현상은 두 가지다. 첫째는 청중이 설교를 비교할 수 있는 환경이 조성되었다는 점이다. 이것은 목회자들을 긴장케 하는 것일 뿐만 아니라, 목회자로 하여금 자신의 설교에 대한 노력을 게을리할 수 없도록 하는 각성제가 된다고 하겠다. 그런 의미에서 이런 현상은 꼭 부정적이라기보다는 목회자 자신을 위해서 오히려 긍정적이라고 해석할 수 있겠다. 목회자가 자발적이 아니면 적어도 목회적 생존을 위해서라도 설교에 대한 노력을 하지 않을 수 없게 하기 때문이다. 지금 하나님께서는 이러한 방법을 통해서 말씀의 종인 우리 목회자들을 독려하고 계시는지도 모른다.

둘째는 부정적인 면으로서 청중에게 설교의 가치를 경시하는 풍조가 조성되고 있다는 사실이다. 어지간한 설교는 이제 귀에 차지 않는다. 마치 기름지고 값비싼 요리만 먹다보니 집에서 먹는 밥에는 관심이 없는 것과 같다. 외식이 집에서 먹는 밥맛을 떨어뜨리게 하고 만 것이다. 이것은 결코 바람직한 현상이 아니다. 맛은 없지만 참 영양가가 있는 음식이 있고, 맛은 그럴 듯해 보이지만 영양가는 별로 없는 음식들이 있다. 심지어는 오히려 건강을 위협하고 몸을 상하게 하는 음식들도 그 중에는 있는 것이다.

지금 한국교회의 설교상(床)에는 너무나 많은 것들이 차려져 있다. 그래서 청중은 너무나 많은 것들을 먹고 있다. 그러다 보니 어지간한 먹을거리에는 관심이 없다. 기름진 배를 두드리면서 비만하여 움직이기를 싫어하는 사람들로 인해서 교회는 생동력을 잃어버리고 있다. 또 어떤 이들은 자기가 좋아하는 음식만 따라다니며 편식함으로써 영혼이 병들어 메말라 가기도 한다. 목마른 사슴이 시냇물을 찾듯이 하나님의 말씀을 사모하고, 말씀에 주려야 할 영혼들이 너무나 배가 불러 있다. 그래서 넘치는 설교의 홍수는 정작 마셔야 할 생수를 없애 버리고 있는지도 모른다.

이러한 시대에서 오늘 우리 설교자들은 영생하도록 솟아나는 생수를 퍼주지 못하는 자신의 무력함을 느낄 때가 얼마나 많은가?

오늘의 설교자들은 진정한 하나님의 말씀을 선포하고 있는가?

"눈을 들어 하늘 보라 어두워진 세상 중에

　외치는 자 많건마는 생명수는 말랐어라……."

필자는 이 찬송을 부를 때마다 설교자로서 자신을 생각해 보게 된다. 오늘날 하나님의 말씀이라고 외치는 사람들은 무수히 많다. 그러나 정작 교회의 강단에서 진정한 하나님의 말씀(the true Word of God)이 선포되고 있는가를 묻는다면 어떻게 대답하게 될까? 인간이 어떤 의도하는 바를 설교라는 형태로 포장하여 전달하는 것이나, 그저 인간의 귀를 즐겁게 하기 위한 말들의 잔치가 진정한 설교일 수 있을까?

성경은 기록된 하나님의 말씀(written Word)이요, 설교는 성경에 기록된 것을 선포하는 하나님의 말씀(spoken Word)이다. 그러나 오늘 우리의 강단에서는 하나님의 말씀보다는 인간의 소리가 들릴 때가 많은 것 같다. 하나님의 말씀이 들려지지 않는 곳에는 공허한 인간의 소리만이 나올 뿐이다. 사람이 거기에 서 있기는 하지만 하나님의 말씀이 없는 강단은 사실상 텅 비어 있는 것이다. 그래서 설교학자인 클라이드 리드(Clyde Reid)는 오늘의 설교 위기를 '텅 빈 강단'(The Empty Pulpit)이라는 용어로 비판하고 있으며,2) 현대 설교의 새로운 패러다임(paradigm)을 제시한 프레드 크래독(Fred B. Craddock)은 오늘의 기독교 강단에 짙은 그림자가 드리워 있다(the pulpit in the shadows)3)고 지적한다.

종교개혁가 존 칼빈(John Calvin)은 설교는 '하나님의 말씀'을 전하는 것이라고 하면서, 그 메시지를 전하는 설교자를 '하나님의 대사'(사신, ambassador)라고 하였다.4) 따라서 하나님의 대사로서의 설교자는 율법과 선지서, 그리고 사도들의 가르침으로부터 배운 하나님의 말씀만을 전해야 하고, 세속적인 지식이나 자기 머리로 지어낸 생각, 또는 자신의 꿈이나 환상을 말해서는 안 된다고 한다.5) 설교가 얼마나 하나님의 말씀에 충실해야 하는가를 강조하는 칼빈의 주장이라고 하겠다.

지금 우리 시대는 진정한 하나님의 말씀에 굶주려 있는지도 모른다. 설교자 자신도, 그리고 설교를 듣는 청중들도 진정으로 원하는 것은 인간의 언어적 유희가 아니라 하나님의 말씀이다. 참된 하나님의 말씀이 선포되고 참된 하나님의 말씀이 들려지는 곳에서 그 말씀은 살아서 운동력이 있는 날선 검이 될 것이기 때문이다(히 4:12). 오늘 우리들에게 있어서 설교란 진정한 하나님의 말씀이 전해짐으로써 살아 계신 하나님을 만나는 사건(divine event)6)이 발생되는 자리가 되어야 한다.

누구를 위한 설교인가?

1950년대 후반 이후 미국을 중심으로 시작된 신 설교학 운동(the New Homiletics)은 설교의 패러다임을 바꾸어 놓았다.[7] 그 결과 설교는 연역적 방법에서 귀납적 방법으로, 논증적 전개 형태에서 이야기 전개 방식으로, 설교자 중심에서 회중 중심으로 패러다임(paradigm)의 변화가 오게 되었다.

그 동안 전통적인 설교는 설교자가 중심이 되어서 회중을 설득하는 방식으로 진행되었다. 그러므로 회중의 위치는 설교자가 전해 주는 것을 단지 듣기만 하는 피동적 존재에 불과하였다. 일방적인 전달 방식으로 설교는 시작이 되고 진행되었으며 그리고 끝마쳐졌다. 거기에 커뮤니케이션(communication)이 제대로 이루어지기는 쉽지 않았다. 그러나 새로운 설교학 운동은 설교에 있어서 청중의 위치를 새롭게 발견하였다. 그들은 "설교는 설교자와 청중이 함께하는 여행(journey)"임을 강조하였다. 이제 설교는 설교자의 일방적인 것에서 설교자와 청중이 함께하는 활동(sharing activity)으로 그 개념이 바뀌게 되었으며, 설교자는 단지 청중에게 설교하는 것이 아니라 청중을 위해서 설교해야 하는 것이다(The preacher speaks not only to the listeners but for them).[8]

그러기 위해서 설교자는 이제 회중에 대한 연구를 보다 깊이 해야만 한다. 그들의 의식(consciousness), 경험, 삶의 구체적 상황 등에 대하여 설교자가 더 깊은 이해를 하고 설교할 때, 그 설교는 회중의 깊은 공감을 불러일으키게 될 것이기 때문이다.

지금 우리는 다시 한 번 자신에게 질문을 해보아야 할 것이다. 나는 누구를 위해서 설교하고 있는가? 설교를 위한 설교를 하고 있지는 않은가? 설교자 자신을 위한 설교는 아닌가? 아니면 진정으로 회중을 위하여 설교하고 있는가? 전하는 자가 없으면 들을 수 없는 것과 마찬가지로(롬 10:14) 들을 자가 없다면 전하는 일도 없어질 것이다. 오늘의 설교자는 설교의 파트너로서 회중에 대하여 보다 적극적인 관심과 이해를 가지고 진정한 의미에서 '듣는 이를 위한' 설교를 할 수 있어야 할 것이다.

준비된 설교자인가?

오늘 대부분의 설교자들은 '어떻게 설교를 잘 할 것인가' 하는 기술적인 면에 굉장한 관심들을 가지고 있다. 그러나 우리가 먼저 생각해야 할 것은 '어떻게 설교를 할 것인가'(how to preach)보다 '어떤 설교자가 될 것인가'(to be a preacher)이어야 한다고 본다. 설교는 단순한 기술이 아니다. 한 편의 설교는 그 안에 설교자의 전부를 담고 있다. 그의 신앙과 인격, 말씀에 대한 열정, 사람에 대한 사랑, 그리고 설교에 대한 준비 등…….

하나님 앞에 말씀의 종으로 부름받은 목회자는 준비된 설교자가 되어야 한다. 몇 해 전 한국 대통령 선거 운동에서 내걸었던 슬로건이 아직도 기억에 생생하다. 그것은 자신이 '준비된 대통령'이라는 문구였다. 그는 대통령이 되기 위해서 특별히 경제와 통일 분야에 대하여 많은 연구와 준비를 해왔다는 것을 국민들에게 알리면서, 자신을 대통령으로 선출해 줄 것을 호소했었다.

오늘 우리는 준비된 설교자인가? 우리는 설교를 일평생 해야 하는 사람들로서, 설교의 이론과 방법들에 대한 지식과 훈련이 되어 있는 사람들인가? 설교자로서 인격적인 준비가 되어 있어서 매주일 강단에 오르고 있는가? 말씀을 갈급해 하며 목자 없는 양같이 방황하는 영혼들을 진실로 민망하게(긍휼히) 여기면서 사랑하고자 하는 목회자인가? 설교를 위한 자료들을 충분히 준비하고 있는가? 기도와 명상 속에서 성령에 충만한 영성을 갖춘 설교를 전달하고 있는가? 아니면 준비되지 않은 설교로 오늘도 강단에서 허우적거리다가 맥없이 그곳을 내려오고 있지는 않은가?

하나님은 준비된 설교자를 준비된 만큼 사용하신다. 하나님은 뿌리지 않은 데서 거두려고 하는 사람들의 기대는 여지없이 무너뜨리고 마실 것이다 (갈 6:7). 오늘도 설교자인 우리가 준비된 모습으로 강단에 오를 때, 하나님께서는 있는 자에게 더해 주시는 은총을 설교자에게 입혀 주실 것이다.

하나님의 말씀으로 하나님의 말씀되게

"설교는 하나님의 말씀이다"(The preaching is the Word of God.). 이 평범한 문장은 설교가 무엇인가 하는 정의와 설교가 무엇을 말해야 하는가 하는 내용과 어떻게 전해야 하는가 하는 방법들을 모두 함축하고 있다. 하나님의 말씀이 설교자들에 의해서 하나님의 말씀이 되지 못한다면 그것은 죄악이다. 하나님은 우리들을 불러서 세우실 때, 말씀의 종으로 충실할 것을 원하셨다. 종은 주인의 메시지만 전달하면 된다. 그러기에 거기에는 더하거나 빼서도 안 되는것이다(계 22:18-19).

오늘 나는 하나님의 말씀의 종으로서의 역할을 성실히 수행하고 있는가? 세상의 지식과 사상을 하나님의 말씀 위에다 두고 있지는 않은가? 하나님의 말씀보다는 인간 이야기가 설교의 중심이 되고 있지는 않은가? 사람들은 강단에서 흘러 나오는 세상 이야기를 듣기 위해서 교회에 모인 것이 아니다. 인간의 사상이나 지식을 습득하기 위해서 모인 것도 아니다. 단순한 도덕적 교훈이나 윤리 강좌를 들으려고 나온 것이 아니다. 오직 그들이 설교자를 향하여 기대하는 것은 "우리에게 하나님의 말씀을 들려주시오"라는 것이다.

그러기에 설교자는 하나님의 말씀을 전해 주어야 할 중요한 사명이 있다. 오늘의 설교자는 "하나님의 말씀으로 하나님의 말씀이 되게" 하는 말씀에 충실한 종들이 되어야 한다. 오늘의 설교의 위기는 설교 방법이나 기술의 문제가 아니고, 하나님의 말씀이 말씀되지 못한 데서 기인하고 있다는 사실을 우리 설교자들은 다시 한 번 가슴에 새길 수 있어야 할 것이다.

은혜의 방편으로서의 설교

설교는 복음(Good News)이다. 그러기에 설교는 하나님께서 그의 백성들에게 주시는 은혜의 방편(means of grace)이 되어야 한다. 거기에는 죄인을 용서하시고 껴안아 주시는 하나님의 사랑이 있어야 한다. 비록 세상에서 넘어졌어도 다시 그를 일으켜 세우시는 하나님의 따뜻한 손길이 있어야 한다. 상처받은 영혼이 하나님의 말씀을 듣는 중에 치유되고 회복되는 은혜가 있어야 한다.

어떤 은퇴 목사님께서 자신의 설교 사역을 되돌아보면서 하셨다는 말씀이 잊혀지지 않는다. 초년병 때 자신은 검사처럼 설교를 했다는 것이다. 교인들의 죄를 지적하고 날카롭게 정죄하는 검사로 주일마다 강단에 섰다고 한다. 그러다 조금 시간이 지나가니까 판사가 되더라는 것이다. 설교를 통해서 옳고 그름을 판단해 주고, 해야 할 것과 해서는 안 될 것을 나누며, 교인들의 행동을 재판하였다는 것이다. 그러나 나이가 들어가면서 자신이 변호사로 바뀌게 되더라는 것이다. 죄인들을 책망하고 판단하기보다는 그들을 이해하고, 그들에게도 하나님의 사랑이 있음을 전달하게 되는 설교자로 변하게 되었다는 것이다. 설교자로서 평생을 살아오신 한 목회자의 귀중한 경험담이라고 여겨진다.

오늘 우리의 메시지는 언제나 마지막에 가서는 복음이요 은혜가 되어야 한다. 설교는 죄인을 죄인되게 만드는 것이 아니라 죄인으로 하여금 하나님의 사랑을 깨닫고 변화되어 의인이 되게 만드는 것이다. 지은 죄로 무거운 가슴을 안고 교회에 나와 앉아 있는 사람을 더 죄인으로 만들어서 내보낸다면 설교자 또한 더 악한 죄인이 되는 것은 아닐까?

설교자의 메시지를 통해서 죄인이 가슴을 치고 회개하며, 죄의 짐을 벗어버리고, 하나님의 사랑을 다시 체험하면서 새롭게 살 것을 작정하고 기쁨으로 교회 문을 나가는 모습을 상상해 보라. 그날의 메시지를 전한 설교자의 가슴 또한 얼마나 설레며 뛰고 있겠는가?

은혜와 함께 심판의 검도

설교학자인 데이빗 버트릭(David Buttrick)은 히브리서 4:12의 하나님의 말씀이 '좌우에 날선 검'이라는 데에 근거하여, "설교는 양날을 가진 검이다" (Preaching is a two-edged sword.)[9]라고 말하면서, 오늘의 설교는 한 날을 잃어버렸다고 지적하고 있다.

설교는 율법이면서 은혜요, 심판이면서 자비요, 정의이면서 사랑이어야 한다. 그러나 오늘의 설교는 한 쪽을 잃어버렸다. 지나치게 은혜만을 강조하고, 하나님의 정의와 심판에는 무관심하다. 이런 현상은 20세기 이후 교회가 경영학적인 측면에서 성장 제일주의를 추구하고, 교인들의 심리적 치유에 초점을 맞추고 있는 데서 크게 기인하고 있다.[10] 즉, 교회 성장주의와 종교 심리주의가 이러한 결과를 초래하였다는 것이다. 어떤 사람들은 죄에 대한 설교는 듣기를 싫어한다. 이런 심리를 안 설교자는 죄에 대한 설교를 아예 하지 않는다. 버트릭은 이것이 마치 종교 시장(religious marketplace)에서 경쟁을 하는 설교자들이 결국은 회중이 좋아하는 설교를 따를 수밖에 없는 비극적 현상이라고 한다.

오늘 한국교회는 어떠한가? 한국교회 역시 버트릭의 주장에 대해서 깊이 귀를 기울여야 할 것이라고 본다. 우리는 지금 교회 성장의 후유증을 앓고 있다. 그리스도인들의 비행이 사회적인 비난의 대상이 되고 있다. 무엇 때문인가? 한 목회자는 한국교회 강단에서 예언자적인 설교가 사라져 버렸기 때문에 이런 결과들이 나타나고 있다고 경고하였다. 여기에 대하여 의식이 있는 설교자들은 대부분 동의하리라고 생각한다. 예언자적 설교가 사라진 강단은 '오직 은혜'라는 포장 아래서 자칫 교인들의 불의까지도 합리화시켜 줄 수 있다. 이것은 복음에 대한 기만이다. 은혜는 죄인이 회개하는 데서 임하는 것이지, 죄를 합리화시켜 주는 것이 은혜가 아니다.

이제 한국교회는 율법과 복음, 정의와 사랑, 심판과 은혜의 양날을 가진 말씀을 강단에서 조화 있게 선포할 수 있어야 한다. 여기에 미래 한국교회의 소망이 있고, 한국교회 강단의 소망이 있기 때문이다.

말씀의 하나님은 말씀의 종들을 사용하셔서 오늘도 역사하신다. 우리는 이 거룩한 부름 앞에서 다시 한 번 자신의 사명을 확인하고, 오늘의 설교 현장을 정확하게 보고 분석할 수 있는 눈을 가져야 할 것이다. 설교자는 하나님 앞에서 가장 소중한 사명자들이다. 우리의 입을 통해서 나오는 말씀으로 죽어가는 영혼이 살게 되고, 비탄에 빠진 사람에게 삶의 희망이 주어지고, 말씀을 듣는 사람들이 회개하여 변화된 삶을 살아가게 되고, 말씀이 세상을 변화시키는 위대한 일들을 상상해 보라.

비록 설교자로서 때로는 좌절과 비애를 맛보게 되는 때도 있지만, 그러나 하나님께서 연약한 나를 들어서 말씀의 도구로 사용하시는 영광을 생각해 보라. 우리는 이 영광스러운 직분 앞에서 보다 자신을 충실하게 준비하고, 우리의 청중과 사회를 면밀히 파악하면서, 그들에게 들려질 메시지를 준비함으로써, 이 시대 부름 받은 말씀의 종의 사명을 완수할 수 있어야 할 것이다.

설교자들이 참된 하나님의 말씀을 선포하고 있는 한 하나님의 손은 그를 붙드시고 이 시대의 메신저(messenger)로서 그를 사용하실 것이다. 한국 교회 미래의 소망은 말씀 속에 있고, 그 말씀은 설교자들인 우리들 손에 주어져 있음을 다시 한번 가슴에 새기면서, 이 시대의 설교자로서 우리 한 사람 한 사람들이 귀하게 사용되기를 바란다.

적 용 하 기

---

1. 현재 한국교회의 설교 현장에 대하여 한 사람의 설교자로서 어떤 고민을 하고 있는가?

2. 하나님의 말씀을 전하는 설교자로서 자신을 얼마만큼 준비하고 있으며, 자신이 전하는 메시지가 하나님의 말씀에 어느 정도 부합하다고 평가하는가? 자신의 설교가 하나님의 말씀이라고 확신할 수 있는가?

3. 이 시대 나는 어떤 설교자로 서서 설교하고 있는가?

2. 시대의 변화 변화해야 할 설교

오래 전에 텔레비전에서 방영되었던 영화가 생각난다. 물론 제목은 잊어버렸지만 내용은 대강 이런 것이었다. 한 가족이 살고 있었는데, 그들은 핵전쟁이 일어날 것을 예견하고 자신의 집 지하를 깊이 파서 대피 시설을 만들었다. 그러던 어느 날 핵전쟁이 발발했다는 잘못된 뉴스를 듣고 모든 가족들이 함께 지하 대피시설로 들어갔다. 그리고 그들은 그곳에서 오랜 시간을 보내야만 했었다.

이제 핵전쟁의 여진이 다 지나갔을 것이라고 생각하여 그들은 지하 대피시설에서 문을 열고 나왔다. 그런데 이게 어찌 된 세상인가? 자기 집이 있던 자리에는 거대한 위락 시설이 지어져서 요란하였다. 그들이 살던 도시 또한 완전히 변해 있었다. 그들은 이런 변화를 어떻게 받아들여야 할지 몰라 당황해 하면서, 거기에 적응해 가는 과정을 그 영화는 코믹하게 그리고 있었다. 그들이 지하에 있는 동안 세상은 놀랍게 변해 버렸던 것이다.

필자는 이 영화를 본 후 설교학도로서의 직업 근성이 발동되었는지는 몰라도 오늘 우리 설교 현장을 생각하게 되었다. 우리가 모르는 사이 세상은 너무 변해 버렸고, 설교를 듣는 사람들 역시 변해 버렸다. 그런데 설교자들은 이런 변화를 의식하지 못하면서 지금 설교를 하고 있지는 않는지…….

설교는 성경 속의 텍스트(text)와 오늘의 시대적 상황(context)이 함께 만나는 자리다. 만일 설교가 과거의 성경 본문만을 이야기한다면 그것은 오늘의 사람들에게 별 의미가 없다. 그것은 비실제적이요, 한낱 과거의 이야기에 불과할 뿐이다. 그러므로 말씀은 설교라는 틀을 통해서 오늘의 언어로 재해석되고 오늘의 문화의 옷을 입은 사람들에게 적절한 방법으로 표현될 수 있어야 한다. 그럴 때 그 말씀은 과거의 말씀이 아니라 오늘 우리에게 주어지는 살아 있는 말씀이 되는 것이다.

기독교 설교의 본질은 변할 수 없는 것이지만 그것을 표현하는 방법은 변해야 한다. 오늘 한국교회를 비롯한 설교자들의 고민은 더 이상 회중이 설교를 귀담아 들으려 하지 않는다는 데에 있다. 왜 회중에게 이런 현상이 나타나게 되었을까? 무언가 회중이 잘못된 것인가? 아니면 어떤 변화가 그들에게 있게 된 것인가?

그렇다. 설교자가 의식을 못한 사이에 회중은 이미 변해 버렸다. 오늘 그들이 살고 있는 시대적 영향은 이미 교회 회중석에 앉아 있는 사람들에게도 깊숙이 들어와 있다. 이미 변해 버린 회중에게 이제 설교하는 방식과 내용이 변하지 않고는 더 이상 그들에게 설교는 들려질 수 없는 현실이 되어 버렸다.[11]

이제 기독교 설교는 교회를 넘어 그 설교를 듣는 사람들이 살고 있는 사회의 변화에 주목할 수 있어야 한다. 세상은 우리가 흔히 말하는 소위 포스트모던(postmodern) 시대에 접어들었다. 그리고 그 영향력은 사회 모든 분야에서 너무나 세차게 일어나고 있다. 이것은 신학과 교회 역시 예외가 아니다. 이런 상황 속에서 설교자는 이 시대의 변화를 읽고 거기에 적절히 대처하는 지혜를 가질 수 있어야 한다. 그저 준비한 설교를 강단에 서서 외치기만 하면 듣는 것으로 착각해서는 안 된다. 그들로 하여금 들을 수 있도록 해야 한다.[12]

포스트모던 시대의 변화

"포스트모던(postmodernity)은 오늘의 설교를 위한 시대적 배경(context)이다.

······ 우리가 그것을 좋아하든 좋아하지 않든 포스트모던은 우리 시대를 나타내는 가장 적절한 용어 중의 하나가 되고 있다."13)

우리가 잘 알다시피 근대(modern era)는 17세기 계몽주의(Enlightenment)와 함께 시작되어 과학의 발전이 함께한 시대라고 할 수 있다. 이성적·합리적 사고와 과학 혁명을 통해서 근대는 인류 역사에 커다란 족적을 남겼다. 그러나 20세기에 접어들면서 인류는 또 다른 변화에 직면하게 되었다. 소위 근대 이후 시대(postmodern era), 또는 탈근대, 또는 근대 후기라고 부르는 시대로의 전환을 경험한 것이다.

이제 이 시대는 근대적 사고(modernity)에 대한 반동으로서 이성적·합리적·과학적인 것보다는 감성적이고 직관적인 것을 더욱 추구하게 되었다. 근대는 이성과 과학의 잣대로 모든 것을 판단하고 객관화하려 했지만 이제 포스트모던 시대는 이것을 거부한다. 따라서 진리라는 것도 상대적이다. 로날드 알렌(Ronald J. Allen) 등이 말한대로, 이제 "포스트모던 사고 방식의 중심은 인간의 모든 사고와 행동의 상대성(relativity)을 자각하는 것이다."14) 근대 사회가 절대적·객관적·보편적 진리(objective truth)를 추구했다면 이제 포스트모던 사회는 주관적 진리(subjective truth), 즉 자기 사고에 옳은 것만이 진리로 받아들여지게 되었다. 그러므로 이제 절대 진리라는 개념은 약화되고 진리를 상대화하게 되었다.

진리에 대한 상대화는 결국 종교 다원주의(pluralism)에 이르도록 함으로써, 모든 종교는 근본적으로 같다는 생각을 하도록 하였으며, 이는 기독교 신앙-예수 그리스도만이 유일한 구세주라는-에 대한 회의를 갖게 만들었다.

또한 포스트모더니즘(postmodernism)은 진리에 대한 상대화와 함께 권위에 대한 회의를 갖도록 함으로써 어떤 절대적 권위를 인정하려 하지 않는다. 이것은 성경의 절대 권위를 인정하지 않는 것과 함께 그 말씀을 전하는 설교자의 권위도 함께 생각할 문제다.[15] 이제 사람들은 성경을 더 이상 하나님의 권위 있는 말씀으로 받아들이려 하지 않는다. 거기에 따라 그 말씀을 전하는 사람 역시 권위를 가진 존재로 여기려 하지 않는다.

사고의 주관적인 경향은 자기가 원하는 것, 자기가 하고 싶은 것만을 선택하도록 하며, 자기가 옳다고 하는 것만을 진리로 믿도록 하고, 이를 위해서는 자신이 직접 느끼고 체험하는 것이 중요하다. 그 결과 포스트모던 시대의 사람들은 경험을 매우 중요시하게 되었다.

특별히 이 시대의 사회적 변화 가운데 하나는 미디어에 관한 것이다. 그동안 구텐베르크 이후 인쇄 매체에 익숙해 있던 사람들이 이제는 영상 매체의 발달로 인해서 문자 대신 그림, 즉 이미지(image)를 선호하고 있다는 사실이다.

교회 상황의 변화

변한 것은 세상만이 아니다. 그 사이 교회의 상황도 변화하고 있다는 사실이다. 물론 긍정적인 측면에서의 변화들도 많이 있다. 보다 세상의 변화에 민감하면서 세상의 문화에 적극적이고자 하는 교회와 신학 진영의 노력이 기독교 복음의 확장에 기여하고 있다.

그러나 현재 교회의 상황은 결코 긍정적이지만은 않다. 특별히 한국교회는 여러 가지 면에서 위기의 징후들이 뚜렷하게 나타나고 있다. 인구의 자연적 감소와 노령 인구의 증가, 경제적 성장에 따른 사람들의 영적 무관심, 교회에 대한 사회의 거센 비판, 이에 적절하게 대응하지 못하는 교회 지도

자와 행정, 교회 내부의 분열, 그리고 교인 숫자의 감소 등 한국교회는 지금 외적으로 심각한 현실에 직면해 있다.

오늘의 위기에 대한 원인을 우리는 물론 여러 측면에서 분석할 수 있어야 하지만, 설교학적 입장에서는 "오늘의 교회 위기가 바로 강단에서 외치는 설교 때문이 아닌가?" "설교의 위기가 교회의 위기를 부른 것이 아닌가?" 깊이 생각할 수 있어야 한다.

설교와 관련하여 또 하나 생각할 것은 교인들의 교육적 수준의 향상이다. 잘 알다시피 과거에는 대학을 나온 사람이 드물었지만, 지금은 대학을 나오지 않은 사람이 드물 정도로 세상이 바뀌었다. 과거에는 대부분 목회자들이 신학 분야뿐만 아니라 다른 지적 영역에서도 그 교회에서 최고 수준에 있었다. 그러나 이제는 달라졌다. 신학 이외의 다른 영역에서 교인들 중에는 많은 전문가들이 있다. 심지어 신학을 한 사람들의 숫자도 교인들 가운데 늘어가고 있다. 설교자는 이런 변화를 생각해야 한다. 교인들의 지적 수준이 변하고 있다면 설교자의 설교 수준 역시 변해야 한다. 대학생 수준의 사람들에게 중학생 수준의 설교를 한다면 그들이 여기에 귀를 기울이겠는가?

또 하나의 변화는 설교 상황의 변화다. 그 동안 우리는 수십 년 동안 대지설교 중심의 전통적 설교에 익숙해져 왔었다. 이런 설교의 특징은 논리적, 분석적, 연역적이다. 무엇이 진리인가를 정의하고 그것을 설명하고 그것을 사람들에게 가르치고 설득하려는 데 설교의 목적이 있다.[16] 이러한 것은 지적이고 이성적인 특징을 갖고 있으며, 근대 이성 사회에 속한 사람들에게 적합한 특징을 가지고 있었다.

그러나 현대인들은 이제 이런 형식의 설교에 흥미를 느끼지 못하고 차츰 그런 설교를 들으려 하지 않는다. 북미에서 일어난 새로운 설교학 운동(New

Homiletics Movement)은 바로 이런 배경에서 나오게 되었다. 연역적인 방법보다는 귀납법적인 방법(inductive method)으로 회중의 삶과 관련된 설교를 하고, 논리나 분석적인 방법보다는 이야기 형식을 통한 설교를 전개하고, 설교자가 일방적으로 가르치고 설득하는 방법보다는 청중이 함께 능동적으로 듣고 참여하는 설교를 시도하게 되었다. 시대의 변화, 곧 설교를 듣는 사람들의 변화는 이제 설교의 변화를 부르도록 한 것이다. 이런 변화 앞에서 오늘 우리 설교는 어떠해야 할 것인가?

포스트모던 시대, 어떻게 설교할까?

"많은 목회자들은 교회에 나온지 오래된 교인들이 얼마나 포스트모던적인가를 볼 때 놀라게 될 것이다. 포스트모던적 사고는 의식적 선택(conscious choices)에 의해서 우리의 삶 속으로 들어온 것이 아니라 영화, 잡지, 노래, 텔레비전과 같은 것들의 끊임없는 공세를 통해서 들어오고 있다. 매주 모이는 우리의 회중이 설교를 들으며 적절한 지점에서 고개를 끄덕이기도 하지만, 그들의 가슴 속에는 성경의 세계관보다는 포스트모던의 세계관을 따르는 신념과 가치가 깊이 자리하고 있다."17)

(1) 청중을 이해하라

설교학자 해돈 라빈슨(Haddon W. Robinson)은 재미있는 이야기를 하고 있다. 만일 우리가 아마추어급 강사를 초청한다면 그는 먼저 "내가 무엇에 관해서 말해야 합니까?"라고 물을 것이다. 그러나 프로급의 강사를 초청한다면 그는 먼저 "듣는 청중이 어떤 사람들입니까?"라고 물을 것이라고 했다. 그러면서 그는 설교자들에게 "우리는 성경을 가르치지 않는다. 우리는 성경을 사람들에게 가르친다"라고 말하고 있다. 이 말의 의미는 설교자들이 단순히 성경을 가르치는 것으로 끝나서는 안 되고, 가르치는 사람들을 이해해야 한다는 점을 강조한 것이다.[18]

20세기 신설교학운동이 기여한 것 중의 하나는 '설교에서의 청중을 새롭게 발견한 것'이라고 하겠다. 그 동안 전통적인 설교에서 설교자는 일방적으로 전하는 사람이요, 청중의 역할은 그것을 피동적으로 듣는 것이었다. 그러기에 설교의 책임은 전적으로 설교자에게 있었다. 그러나 이제 청중은 설교의 파트너가 되었다. 그리고 "설교는 청중과 함께하는 여행(journey)"으로 정의되었다.

이제 설교자는 청중에 대해서 적극적으로 관심을 가지고 그들을 이해하지 않고는 효과적으로 설교를 할 수 없다. 설교를 듣는 청중의 수준, 그들의 관심, 그들의 고민과 삶의 정황에 더욱 민감해져야 한다. 우체부가 편지를 바로 전달하기 위해서는 수취인의 주소를 바로 알아야 하는 것처럼 설교자는 그 메시지를 듣는 회중을 바로 알 때 온전한 설교를 전달할 수 있다는 것을 기억해야 한다.

그리고 설교의 내용과 전개 역시 일방적이지 않고 설교에 청중들이 참여하도록 해야 한다. 먼저 설교자가 결론을 내려 버리는 연역적 방법보다는 청중들이 생각하고 느끼고 판단하면서 설교를 듣고 결단하도록 하는 방법을 사용하는 것이 좋다.

(2) 이야기를 활용하라

청중들이 가장 흥미를 느끼면서도 쉽게 공감을 하는 것이 이야기이다. 그래서 성경의 많은 부분 역시 이야기로 되어 있다. 예수님 자신도 이야기 형식을 통해서 천국 복음을 전파하시고 설교하셨다. 이야기의 관점으로 보면

복음서의 대부분이 이야기로 되어 있음을 알 수 있다.

그러나 논리적 설교는 이야기보다는 그것을 분석하고 증명하고 설명해서 사람들을 설득하려고 한다. 그러기 때문에 자연히 설교자의 능력과 역할이 중요하고, 그것을 설교하는 형식은 논리적 전개 방식을 택할 수밖에 없으며, 설교자가 일방적으로 전달하는 커뮤니케이션 형태를 취할 수밖에 없다. 그 대표적인 것이 바로 우리가 잘 알고 익숙한 삼 대지설교다. 그러나 이제 사람들은 이런 논리적인 방식에 차츰 흥미를 잃고 있다.

하지만 이야기는 어린아이들로부터 어른에 이르기까지, 배우지 못한 사람들로부터 배운 사람들에 이르기까지 누구나 좋아한다. 여기에서 착안한 것이 바로 이야기 설교인 것이다. 필자가 잠시 미국에서 공부할 때 만난 설교학 교수가 이야기 설교에 대한 전문가였는데, 당시 한분의 은퇴한 선교사와 함께 공동 프로젝트를 만들고 있었다. 그 선교사 역시 자신이 선교할 때 문맹자인 피선교지 사람들에게 이야기 형식을 통해서 복음을 전하고 교인들을 가르쳤었다. 두 사람은 이런 자신들의 경험을 바탕으로 선교지에서 이야기 형식으로 복음을 전하고 교육을 하는 데 활용하기 위한 이론적 체계와 방법을 공동 개발하는 작업을 본격적으로 진행하고 있었다.

오늘의 설교에 있어서도 이야기가 갖는 힘은 대단하다. 설교자들은 이에 대한 관심을 가지고 여기에 관련된 서적들을 읽고 연구하면서 이를 설교 현장에서 실천하는 노력이 필요하리라 본다.

마가복음은 "예수께서 이러한 많은 비유로 저희가 알아들을 수 있는 대로 말씀을 가르치시되"(막 4:33)라고 기록하고 있다. 예수님께서 가르치신 방법 중의 하나가 이야기임을 주목할 때 오늘의 설교자들 역시 동일한 방법을 설교에 적용할 수 있지 않겠는가? 이야기는 모든 사람에게 흥미가 있고 또한 그 내용을 쉽게 알아들을 수 있는 인류의 가장 보편적인 방법이라는 것을 상기하기 바란다.

(3) 설교자의 권위 의식을 버리라

현대 설교학의 새로운 지평을 연 인물이라면 귀납법적 설교를 제시한 프레드 크래독(Fred B. Craddock)이라고 할 수 있다.[19] 그는 자신의 설교학적 이론을 제시하면서 『권위 없는 자처럼』(As One without Authority)이라는 책을 발간하였는데, 이 책의 제목은 여러 가지 면에서 시사하는 바가 많다. 전통적 설교 방식에 대한 한계와 함께 그가 이 책을 통해 언급하고자 한 것은 설교자의 권위가 더 이상 통용될 수 없는 시대 속에서 청중을 존중하고 청중과 함께하는 설교를 어떻게 할 것인가를 말하고자 하였는지 모른다.[20]

설교는 이제 더 이상 설교자 일방의 전달이 아니다. 청중과 함께하지 않는 설교는 실패할 수밖에 없다. 여기서 설교자는 여러 가지를 생각해야 한다. 커뮤니케이션의 이론과 방법에 대한 연구와 함께 설교자로서 가져야 할 자세가 어떤 것인가도 깊이 생각해야 한다. 이미 언급했듯이 포스트모던 사회는 더 이상 어떤 권위를 쉽게 인정하려 들지 않는다. 그들은 모든 권위에 대해서 일단 의문을 가진다.[21] 모든 진리(truth)와 지식(knowledge)에 대한 회의와 함께 권위(authority)에 대해서도 마찬가지라는 것이다. 그것은 설교에 있어서도 마찬가지다. 근대까지 설교는 권위를 가질 수 있었지만, 포스트모던에서 이것은 현저한 변화를 가져왔다. 이제 권위의 집(the house of authority)은 붕괴되어 버렸다.[22]

특별히 설교자가 권위적 자세로 설교하면 그가 무슨 말을 하든 그것을 듣기 전에 먼저 그에 대해서 반감을 갖게 되는 것이 오늘의 세태라는 것을 잊지 않아야 한다. 진정한 의미에서 설교자가 권위를 갖는다는 것은 당연하다. 그러나 우리는 이것을 잘 이해해야 한다. "진정한 권위가 어디서 오는가?" 하는 문제다. 필자는 목회자들에게 강의하면서 이런 말을 한다. 억지로 목에 힘주면서 권위를 내세우려 하지 말라. 그래 봐야 이제는 웃음거리가 될 뿐이다. 설교자의 진정한 권위는 어디서 오는가? 그것은 설교자를 통해서 말씀을 들은 사람들이 "오늘 목사님의 그 설교는 하나님께서 나에게 주신 말씀이다"라는 것을 느꼈을 때 그들은 설교자를 존경하고 그 권위를 인정하게 된다. 그러므로 설교자는 외형적 권위를 내세우려 하지 말고 성실하게 설교를 준비하고 하나님의 말씀을 전하는 데 최선을 다해야 한다. 그러면 말씀이 설교자의 권위를 세워줄 것이다.

특별히 설교자가 강단에서 군림하는 자세, 권위적이고 훈계적인 어투, 그리고 명령과 강압식의 표현은 삼가야 한다. 이제 설교자는 겉으로 드러난 권위를 내세우려 해서는 안 되고, 하나님의 말씀으로 말씀을 전하는 자의 진정한 권위를 세우도록 해야 한다.

(4) 머리와 가슴에 설교하라

근대는 모든 사물이나 사건을 대할 때 "그것이 사실인가?"에 관심을 가졌다. 그래서 지적이고 합리적인 것을 중시하였다. 그러나 포스트모던 시대는 그런 것보다는 감성적이고 직관적으로 모든 것을 판단하려 한다.

설교와 관련하여 필자가 읽었던 책 가운데 『머리와 가슴에 설교하라』 (*Preaching to Head and Heart*)는 책이 기억에 남는다.[23] 이 책이 강조하고자 하는 바는 그 동안 우리 설교는 지나치게 사람들의 머리에다 설교를 했다는 것이다. 그러므로 지적인 면에서는 발전이 있었을지 모르지만 사람들의 삶은 여전히 변하지 않았다. 왜냐하면 가슴에 와 닿지 않는 설교는 사람들을 변화시킬 수 없기 때문이다. 그 동안 우리는 설교를 듣고 머리는 커졌으나 변화가 없는 그리스도인들을 만들어 왔는지도 모른다.

현대인들은 지성보다는 감성을 중요시한다. 과거에는 머리가 좋고 똑똑한 사람을 좋아했지만 지금은 다르다. 얼마 전 조사에서 여성들이 가장 매력 있는 남자로 선택한 1순위는 머리가 좋고 똑똑한 사람이 아니라 유머가 있는 사람이었다. 오늘 우리 시대를 정확하게 반영한 결과라고 생각된다.

과거에는 사회적으로도 지능 지수(intelligence quotient)가 강조되었지만 최근에는 감성 지수(emotional quotient)가 강조되고 있다. 현대인들은 머리로 이해하고 그것을 가슴으로 느껴야 비로소 행동한다. 이미 언급했듯이 포스트모던 시대의 사람들은 자기가 느끼고 직접 경험한 것을 진리로 받아들이려 하기 때문이다. 그러므로 이들을 움직이도록 하기 위해서는 감성과 체험이 중요한 요소가 된다는 사실을 기억해야 한다.

오늘 우리 설교는 머리에만 하는 메마른 것은 아닌지, 그래서 듣는 회중의 심령도 함께 메마르게 하고 있지는 않는지 돌아보아야 하겠다. 그리고 머리와 가슴에 균형 있게 설교를 하도록 지혜를 발휘해야 할 것이다. 설교자들은 그래함 존스톤(Graham Johnston)이 말한 내용을 다시 한 번 새겨볼 필요가 있다. "포스트모던에서는 청중의 직관적이고 감성적인 반응을 불러일으키는 '가슴'이 지적이고 합리적인 '머리'보다 더 큰 힘과 효과를 주는 통로가 된다."24)

(5) 상상력을 활용하라

현대는 상상력(imagination)의 시대라고 할 만큼 모든 분야에서 상상력은 매우 중요한 사고의 원천이 되고 있다. 문학과 예술 분야뿐만 아니라 건축이나 기타 산업 분야까지도 상상력은 중요시되고 있다. 왜냐하면 인간의 상상력이야말로 새로운 것을 창조하는 원동력이 되기 때문이다.

우리 인간은 말과 글을 표현할 때는 언어라는 수단을 사용하지만, 사고를 할 때는 상상력을 사용한다. 다시 말해 상상력은 인간의 모든 사고의 근본이 되는 것이며, 이는 설교자에게 있어서도 마찬가지다. 설교자의 풍부한 상상력은 설교의 내용과 깊이를 그만큼 풍부하게 할 수 있기 때문이다. 마치 화랑에 그림을 그리고, 조각을 하고, 디자인을 하고, 때로는 그것을 지우는 것과 같이 상상력이란 인간의 내면에서 이미지를 만드는 기능(image-making faculty)을 하며, 우리 인간의 창의적인 것들의 대부분은 여기서 나오게 된다.25) 상상력은 창의적인 것을 생각하게 할 뿐만 아니라 모든 사물을 새롭게 보게 하며, 그것들을 새롭게 표현하게 한다. 그러므로 설교자는 이런 상상력을 기르고 발휘하여 설교가 더욱 신선하고 창의적이 되도록 노력해야 할 것이다. 한 가지 분명히 해야 할 것은 여기서 말하는 상상력이란 공상(fantasy)과는 다른 개념이라는 것이다. 공상이 가공의 세계에 기반을 두고 생각하는 것이라면 상상은 실제 세계에 기반을 두고 생각하는 것이다.

설교자에게 있어서 상상력은 크게 두 가지 분야에서 필요하리라 본다. 먼저 성경 본문을 읽고 해석할 때 설교자의 상상력이 필요하며, 또 하나는 설교를 작성하고 그 내용을 표현할 때다. 성경은 모든 내용을 완벽하게 기록하고 있지는 않다. 다시 말하면 성경은 어떤 사건을 기록할 때 가장 핵심이 되는 내용을 중심으로 기록하고 있다는 사실이다. 그리고 그 나머지는 그것을 해석하는 사람에게 맡겨 두었다. 만일 성경이 모든 것을 낱낱이 기록한다면 사도 요한이 말한 대로 "이 세상이라도 이 기록된 책을 두기에 부족"(요 21:25)할 것이다. 하나님께서는 설교자들에게 상상력을 통해 성경을 해석할 여지를 남겨 두셨다.

예를 들어 누가복음 10장의 '사마리아인의 비유'를 보면 성경에는 제사장과 레위인이 강도 만난 자를 보고 그냥 피하여 지나갔다고만 기록하고 있다. 그러나 설교자는 이 구절을 그대로 지나쳐서는 안 된다. 설교자는 그들이 강도 만난 자를 피해 지나가면서 가졌을 감정과 생각들을 읽고 해석할 수 있어야 한다. 이것을 하는 과정에 필요한 것이 바로 상상력이다. 종교인으로서, 오늘날로 말하면 목사로서 그들이 강도만난 자를 피해가면서 어떤 마음을 가졌을까? 그들 마음에 일어났을 종교인으로서의 죄책감, 또는 그들의 행위를 합리화하거나 변명하려는 생각 등을 설교자는 상상을 통해 읽을 수 있어야 한다.

다음으로 상상력은 설교를 표현하는 데 있어서 중요한 요소이다. 이미 언급했듯이 현대는 문자 매체보다는 영상 매체에 사람들이 익숙해 있다. 다시 말하면 문자보다는 그림을 통해서 의미를 받아들이는 데 익숙해 있다는 것이다. 그러므로 설교자의 언어는 단지 문자적인 개념보다는 이미지를 통해서 전달될 때 사람들의 관심을 불러일으키고 그 의미가 오랫동안 지속될 수 있다. 그래서 우리는 이런 이미지를 담은 언어를 그림 언어(picture language)라고 부르기도 한다.

그러면 언어를 이미지로 바꾸어 그림같이 표현할 수 있는 방법이 무엇인가? 그것이 소위 말하는 은유법(metaphor)이라는 것이다. 예를 들어 보자. 사랑을 우리가 논리적으로 설명하려면 얼마나 복잡하겠는가? 그것의 어원부터 시작해서 여러 가지 개념들을 설명해야 할 것이다. 그러나 설교자가 "사랑은 태양입니다"라고 말했다고 가정해 보자. 이것을 들을 때 사람들은 먼저 태양의 이미지가 떠오르게 된다. 태양은 활활 타오르는 불꽃 같은 이미지로 생각하는 사람도 있을 것이고, 생명력을 주는 따스함의 이미지로 생각하는 사람도 있을 것이다. 그러면서 그들은 말하는 사람의 의미를 받아들이게 된다.

은유라고 하는 것은 독립적 단어를 놓고 볼 때는 일치하지 않는다. 즉, '사랑=태양'이란 성립하지 않는다. 결코 사랑은 태양이 아니기 때문이다. 그러나 이 두 개념이 연결될 때 어떤 의미를 갖게 되는데 이것이 바로 은유라는 것이다. 사랑은 태양이 아니지만 "사랑은 태양입니다"라고 두 단어를 연결하여 말하면 사람들은 거기서 의미를 알게 된다. 즉, 사랑이라는 추상적 개념을 태양이라는 구체적 이미지를 통해서 받아들이게 되는 것이다.

얼마 전 텔레비전에서 한국 대중가요를 부르는 프로그램을 잠깐 본 적이 있다. 그들이 부르는 노래 중에 "아 사랑은 타 버린 불꽃, 아 사랑은 한 줄기 바람인 것을"이라는 가사를 들으면서, 메타포가 가장 잘 표현된 곳이 대중가요가 아닌가 하는 생각을 할 정도였다. 그들은 사랑이 무엇이라고 설명하지 않고, '타 버린 불꽃, 한 줄기 바람'이라는 이미지로 자신들이 사랑에 대해서 가진 감정과 경험을 노래하고 있었다. 사람들은 이것을 들으면서 한때 자신들도 뜨거운 불꽃처럼 정열적으로 사랑했었던 순간을 떠올리기도 하고, 지금은 다 타 버린 불꽃처럼 식어 버린 자신들의 사랑을 생각할 것이다. 그리고 어떤 이들은 이제 한 줄기 바람처럼 자신에게 왔다가 사라져 버린 사랑을 아쉬워하기도 할 것이다. 이것이 바로 메타포가 갖는 힘이요 효과다.

미국의 유명한 설교가 워렌 위어스비(Warren W. Wiersbe)가 말한 것처럼 설교자는 언어를 통해서 '마음의 화랑에 그림'을 그릴 수 있어야 한다.[26] 이제 당신의 상상력을 가지고 하나님께서 주신 말씀을 다시 바라보라. 그리고 상상력을 가지고 듣는 사람들의 가슴에 그 말씀을 그리도록 하라. 새로운 설교의 세계가 그곳에서 창조될 것이다.

(6) 삶과 관련된 설교를 하라

포스트모던 시대 사람들의 특징은 이제 머리로만 사물을 이해하려 하지 않는다는 것이다. 어떤 진리도 그들은 자신이 직접 느껴 보고 경험해 보아야 받아들인다. 그래서 요즈음 교육에서도 '체험 학습'이라는 것이 강조되고 있고 유행하고 있다. 경험의 중요성을 나타낸 현상이라 하겠다.

경험은 쉽게 사람들의 공감을 불러일으킨다. 때로는 내가 직접 경험한 것을 받아들이지만, 다른 사람이 경험한 것에 대해서도 쉽게 공감한다. 여기서 우리는 설교에 있어서 경험의 중요성을 인식할 수 있어야 한다.

그동안 전통적인 설교는 대부분 연역법적(deductive method)이었다. 그러다 보니 삶의 정황(context)보다는 성경의 본문(text)에 충실하고자 노력을 했다. 물론 설교는 본문에 충실해야 한다. 그러나 듣는 사람들의 삶을 도외시한 채 본문만 이야기한다면 그런 설교는 사람들에게 쉽게 공감을 주지 못한다. 잘못하면 그것은 옛날 성경 시대 속의 이야기, 지금 우리와는 아무런 상관이 없는 이야기로 사람들에게 인식될 수 있다.

그래서 최근 설교학에서 새롭게 등장한 설교 형식 가운데 하나가 바로 귀납법적인 설교(inductive preaching)다. 이 설교는 인간의 삶에서 시작해 그 답을 성경 속에서 찾고 확인하는 방식이다. 그러므로 사람들은 이런 설교를 들을 때 자신의 삶의 문제, 신앙적 고민, 가족이나 직장에서의 갈등, 더 나아가서는 세상의 부조리와 불의를 생각하면서, 그런 문제가 성경 속에도 있음을 발견하고 그 말씀 속에서 해답을 얻으려 하게 된다. 그러므로 설교는 이제 더 이상 옛날 이야기도 아니요, 남의 이야기도 아니며, 바로 지금 자신이 서 있는 곳에서 일어나는 자신과 관련된 이야기임을 느끼고 관심을 갖게 된다.

이제 설교는 '뜬 구름 잡는 이야기'가 아니라 오늘 설교를 듣는 사람들의 삶과 관련된 것이어야 한다는 사실을 설교자는 깊이 인식하고, 성경과 회중의 삶을 연결하는 작업을 설교를 통해서 해낼 수 있어야 한다. 그래함 존스톤은 이렇게 조언 하고 있다. "성경적 설교는 청중을 하나님의 관점(God's perspective)으로 움직이도록 하기 위해서 현재 청중의 필요와 문제를 그들의 관점(listener' perspective)에서 인식할 수 있어야 한다."[27]

(7) 예수의 유일성과 성경의 진리에 충실한 설교

포스트모던 시대의 특징은 다원주의(pluralism)다. 종교 역시 이런 다원주의적 특성 속에서 이해되고 있다. 이런 종교 다원주의는 이제 어떤 하나가 절대 진리라고 말하지 않는다. 모든 종교는 대등하며, 사람들은 이런 모든 종교에 대해서 관용할 수 있어야 한다고 생각한다. 그야말로 포스트모던은 모든 것에 대해서 개방적이고 모든 것을 포용할 수 있는 것이 미덕으로 여겨진다. 그러므로 자신의 종교만이 절대 진리라고 말하면 이것은 뭔가 잘못된 종교로까지 인식될 수 있다. 현재 한국 기독교가 사회로부터 비판을 받고 있는 것 가운데 하나가 바로 이런 것이다. 왜 기독교는 자신들만이 진리라고 하는가? 그러면서 왜 다른 종교에 대해서 배타적인가?

이제 예수 그리스도도 세상을 구원할 수 있는 유일한 길(the way)이 아니라 그 중 하나의 길(a way)로 사람들은 받아들이려 한다.[28] 성경이 절대 진리라고 믿는 것에 대해서도 회의적인 시각을 갖는 사람들이 늘어가고 있다. 이럴 때 기독교 설교는 어떠해야 할 것인가? 그들이 원하는 대로 설교도 함께 가야 하는가?

그러나 오늘의 설교자들은 이 사실을 잊지 않아야 한다. "기독교는 근대적인 것(modern)도 아니요, 포스트모던적인 것(postmodern)도 아니다."[29] 시대는 변하고 사람들은 변할지라도 기독교의 진리는 변하지 않는다. 이미 이사야 선지를 통해서 하나님께서 말씀하신 것처럼 "풀은 마르고 꽃은 시드나 우리 하나님의 말씀은 영영히 서리라"(사 40:8).

포스트모던 시대에도 예수 그리스도는 역시 인류를 구원하실 유일한 하나님의 아들이요, 구세주이시다. 설교자는 이 진리를 흔들림 없이 견고하게

서서 외쳐야 한다. 아니, 시대적 상황이 이러할수록 더욱 강조하여야 한다.[30]

또한 하나님의 말씀은 진리로서 과거뿐만 아니라 오늘도 역시 유효함을 설교자는 선포하고, 그리스도인들로 하여금 말씀 안에서 자신의 정체성을 갖도록 격려해야 한다. 또한 세상 사람들에게도 하나님의 말씀이 진리임을 계속적으로 알려야 한다.

포스트모던 시대를 오해하면 사람들이 영적인 것에 관심이 없는 것으로 생각할 수 있다. 그러나 포스트모던은 오히려 영적이고 초월적인 것에 관심을 가지고 있는 시대다. 그래서 이 시대 사람들의 관심을 끌고 있는 단어가 바로 '영성'이라는 것이다. 그래서 이들은 기독교 이외에도 동양 종교나 어떤 신비한 경험, 또는 명상이나 선(禪)과 같은 것들을 찾기도 한다.

그런 의미에서 기독교는 포스트모던을 부정적으로만 볼 필요가 없다. 오히려 영적 관심을 가진 이들에게 초월적인 존재로서의 하나님을 그들에게 전하고, 예수 그리스도를 통한 구원의 복음을 전할 더 좋은 기회로 여겨야 한다. 그러나 한 가지 유의할 것은 그 방법에 있어서는 이 시대의 문화와 사람들의 사고와 특성을 이해하면서 거기에 맞도록 해야 한다는 점이다. 진리의 내용은 동일하지만 그것을 전하는 형식은 이 시대에 맞도록 바뀌어야 한다.

기독교의 진리는 바뀌지 않지만 그것을 듣는 청중들은 바뀐다. 그것은 청중들이 사는 시대적 상황과도 결코 무관하지 않다. 사람이 시대를 만들기도 하지만 시대적 상황이 사람들을 만들어 가기도 한다. 그러므로 오늘의 설교자는 이 시대를 이해하고 사람들을 이해하는 통찰력을 가져야 한다. 그러면서 거기에 적절하게 대응하는 자세가 필요하다. 과거에는 효과적이었던 것이 지금은 아닐 수 있다. 그러므로 설교자들 역시 과거의 사람이 아니라 오늘의 사람으로 오늘의 사람들에게 설교할 수 있어야 한다.

시대는 변하고 있다. 그리고 사람들도 변하고 있다. 이런 변화는 강단에서 외치는 설교 역시 변해야 할 것을 주문하고 있다. 하나님의 진리의 말씀이 과거뿐만 아니라 이 시대에서도 역시 진리의 말씀으로 들려지기 위해서 설교자는 이 시대에 적절한 방법으로 그것을 전해야 할 지혜가 필요하다.

적 용 하 기

---

1. 포스트모던 시대에 대해서 어떤 이해를 가지고 있는가? 이에 대해서 배웠거나 책을 읽어 본 적이 있는가?

2. 설교와 시대적 상황에 대해 고민해 본 적이 있는가? 하나님의 불변의 복음을 변화하는 시대에서 어떻게 전해야 할 것인가?

3. 이 시대 설교자는 어떤 자세와 방법으로 설교해야 한다고 생각하는가?

1장 미주

1) 이현웅, "포스트모던 시대에서의 설교를 위한 방법론적 연구", 『신학사상』, 제143집(2008. 여름), pp. 277-78.

2) Clyde Reid, *The Empty Pulpit: A Study in Preaching as Communication* (New York: Harper & Row Publisher, 1967).

3) Fred B. Craddock, *As One without Authority* (St. Louis: Chalice Press, 2001). pp. 3-20.

4) 이것은 고린도후서 5:20 "이러므로 우리가 그리스도를 대신하여 사신(ambassador)이 되어……"에 근거한 것으로서, 칼빈은 설교자들이 하나님에 의해 기름부음 받은 자들로서 하나님은 그들을 통하여 우리에게 말씀하신다고 한다(Comm. on 2 Co. 5:20). John Calvin, Commentary on the Epistles of Paul the Apostle to the Corinthians, vol. I (Grand Rapids: Baker Books, 2005), p. 239; T. H. L. Parker, Calvin's Preaching, 김남준 역, 『칼빈과 설교』 (서울: 도서출판 솔로몬, 1993) p. 49.

5) T. H. L. Parker, *Calvin's Preaching*, p. 49.

6) Paul Scott Wilson, *The Practice of Preaching* (Nashville: Abingdon Press, 1995), p. 21.

7) 미국에서의 신 설교학 운동은 1958년 그레이디 데이비스(H. Grady Davis)에 의해서 시작 되어서, 그 후 프레드 크래독(Fred B. Craddock), 데이빗 버트릭(David Buttrick), 유진 라우리(Eugene L. Lowry) 등으로 이어지면서 오늘날까지 발전해 오고 있다. 이때 그레이디 데이비스의 대표적인 저서는 『설교의 구상』이라는 책이었다. Henry Grady Davis, *Design for Preaching* (Philadelphia: Fortress Press, 1958).

8) F. B. Craddock, *As One without Authority*, p. 60.

9) David Buttrick, A Captive Voice: *The Liberation of Preaching* (Louisville: Westminster/John Knox Press, 1994), p. 52.

10) Ibid., pp. 46-49.

11) 미국에서는 이런 한계를 1950년대부터 느끼기 시작했고, 그 결과로 일어난 것이 새로운 설교학 운동(New Homiletics Movement)이었다. 그러면서 그들이 찾았던 대안이 귀납법적 설교(Inductive Preaching)나 이야기 설교(Storytelling 또는 Narrative Preaching)와 같은 것들이었다.

12) 다음 내용은 필자가 『신학사상』에 게재한 "포스트모던 시대에서의 설교를 위한 방법론적 모색" 중

일부를 재정리하여 쓴 것임을 밝힌다. 이현웅, "포스트모던 시대에서의 설교를 위한 방법론적 연구," 『신학사상』143집 (2008. 12), pp. 277-314 참조.

13) Ronald J. Allen, Barbara S. Blaisdell, and Scott B. Johnston, *Theology for Preaching: Authority, Truth, and Knowledge of God in a Postmodern Ethos* (Nashville: Abingdon Press, 1997), pp. 28-29.

14) Ibid., p. 9.

15) 미국 설교학자 프레드 크래독은 오늘의 설교 현장과 설교자를 생각하면서 『권위 없는 자처럼』이라는 매우 의미심장한 책을 발간하였다. 이 시대 설교 상황을 반영한 제목이라 하겠다. Fred B. Craddock, *As One without Authority* (St. Louis: Chalice Press, 2001).

16) 전통적 설교에 대한 이해는 루시 로즈의 책에서 잘 정리되고 있다. 물론 이것은 새로운 설교학적 입장에서 본 것으로 전통적 설교의 문제를 주로 언급한 내용이다. Lucy Atkinson Rose, *Sharing the Word: Preaching in the Roundtable Church* (Louisville: Westminster/John Knox Press, 1997), pp. 14-33 참조.

17) Graham Johnston, *Preaching to a Postmodern World* (Grand Rapids: Baker Books, 2001), p. 15.

18) Iid., p. 7.

19) Richard L Eslinger, *The Web of Preaching: New Options in Homiletic Method* (Nashville: Abingdon Press, 2002), p. 16.

20) Fred B. Craddock, *As One without Authority* (St. Louis: Chalice Press, 2001).

21) 포스트모던 시대의 권위에 대한 자세는 Graham Johnston이 자신의 책에서 잘 설명해 주고 있다. 그는 포스트모던 시대의 사람들을 '권위를 의심하는 회의론자들'로 표현하고 있다. Graham Johnston, op.cit., pp. 31-37.

22) Ronald J. Allen, Barbara S. Blaisdell, and Scott B. Johnston, op.cit., p. 36. 이들의 책 *Theology for Preaching: Authority, Truth, and Knowledge of God in a Postmodern Ethos* (Nashville: Abingdon Press, 1997)에서는 포스트모던 시대의 설교에 있어서 권위의 문제를 한 장으로 다루고 있다(제2장 *Authority in the Pulpit in a Postmodern Ethos*, pp. 35-57).

23) Thomas R. Swears, *Preaching to Head and Heart* (Nashville: Abingdon Press, 2001).

24) Graham Johnston, *Preaching to a Postmodern World*, pp. 71-72.

25) Warren W. Wiersbe, *Preaching and Teaching with Imagination* (Grand Rapids: Baker Books, 1996), p. 25.

26) Ibid., p. 24.

27) Graham Johnston, *Preaching to a Postmodern World*, p. 72.

28) Ibid., p. 96.

29) Ibid., p. 9.

30) 이와 관련하여 David J. Lose, *Confessing Jesus Christ: Preaching in a Postmodern World* (Grand Rapids: William B. Eerdmans Publishing Company, 2003), Charles L. Campbell, *Preaching Jesus* (Grand Rapids: William B. Eerdmans Publishing Company, 1997) 등의 책을 참조하라.

II
설교에 대한 이해

II

설교에 대한 이해

설교는 방법 이전에 이론에 대한 이해가 있어야 한다. 오늘 한국교회 설교의 문제점 가운데 하나는 설교에 대한 이론적 이해보다는 '어떻게 하면 설교를 잘할 것인가' 하는 기교와 방법에 많은 설교자들이 관심과 우선을 두고 있다는 사실이다. 그래서 어떤 설교자들이 유명하다고 하는 설교자들을 흉내 내면서, 심지어 발음이나 몸짓까지 그대로 모방해서 하는 웃지 못할 일들이 지금 한국교회 강단에서 일어나고 있다.

그러나 이론의 기반이 없는 기교와 방법은 쉽게 무너질 수 있다. 그러므로 설교자는 설교를 어떻게(how) 할 것인가에 앞서서 설교가 무엇인가(what)에 대한 이해가 반드시 선행되어야 한다. 설교가 무엇인가를 정확히 이해하는 것은 그 사람의 설교의 내용을 좌우하게 된다. 따라서 설교자는 내가 어떻게 설교를 해야겠다는 생각을 하기 전에 언제나 설교가 무엇인가라는 개념이 마음속에 정립되어 있어야 한다.

설교자의 설교에 대한 든든한 이론적 기반은 그 사람의 설교의 방법을 더욱 견고하게 만들어 준다. 그것은 마치 성능 좋은 엔진을 장착한 차가 빠르게 달릴 수 있는 원리와 같은 것이다. 본 장에서는 먼저 기독교 설교에 대한 기본적인 이해를 위해서 설교의 세 가지 요소와 설교에 대한 정의들, 그리고 설교 신학에 관한 내용들을 중심으로 살펴보고자 한다.

1. 설교의 세 가지 요소

사람들 사이에 일어나는 커뮤니케이션(communication)을 위한 세 요소를 들라고 한다면, "말하는 사람(speaker)-듣는 사람(listener)-말하는 내용(message)"이 될 것이다. 인간의 대화는 어떤 내용을 서로 말하고 들으면서 이루어진다. 최초 수사학 이론을 체계화한 아리스토텔레스(Aristoteles) 역시 수사학에 있어서 기본적인 세 가지 요소를 말하고 있다. 그것은 '에토스(ethos)-파토스(pathos)-로고스'(logos)다. 즉, 말을 하는 사람의 인품(character)과 청중의 마음을 움직이도록 하는 감정(emotion)과 연설의 내용(argument, speech)이 설득(persuasion)을 위한 가장 중요한 세 가지 요소라는 말이다.[1]

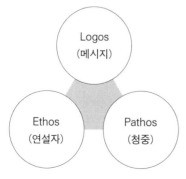

그는 먼저 연설을 통해 사람을 설득하는 데 있어서 연설자의 인품의 중요성을 강조하였다. 그의 작품『수사학』(*TEXNHΣ PHTOPIKHΣ*)에서 그는 "신뢰할 수 있는 사람이 연설할 때는

그의 인품을 통하여 설득력을 가지게 된다"(제1권 2장 4절)[2]고 언급하고 있다. 즉, 말하는 사람의 인품이 뛰어나고 듣는 사람들로부터 인정을 받을 때, 그가 말하는 내용이 더욱 설득력을 가진다는 사실이다. 특별히 연설자의 인품에 있어서 중요한 것은 도덕적인 면(moral character)이었다. 아무리 말하는 내용이 뛰어나다 할지라도 그 말을 하는 사람의 인품이나 도덕성에 문제가 있다면 그의 말은 사람들에게 설득력을 가질 수가 없다. 그러므로 말하는 사람은 무엇을 말하려 하기 전에 먼저 그 자신이 그 말을 하는 사람으로서 적합한가에 대해서 질문을 해야 한다.

두 번째로 연설에 있어서 중요한 것이 청중에게 일어나는 정서적(또는 감정적) 반응인데, 아리스토텔레스는 이것의 중요성을 다음과 같이 말하고 있다. 즉, "설득은 연설에 의하여 청중에게 어떤 감정(emotion: pathos)이 느껴질 때 일어난다. 왜냐하면 사람들은 슬프거나 기쁠 때, 우호적이거나 적대적일 때 같은 판단을 하지 않기 때문이다."[3] 사람을 설득하는 데 있어서 그것을 듣는 청중의 정서적 반응이 연설에 있어서 얼마나 중요한가를 말해 주는 대목이다. 연설자는 언제나 자신이 말하고자 하는 내용에 대해서 관심을 가져야 할 뿐만 아니라 자신의 청중의 반응에 민감할 수 있어야 한다. 그러기 위해서는 그들의 심리적·사회적·문화적 특성들을 이해하면서, 거기에 적절하게 말할 수 있어야 한다.

셋째로 아리스토텔레스는 설득에 있어서 중요한 것이 연설의 내용인데, 사람들이 연설을 통하여 명백한 진리(truth)를 듣게 될 때 더욱 설득력을 갖게 된다고 한다.[4] 즉, 말하는 사람이나 듣는 사람도 중요하지만, 말하는 내용이 무엇이냐가 또한 중요하다는 것이다. 연설자는 청중을 미혹하기 위한 잘못된 사상이나 거짓을 말해서는 안 된다. 진리가 없는 화려한 화술만을 앞세워서도 안 된다. 사람들을 설득하기 위해서는 먼저 말하고자 하는 내용이 진리에 기반하면서, 그 표현 또한 논리적이고 명확해야 한다.

이상과 같은 세 가지 요소는 수사학에서 뿐만 아니라 기독교 설교학에 있어서도 마찬가지로 기본이 되는 것들이다. 수사학에서 사용되는 이런 용어들을 설교학적으로 대체시키면, 연설자 대신 설교자, 청중 대신 설교를 듣는 회중, 그리고 연설 대신 설교 내용인 메시지가 될 것이다. 설교라고 하는 하나의 사건은 메시지로서의 말씀과 메신저로서의 설교자, 그리고 그 메시지를 듣는 청중이 있음으로써 가능하다는 의미이다. 메시지가 없이 설교가 될 수 없으며, 설교자가 없이 그 설교는 만들어질 수도 없고 전달될 수도 없다. 그런가 하면 그 설교는 듣는 청중이 있을 때 비로소 완성되어진다. 그러므로 설교에 있어서 말씀과 설교자와 청중은 설교의 기본이 되는 세 가지 요소라고 하겠다.

먼저 설교에 있어서 가장 우선되는 것은 설교의 내용, 즉 메시지다. 아무리 좋은 설교자와 청중이 있을지라도 그날의 메시지 내용이 빈약하다면 그 설교는 실패한 것이다. 그러므로 설교자는 먼저 최선을 다해서 자신이 전할 메시지를 준비해야 한다. 이를 위해서 설교하게 될 본문으로서의 성경에 대한 정확한 석의(exegesis), 말씀을 묵상하면서 하나님께서 전하시고자 하는 메시지를 찾는 과정(exposition), 본문을 보고 세상을 보는 통찰력(insight)과 실제 삶에 대한 적용(application), 그리고 그것을 적절하고 의미 있게 표현하는 기술(description) 등이 있어야 한다.

필자가 미국에서 잠시 연구 할 때 은퇴하신 한 설교학 교수님의 말씀을 지금도 잊지 않고 있다. 그분은 '어떻게 설교를 전달할 것인가'에 대한 책(A Complete Guide to Sermon Delivery)을 쓰신 설교의 전달에 관한 전문가이셨지만, 그는 "설교를 어떻게 전달할 것인가?"보다는 먼저 "메시지 내용에 최선을 다하라"(Maximize the message.)고 늘 강조하셨다.[5]

오늘 우리 설교자들 역시 가슴에 깊이 새겨야 할 말이라 생각한다. 설교의 내용, 즉 메시지가 빈약하다면 그 설교의 결과 역시 빈약할 수밖에 없다. 그러므로 설교자는 언제나 설교를 작성하는 데 최우선적인 관심을 가지고, 기록된 하나님의 말씀을 오늘의 사람들에게 바로 전달하기에 충실한 노력을 해야 할 것이다.

설교의 두 번째 요소는 설교자(messenger)다. 필자는 설교학 강의를 하면서 "설교자가 곧 메시지다"(The messenger is the message.)라는 말을 한다. 물론 이 말은 메시지의 내용이 필요없다는 의미가 아니다. 설교자에 앞서 메시지의 내용은 중요하다. 그러나 설교는 메시지의 내용과 함께 그것을 누가 전달하느냐에 따라 그 결과가 달라진다.

똑같은 본문에 거의 비슷한 내용의 설교를 했을지라도 어떤 설교자에게서는 사람들이 은혜를 받고, 어떤 설교자에게서는 은혜를 받지 못한다. 무엇이 문제인가? 왜 그런 결과가 나오는가? 바로 여기에 설교자의 문제가 있다. 설교는 단순히 원고를 입으로 읽거나 외워서 하는 것이 아니다. 설교는 설교자의 신앙과 인격을 통해서 함께 전달된다. 많은 설교가나 설교학자들이 설교자의 인격을 강조하는 이유가 여기에 있다. 고상한 내용의 설교를 청산유수같이 말했을지라도 만일 설교자의 인격에 문제가 있다면 그것을 듣는 청중은 그 메시지를 어떻게 받아들일까? 설교자는 설교문을 만들기 전에 먼저 설교자로서 자신의 인격을 만들어가야 한다는 것을 잊지 않아야 한다. 필립스 브룩스(Phillips Brooks)가 강조한 것처럼 "설교는 설교자의 인격(personality)을 통하여 진리(truth)를 전달하는 것"[6]이다. 설교는 단순히 사람의 입술이나 지식이나 펜을 통해서 나오는 것이 아니고, 그 사람의 인품, 애정, 그리고 그의 지식과 도덕성, 즉 그 사람의 인격을 통해서 나오는 것이다.[7]

동시에 설교자는 인격뿐만 아니라 설교자로서의 자질과 능력도 함께 훈련해야 한다. 인격은 좋은데 설교를 전달하는 능력이 부족하다면 그것도 문제가 아닐 수 없다. 설교자는 좋은 인격과 함께 자신의 설교 역량을 향상시키도록 하기 위해서 끊임없이 노력해야 한다. 그럴 때 하나님의 말씀은 좋은 악기를 통해서 좋은 음이 나오는 것처럼 좋은 설교자를 통해서 더욱 좋은 말씀으로 들려질 것이다. 성경 해석에 대한 지식을 쌓으며, 세상에 대한 통찰력을 기르고, 설교에 대한 이론과 방법론을 공부하고, 그것을 효과적으로 전달하는 훈련이 설교자에게는 반드시 필요하다.

설교자들은 설교자가 어떤 사람이냐에 따라서 같은 설교의 내용도 완전히 다르게 전달될 수 있음을 늘 잊지 않아야 한다. 어떤 사람은 귀한 복음을 더욱 귀하게 전달하는 사람이 있는가 하면, 어떤 사람은 귀한 것을 오히려 싸구려로 만드는 사람도 있다. 사람들에게 들려져 기뻐야 할 복음이 사람들을 지루하기 짝이 없도록 만든다면 어떻게 되겠는가? 설교자가 자신을 준비하는 데 있어서 게으르지 않아야 할 이유가 여기에 있다. 설교자는 복음의 좋은 나팔로 준비되어 하나님의 말씀이 자신을 통해서 더욱 효과적으로 울려 퍼지도록 해야 한다. 복음은 마땅히 좋은 소리로 사람들에게 들려져야 한다. 그러기 위해서는 먼저 그것을 전달하는 악기가 좋아야 한다.

설교의 세 번째 요소는 청중(listener)이다. 현대 설교학의 특징이 있다면 그것은 청중에 대한 관심과 이해라고 하겠다. 과거에는 설교학의 관심이 청중보다는 언제나 설교자에게 맞추어져 있었다. 설교에 있어서 가장 중요한 역할은 설교자였으며, 그러기에 그의 책임도 가장 컸다. 설교의 이론과 방법론들도 대부분 설교자가 어떻게 할 것인가에 초점이 맞추어졌다. 그러나 20세기 후반으로 접어들면서 등장한 신설교학(New Homiletics)에서는 설교자와 함께 그 설교를 듣는 청중의 중요성을 발견하고 이에 대한 높은 관심을 갖게 되었다. 이제 설교는 설교자 한 사람의 무대가 아니라 '청중과 함께하는 여행'이다. 설교자는 일방적으로 전하고 청중은 듣기만 하는 피동적 존재가 아니라, 이제 청중은 설교의 파트너가 된 것이다.

그러므로 설교자는 먼저 자신이 전할 메시지를 듣는 청중이 어떤 사람인가를 이해해야 한다. 그들의 신앙과 의식 수준, 그들의 문제와 필요, 그들이 처한 사회적 상황 등에 대해서 깊이 탐구하고 이해할 때 설교자는 청중이 귀를 기울여 '듣는 설교'를 할 수 있다.

오늘의 설교의 많은 문제는 설교자의 설교 내용이 청중들과 무관할 때가 많다는 점이다. 사람들이 자신의 문제를 안고 하나님의 말씀을 들으면서 그것을 해결해 보고자 교회로 들어오지만 자신의 삶과는 아무런 관계가 없는 설교 내용에 깊이 실망하면서 다시 교회 문을 나서는 것을 상상해 보라. 이것은 청중들의 문제이기 이전에 그날 설교자의 죄악이 아닐까?

설교는 하나님의 말씀이면서 동시에 인간에게 전해지는 말이다. 그러므로 설교자는 성경을 이해하는 것만큼이나 그것을 듣는 청중들을 이해하기 위해서 노력해야 한다. 그리고 그 청중들을 설교의 파트너로 존중해야 한다. 그럴 때 듣는 자나 전하는 자 모두 하나님의 은혜 안에서 하나가 되는 것이다.

그리고 설교자뿐만 아니라 청중 역시 자신들의 역할의 중요성을 인식해야 한다. 이제 설교는 설교자가 백 퍼센트 책임을 지는 것이 아니라, 설교자와 설교를 듣는 청중이 오십 퍼센트씩 책임을 나누는 것이다. 청중들은 설교자가 하나님의 말씀을 준비하는 데 최선을 다해서 협력해야 하며, 또한 전하는 말씀을 경청하면서 그 안에서 하나님의 음성을 듣도록 해야 한다. 자신은 전혀 들을 준비가 되어 있지 않으면서, 모든 책임을 설교자에게 미룬다면 이것 역시 잘못이다. 청중은 그날의 설교자를 위해서 기도하고, 말씀 속에서 하나님의 뜻을 발견하고, 그 말씀에 순종하여 살기를 힘써야 한다. 설교자와 청중, 둘이 함께할 때 말씀이 선포되는 자리는 언제나 따뜻한 하나님의 은혜가 함께할 것이다(전 4:11).

2. 설교에 대한 정의

"설교가 무엇인가?" 또는 "설교는 무엇이어야 하는가?"에 대한 이해는 매우 중요하다. 왜냐하면 설교자 한 사람의 설교에 대한 이해는 그 사람의 설교 내용과 방법을 결정하기 때문이다. 즉, 설교자가 설교를 어떻게 이해하느냐에 따라서 그 설교자가 하는 설교의 내용과 방법이 달라지게 된다는 사실이다.

기독교 설교에 대한 정의는 실로 다양하다. 설교자들의 입장에 따라서, 시대적 상황에 따라서, 그리고 설교학자들의 신학적 사상에 따라서 여러 가지로 정의되고 있다. 이러한 현상은 설교가 설교학자들의 신학이나 사상, 그리고 시대적 상황과 결코 무관할 수 없음을 보여 주는 것이라 하겠다. 그러면 기독교 설교 역사와 학자들의 입장에 따른 설교에 대한 정의는 어떤 것이었는지 그 대표적인 것 세 가지를 들어 정리해 보고자 한다.

하나님의 말씀으로서의 설교

설교에 대한 가장 기본적인 정의는 '설교는 하나님의 말씀'(the Word of God)이라는 것이다. 이것은 변할 수 없는 설교에 대한 가장 본질적이고 전통적인 정의라 하겠다. 여기에 속한 대표적인 학자를 들라고 하면 종교개혁가인 존 칼빈(John Calvin)과 신정통주의 신학자인 칼 바르트(Karl Barth)를 들 수 있을 것이다.

이들이 설교를 하나님의 말씀으로 정의한 데는 그들이 속한 시대적인 배경이 함께하고 있다. 우리가 잘 알다시피 중세 교회는 하나님의 말씀으로부터 멀어져 있었다. 그 결과 교회는 타락하고 부패하게 되었다. 존 칼빈은 이런 교회가 새롭게 개혁되는 길은 오직 하나님의 말씀으로 돌아가는 길뿐이라고 확신하였다. 그래서 그는 '오직 말씀으로'(sola scriptura) 교회를 개혁하고자 하였으며, 이런 신학적 입장이 설교에도 그대로 반영되었다.

칼빈에게 있어서는 기록된 말씀(written Word)으로서의 성경이 하나님의 말씀인 것처럼 하나님의 종들을 통해서 선포되는 말씀(spoken Word)인 설교 역시 하나님의 말씀이었다. 그는 "하나님의 말씀은 선지자들의 말과 차이가 없다"[8]고 하면서, 하나님의 대사(ambassador)로서의 설교자들이 전하는 설교는 곧 하나님의 말씀임을 주장하고 있다.

그러나 칼빈은 설교가 하나님의 말씀이지만 그렇다고 모든 설교가 하나님의 말씀인 것은 아니라고 한다. 설교가 하나님의 말씀이 되기 위해서는 그것이 하나님의 말씀인 성경에 철저히 근거해야 한다고 주장한다. 즉, 하나님의 말씀인 설교는 하나님의 말씀인 성경에 근거할 때 비로소 하나님의 말씀이 될 수 있다는 것이다.[9]

칼 바르트 역시 '하나님의 말씀'으로서의 설교를 주장한 데는 그 자신이 살았던 시대적 배경과 무관하지 않다. 18~19세기 유럽을 휩쓴 자유주의 신학은 결국 하나님의 말씀에 대한 의심과 회의를 가져오게 하였다. 그 결과 유럽의 교회는 서서히 퇴조의 길을 걷기 시작하였다. 바르트는 여기에 대한 반발로 신정통주의(Neoorthodoxism) 신학을 주창하였는데, 그 중심에는 하나님의 말씀을 다시 회복하자는 '말씀의 신학'이 있었던 것이다. 그는 설교를 다음과 같이 정의하고 있다.

> "설교는 하나님 자신이 말씀하시는 하나님의 말씀(the Word of God)이다. 이를 위해서는 이 사명에 순종하는 교회의 부름받은 사람들에 의해서 동시대의 사람들에게 적절한 인간의 언어로 성경 본문을 해석하는 것이 필요하다."[10]

이들의 견해를 종합하면 성령의 감동으로 기록된 성경이 하나님의 말씀인 것처럼 그 말씀을 해석하여 전하는 설교 역시 하나님의 말씀이다. 그러므로 설교자는 이 하나님의 말씀을 전하는 종으로서 최선을 다할 것이요, 듣는 사람들 역시 설교는 하나님의 말씀으로 믿고 받아들이는 자세가 중요하다고 하겠다.

커뮤니케이션으로서의 설교

설교에 대한 또 하나의 정의가 19세기 미국 강단에서 나오게 되는데, 이는 미국 성공회의 뛰어난 설교자였던 필립스 브룩스(Phillips Brooks, 1835-93)에 의한 것이다. 그는 '강단의 왕자'라고 불릴 만큼 탁월한 설교가였을 뿐만 아니라 설교 이론에 있어서도 해박하였던 인물이다.

그가 1877년 오늘날 '예일 설교학 강좌'(The Yale Lectures on Preaching)로

더 잘 알려진 '라이먼 비처 기념 설교학 강좌'(Lyman Beecher Lectures on Preaching)에서 했던 설교학에 관한 강의는 지금까지 설교학에 대한 중요한 원리요 지침으로 남아 있다. 그는 이 강연에서 자신의 설교 경험을 바탕으로 설교학적 이론을 소개하였고, 설교를 다음과 같이 정의하였다. "설교는 한 사람이 다수의 사람들에게 진리를 커뮤니케이션하는 것이다."[11]

브룩스의 설교에 대한 정의에는 세 가지 중요한 요소들이 나오고 있다. 즉, 설교란 "사람(person)에 의해서, 진리(truth)를, 전달하는 것 (communication)이다"라는 말이다. 물론 브룩스는 여기서 설교의 본질적인 두 가지 요소는 진리(truth)와 인격성(personality)이라고 한다. 즉, 기독교 설교는 그 내용에 있어서 복음의 진리를 전하는 것이어야 하고, 그것은 한 사람의 설교자를 통해서 전달되기 때문에 설교자의 인격이 중요하다는 것을 강조하고 있다. 그래서 그는 "설교는 인격을 통해서(through personality) 진리를 전달하는 것"[12]이라고 주장하기도 한다.

그러나 필립스 브룩스는 설교를 정의하는 데 있어서 우리가 주목해야 할 또 하나의 다른 시각을 보여 주고 있다. 칼빈과 바르트가 설교의 내용에 초점을 맞추어 설교를 하나님의 말씀으로 정의하고 있다면, 브룩스는 그 말씀이 전달되는 현장에 초점을 맞추고 있다. 즉, 그에게 있어서 진리인 하나님의 말씀은 사람들에게 바르게 커뮤니케이션될 수 있어야 온전한 설교가 된다는 말이다.[13]

이러한 브룩스의 견해는 현대 커뮤니케이션의 이론에 비춰볼 때 매우 적절한 것이라고 하겠다. 아무리 좋은 메시지 내용이 준비되었을지라도 그것이 바르게 전달되지 않는다면 그것은 메시지가 아니다. 커뮤니케이션되지 않는 설교는 설교가 아니라는 말이다. 설교자에 의해서 충실하게 준비된 진리의 말씀은 사람들에게 바르게 전달될 때 비로소 완성된다. 거기는 설교자 일방의 전달이 아니라 청중과의 상호 소통이 있어야 한다.

설교는 일종의 커뮤니케이션이다. 그런 의미에서 오늘의 설교자들은 커뮤니케이션에 대한 지적 이해와 함께 이에 대한 훈련이 되어 있어야 한다. 그렇게 함으로써 준비된 하나님의 말씀을 보다 효과적으로 청중과 소통할 수 있도록 해야 할 것이기 때문이다.

커뮤니케이션 이론의 창시자라고 할 수 있는 마샬 맥루한(Marshall McLuhan) 이후 현대 기독교 설교학 분야에서도 커뮤니케이션에 관한 많은 연구들과 함께 이론들이 개발되어 소개되고 있다. 따라서 현대 설교자들이 이에 대한 적극적 관심을 가지고 커뮤니케이션에 관한 책들을 읽고 연구하면서, 그것을 설교 현장에 적용할 수 있다면 그의 강단은 지금보다 훨씬 풍요로운 초장이 될 수 있을 것이다.

들려지는 말씀으로서의 설교

20세기 후반에 들어서면서 기독교 설교 신학과 환경에 새로운 변화가 일어나게 되었다. 이 시기에 새롭게 등장한 포스트모더니즘(postmodernism)의 영향은 교회 역시 예외가 아니었다. 절대 진리를 상대화하고, 권위에 대해서 의문을 품으며 쉽게 인정하려 하지 않는 시대적 변화는 교회 안으로도 깊숙이 들어오게 되었고, 설교를 듣는 회중의 삶에도 커다란 영향을 미치게 되었다.

그 동안 설교는 설교자가 일방적으로 전하고 청중은 그것을 받아들이는 피동적 위치에 있었다. 그러나 이런 전통적 설교는 이제 더 이상 사람들의 흥미를 끌지 못하게 되었고, 그런 설교를 사람들은 들으려 하지 않게 되었다. 사람들의 머리에다 대고 논리적으로 따지고 증명하면서 전개해 가는 설교, 교훈하고 훈계하는 식의 전달, 삶과는 무관하게 전개되는 설교 방식에 더 이상 사람들은 귀를 기울이지 않는다.

이런 설교의 한계 상황에서 많은 설교자들과 설교학자들은 고민하게 되었고, 거기에 대한 하나의 대안으로 나오게 된 것이 바로 신설교학 운동(The New Homiletics Movement)이다. 물론 신설교학의 이론은 여러 가지가 있지만, 이것이 기독교 설교에 새롭게 기여한 것 중의 하나는 설교를 듣는 '청중에 대한 재발견'이었다. 이들은 청중을 일방적으로 설교를 듣는 피동적 존재가 아니라 설교에 함께 참여하는 '설교의 파트너'로 간주하였다. 그리고 설교는 이제 일방적으로 전하는 것이 아니라 청중에게 '들려지는 것'이 되어야 한다고 주장하였다.

여기에 대한 대표적인 설교학자로서 프레드 크래독(Fred B. Craddock)이 있다. 그는 그 동안 전통적 설교가 갖는 문제점을 다음과 같이 지적하고 있다.

> "과거 설교들은 말을 하려고 했을 뿐 들으려고 하지 않았다. 그것들은 청중이 귀로 들음으로 완성되는 것이 아니라 설교자의 입에서 나가는 것으로 끝났었다. 이러한 설교는 청중을 단지 설교를 듣는 수동적 존재로 여겼었다."[14]

그러면서 그는 계속해서 이렇게 주장한다.

> "설교자는 청중들에게 하는 자신의 말을 신뢰할 뿐만 아니라 자신이 청중들의 반응에 열려 있어야 한다. 설교자는 자신의 설교가 청중들이 들음으로써 완성되어진다는 사실을 알아야 한다. …… 하나님의 말씀의 사건(the event of the word of God)은 듣는 귀를 필요로 한다. 왜냐하면 믿음은 들음에서 나기 때문이다"(롬 10:17).[15]

그 동안 전통적인 설교는 설교자 중심이었다. 그래서 설교에 대한 정의나 신학, 전달에 관한 모든 것들이 설교자에게 맞추어져 왔었다. 그러나 이제 설교는 설교자가 서재에서 원고를 준비하고 그것을 강단에서 전달하는 것으로 끝나지 않는다. 그 설교가 청중들의 귀, 또는 마음에 들려짐으로써 설교는 완성되는 것이다. 신설교학은 바로 이 점을 발견하고, 이제 현대 설교는 청중을 설교의 여정에 함께 하는 '설교의 파트너'로 인식하면서, 진정한 하나님의 말씀이 그들에게 들려질 수 있어야 한다는 것을 강조하고 있다.

"설교는 커뮤니케이션이다. 그러므로 그것은 설교자와 함께하는 것만큼이나 청중 들과도 함께 해야 한다. 설교를 듣는 사람들을 아는 것은 그것을 전달하는 설교자 를 아는 것만큼 또는 그 이상으로 설교를 이해하는 데 있어서 중요한 것이다."[16]

이상의 설교에 대한 정의를 보면 칼빈과 바르트는 하나님의 말씀에 중심을 두었고 이것은 지금도 여전히 유효한 것이라고 하겠다. 필립스 브룩스는 진리로서의 설교의 내용과 함께 설교자의 인격을 강조함으로써 설교자 중심의 정의라고 볼 수 있겠고, 거기에 반해 신설교학의 입장은 설교에 있어서 청중의 역할을 강조한 것이라 하겠다.

3. 설교의 신학과 기능

기독교 설교는 설교로서 스스로 존재하지 않는다. 즉, 설교가 온전한 설교가 되기 위해서는 설교의 신학적 측면이 고려되어야 한다는 말이다. 물론 신학적 이해나 기초 없이 설교를 할 수도 있을 것이다. 그러나 그것은 온전한 설교가 될 수 없다. 이는 마치 학교에서 수학을 가르치는 선생이 학교가 뭔지도 모르고 수학을 가르치는 것과 같다. 물론 그 선생은 학교가 무엇인지 몰라도 학생들에게 수학 공식을 가르치고 외우게 할 수 있을 것이다. 그러나 똑같은 수학을 가르쳐도 학교가 무엇인지, 학교가 무엇을 해야 하는 곳인지를 바로 알고 학생들을 가르치는 선생은 그렇지 않은 선생과 그 가르침에 있어서 분명 차이가 있을 것이다.

이는 설교 역시 마찬가지다. 어떤 설교자는 신학적 이해나 기반이 없이 오직 설교 방법만 배워서 설교를 할 수 있을 것이다. 그러나 그 설교는 온전할 수가 없다. 그런 사람의 설교는 설교가 무엇인지를 알고 설교에 대한 신학적 이해가 밑받침된 사람의 설교와는 그 내용과 방법 면에 있어서 분명 다를 수밖에 없다.

설교가 무엇인지 제대로 알지도 못하고 설교하는 설교자, 교회가 무엇인지 제대로 이해하지도 못하고 목회를 하는 목사를 생각해 보라. 바른 설교, 바른 목회가 가능하겠는가? 우리 설교자나 목회자들에게 신학이 필요하고 중요한 이유가 바로 여기에 있다. 신학적 이론적 기반이 없이 방법과 기교만을 배워서 하는 설교(목회)는 마치 모래 위에다 집을 짓는 것과 같다. 어느 날 비가 오고 바람이 불면 그 집은 너무 쉽게 무너져 버리고 말 것이다.

그래서 필자는 신학교에서 학생들을 가르치면서 이런 말을 자주 한다. "건물을 높이 쌓으려거든 기초가 튼튼해야 한다. 기초는 눈에 보이는 것이 아니지만 높은 건물을 지을수록 기초를 깊게 파야 한다." 어떤 사람들은 신학교에서 배우는 신학이 목회 현장에서는 필요 없다고 함부로 말을 한다. 그 사람은 신학 자체를 제대로 이해하지 못한 사람이다. 신학은 목회의 기초와 같다. 그것은 당장 눈에 보이는 것은 아니지만, 그 사람의 목회 전반에 중요한 영향을 미치게 된다. 기초가 깊고 튼튼해야 그 사람의 목회가 그만큼 튼튼하고 높이 나아갈 수 있다. 방법만 앞세운 목회는 어느 위기의 순간이 오면 쉽게 무너져 버리고 말 것이다. 목회자(설교자)들은 자신의 신학적 기반이 든든할 때 그가 하는 모든 사역들 역시 든든할 수 있다는 것을 잊지 않아야 한다.

그러면 기독교 설교가 지향해야 할 신학적 초점은 무엇인지, 그리고 그 설교가 갖는 기능은 어떤 것들인지를 살펴보도록 하자.

1) 설교 신학

"신학이 설교를 만든다."[17]

로날드 알렌(Ronald J. Allen)은 설교자들이 신학적으로 사고하는 것이 중요하다고 하면서, 설교자의 신학이 설교를 만든다(Theology shapes preaching.)고 주장한다. 그러면서 그는 "설교자는 단순히 성경을 설교하는 것이 아니라, 신학적 렌즈(theological lens)를 통해서 성경을 해석한다"고 언급하고 있다.[18]

설교에 있어서 신학은 매우 중요하다. 설교자가 어떤 신학을 갖느냐에 따라서 성경을 해석하는 방향이 달라지고, 또한 설교의 내용이 달라지기 때문이다. 그러므로 설교자는 설교자로서의 바른 신학을 배우고 갖출 수 있어야 한다.

그런가 하면 설교자는 일반 신학에 대한 이해와 함께 설교에 대한 바른 신학적 토대를 갖추고 있어야 한다. 설교에 대한 신학적 이해는 그가 전하는 말씀의 방향과 내용을 결정하기 때문에 매우 중요한 요소다.

그러면 설교는 신학적으로 어떤 것이어야 하는가? 여기에 대해서 필자는 설교 신학의 다섯 가지 측면을 언급하고자 한다.

(1) 설교: 성부 하나님의 창조와 섭리의 말씀

설교는 하나님의 창조주 되심과 그분의 뜻 가운데 세상 모든 역사가 주관되고 있음을 선포하는 것이다. 하나님은 말씀을 통해서 천지를 창조하셨듯이 말씀 속에서 창조주가 되셔야 한다.

설교의 근거가 되는 성경은 "태초에 하나님이 천지를 창조하시니라"(창 1:1)로 시작된다. 창세기 1:1이 없다면 성경이 될 수 없듯이 창조주 하나님이 없는 설교는 설교가 될 수 없다.

설교는 무엇보다 먼저 여호와 하나님이 천지 만물과 우리 인간의 창조주 되심을 인정하고 그것을 믿고 선포하는 것이어야 한다. 하나님의 창조주 되심을 믿지 않는다면 그것이 기독교 설교가 될 수 있겠는가?

이와 같이 기독교 설교는 먼저 하나님의 창조주 되심을 선포하고, 그 창조주 되시는 하나님이 오늘도 우리의 삶을 주관하고 섭리하시는 분임을 선포해야 한다. 그렇게 함으로써 오늘 다양한 삶의 정황 속에서 살아가는 사람들로 하여금, 말씀을 통해서 그들의 삶을 향한 하나님의 뜻을 찾도록 하고, 설교 속에서 삶의 문제들을 해결할 수 있도록 해야 한다.

(2) 설교: 성자 예수 그리스도의 구속과 사랑의 말씀

설교는 죄로 말미암아 죽어가는 인류를 구원하신 예수 그리스도의 구속과 사랑을 전하는 것이다. 인류의 역사는 하나님의 구속의 역사(Heilsgeschichte)다. 설교는 이 구속의 역사를 선포하는 것이며, 그 중심에는 예수 그리스도가 있다.

그러므로 기독교 설교에는 성부 하나님의 창조와 함께 성자 예수 그리스도의 구속과 사랑이 담겨 있어야 한다. 말씀을 통해서 그리스도의 십자가 사랑을 알 때, 우리는 하나님의 은혜를 알고 감사하게 되며, 거기에 응답하여 헌신하게 된다.

그리스도의 사랑이 없는 설교는 강요와 율법이 될 뿐이다. 기독교의 설교는 강요된 헌신이나 율법의 의무를 주장하지 않는다. 오늘 많은 설교자들이 착각하는 것이 바로 이 점이다. 그리스도의 사랑을 알 때 사람들은 자발적으로 헌신하게 된다. 그러므로 설교는 이 그리스도의 사랑을 알도록 사람들에게 전하는 것이 우선이다.

그리스도의 사랑과 은혜를 알지 못한 바리새인들과 서기관들은 법과 의무를 강조했을 뿐이다. 그러나 예수 그리스도는 율법을 강요하지 않으시고, 그들에게 자신의 아들을 죽이기까지 사랑하신 하나님의 사랑을 사람들에게 먼저 전했다. 이런 설교를 들은 사람들은 주님의 설교가 바리새인이나 서기관들과 달리 권세(권위)가 있다고 하면서 모두 놀랐다(마 7:28-29).

오늘 한국교회 많은 설교들이 율법적이고 명령적인 형태와 내용을 갖는 데는 그 이유가 있다. 바로 설교 속에 예수 그리스도의 구속과 사랑의 메시지가 생략되거나 흐려져 있기 때문이다.

이제 우리는 설교를 통해서 그리스도의 구속과 사랑을 청중들의 가슴에 전할 수 있어야 한다. 설교는 율법이 아니라 그리스도의 사랑을 청중들의 가슴에 뜨겁게 전하는 것이다. 여기에 기독론에 기초한 설교 신학이 있다.

(3) 설교: 성령의 임재와 역동성을 선포하는 말씀

설교는 인간을 통해서 이루어지는 하나님의 사역(divine work)이다. 그러므로 성령님의 역사는 필수적이다. 성령님의 역사가 없는 말은 한낱 인간의 언어에 불과할 뿐이다. 그러나 인간의 입을 통해서 나가는 말이 성령님의 역사 속에서 이루어진다면, 그것은 하나님의 말씀이 된다.

미국 리버사이드 교회(Riverside Church in New York)의 목사로서 현 미국

최고 설교자들 중의 한 사람인 제임스 포브스(James A. Forbes, Jr.)는 예일대학의 유명한 설교학 강좌인 '라이먼 비처 강좌'(Lyman Beecher Lectures)에서 설교와 성령의 관계를 주제로 연설을 하였다. 그는 여기서 "설교(preaching event)라고 하는 것은 살아 숨쉬고 살과 피가 되는 성령의 신학을 표현하는 것"[19]이라고 하면서, "설교는 성령님의 권능 안에서 하나님의 나라를 섬기도록 하기 위하여 교회를 성숙하게 하고, 능력을 주시며 인도하시는 성령님의 광범위한 사역 중의 하나"[20]라고 한다.

현대 기독교 설교는 그 이론과 방법론적인 측면에서 놀라운 발전을 하고 있다. 또한 뛰어난 설교가들이 수준 높고 심오한 내용들을 화려한 언술로 강단에서 청중에게 전달하고 있다. 그러나 현대 설교가 갖는 맹점 중의 하나는 설교에 대한 이론적 지식과 방법과 기술들이 발전한 반면에 성령님의 역사가 없는 설교들이 난무하고 있다는 사실이다.

설교학자 존 브로더스(John Broadus)는 일찍이 이런 현상들을 염려하면서, "설교학적 기술만 배우려고 하는 설교자는 성령님의 도우심을 구해야 한다는 사실을 잊기 쉽다"고 경고하였다.[21]

오늘의 설교자들은 자신들이 전하는 설교가 기술 이전에 성령님의 역사 속에서 이루어진다는 사실을 잊지 않아야 할 것이다. 성령님은 우리가 성경을 연구하고, 본문을 택하고, 자료들을 찾고 준비하도록 도우시며, 또한 우리가 전하는 설교를 능력 있게 하시고, 영적 승리를 주시는 분이기 때문이다.[22]

설교자는 설교가 성령님의 역사임을 인식하고 먼저 자신이 성령님을 의지해야 할 뿐만 아니라 자신이 전하는 설교의 메시지를 통해서 성령님의 역사를 선포할 수 있어야 한다. "성령님은 그리스도인의 모든 삶에 관여하신다. 회개, 믿음, 그리고 성숙은 성령님이 주시는 선물이다."[23] 그러므로 설교자는 성령님의 역사의 중요성을 깨닫도록 청중에게 설교해야 한다.

성령님께서 그리스도인의 삶에 의미하는 바가 무엇이며, 그 분이 우리 삶 속에 어떻게 역사하시고, 그 분이 함께하시고 능력을 덧입을 때 어떤 결과가 이루어짐을 기독교 설교자는 말씀을 통해서 선포할 수 있어야 한다.

(4) 설교: 교회 공동체를 향한 하나님 말씀

설교는 듣는 청중들 개인에게 주시는 하나님의 말씀이면서 동시에 교회에 주시는 하나님의 말씀이다. 신약성경에는 하나님께서 사도들을 통해서 고린도교회, 갈라디아교회, 에베소교회, 빌립보교회, 골로새교회, 데살로니가교회 등에 말씀을 주고 계심을 볼 수 있다. 요한계시록에서도 에베소교회, 서머나교회, 버가모교회, 두아디라교회, 사데교회, 빌라델비아교회, 라오디게아교회 등 소아시아 일곱 교회에 말씀을 주시면서, 주님은 그들을 향하여 "귀 있는 자는 성령이 교회들에게 하시는 말씀을 들을지어다"라고 말씀하고 계신다(계 2:29, 3:6, 13, 22).

하나님의 말씀은 개인적이면서 동시에 공동체적이다. 그러므로 하나님의 말씀을 전하는 설교자는 그 말씀이 개인들에게 선포되는 말씀일 뿐만 아니라 공동체를 향해서도 선포될 수 있어야 한다는 사실을 잊지 않아야 한다.

교회 공동체의 상황, 교회가 직면한 문제, 공동체가 갖는 신앙의 힘, 신앙 공동체로서의 교회가 지향해야 할 모습, 사회적 관계 속에서 교회의 책임 등에 대해 설교자는 말씀을 통해서 메시지를 전해야 한다.

특별히 현대는 공동체적인 개념보다는 개인주의적인 성향이 날로 증대되고 있으며, 이러한 현상은 교회 역시 예외가 아니다. 설교자는 이런 시대적 상황 속에서 그리스도인들이 교회 공동체를 통해서 무엇을 배우고, 무엇을 실천해야 할지를 말씀과 함께 나눌 수 있어야 한다.

(5) 설교: 세상을 향한 하나님의 말씀

성경을 보면 하나님께서는 자신의 말씀을 이스라엘 백성들에게만 들려주시지 않았음을 보게 된다. 또한 그 말씀의 내용 역시 이스라엘 백성들에게만 국한된 것이 아니었음을 볼 수 있다.

온 우주 만물을 창조하셨고, 세상과 역사를 주관하시는 하나님은 이스라엘뿐만 아니라 세상의 모든 나라와 사람들에게 말씀하고 계신다. 이스라엘에게 말씀하신 하나님은 이방 세계인 애굽과 바벨론과 두로와 시돈과 모압과 암몬 등에게도 말씀하신다.

오늘 하나님의 말씀 역시 마찬가지다. 하나님의 말씀은 교회 안에서 교회를 위해 선포되는 말씀이기도 하지만 또한 그 말씀은 세상을 향하여 선포되는 말씀이기도 하다. 하나님의 말씀은 교회 안에만 머물러서도 안 되고, 교회 안으로만 제한되어서도 안 된다. 하나님의 말씀은 세상 만민을 위한 것이 되어야 한다.

그러므로 설교는 먼저 믿는 신자들을 위해서 선포되어야 하지만, 거기서 끝나서는 안 된다. 설교는 믿는 자들을 향하여 선포되는 것처럼 믿지 않는 자들을 위해서도 선포되어야 하며, 교회 안에서 선포되는 것처럼 교회 밖의 세상을 향해서도 선포되어야 한다.

오늘 기독교 설교의 문제점 가운데 하나는 대부분의 설교가 교회 안에서만 맴돌고 있다는 사실이다. 그 결과 하나님의 말씀은 세상에서 힘을 잃어가고 있으며, 세상에 대한 영향력 역시 약화되어 가고 있다.

하나님의 말씀은 믿는 신자들을 말씀으로 변화시키듯이 믿지 않는 세상 사람들도 그 말씀으로 변화시켜야 하며, 교회를 변화시키듯이 세상을 변화시킬 수 있어야 한다.

기독교 설교는 무엇보다 먼저 성부, 성자, 성령 하나님이 그 중심에 위치하는 삼위일체적인 것이어야 한다. 우리는 설교를 통해서 성부 하나님의 창조와 섭리를 선포하며, 인류를 죄와 사망에서 구속하신 예수 그리스도의 사랑을 증거하고, 오늘도 우리 속에 역사하시는 성령님의 임재와 역동성을 선포하여야 한다.

다시 강조하지만 기독교 설교는 삼위일체 하나님의 본질과 사역에 근거하여 이것을 말씀을 통해서 선포하며 증거하는 것이라는 점을 잊지 않아야 한다. 그러므로 설교자는 모든 설교를 통해서 삼위일체 하나님이 메시지 속에서 들려지고 보여지도록 해야 한다. 삼위일체 하나님이 배제된 인간의 이야기나, 언제나 삼위 중 어느 한 위만을 강조하는 설교는 잘못된 것이다. 시간마다 성령만을 강조한다든지, 아니면 성자 예수만을 강조하는 것이 아니라 설교 가운데 성부, 성자, 성령 하나님이 균형 있게 전해지도록 해야 한다.

이런 메시지를 설교자는 교회의 신자들과 또 세상을 향하여 전할 수 있어야 한다. 삼위일체 하나님은 교회 안의 하나님이실 뿐만 아니라 교회 밖 세상과 온 우주 만물의 주(主)가 되시는 하나님이시기 때문이다.

2) 설교의 기능

그러면 설교가 하는 기능은 무엇인가? 설교는 무엇을 목표로 하여 수행되며, 그것이 교회와 세상 속에 기여하게 되는 것은 무엇인가? 설교의 기능은 크게 세 가지로 생각할 수 있다.

먼저 설교의 선교적 기능이다. 예수님 승천 이후 최초의 기독교 설교는 사도행전 2장에 나오는 베드로의 설교다(행 2:14-36). 그 설교의 주된 내용은 예수님을 십자가에 못 박아 죽인 유대인들을 향하여, 예수님은 하나님의 아들이요, 죽음 가운데서 다시 부활하신 분이라고 증거하면서, "누구든지 주의 이름을 부르는 자는 구원을 얻으리라"(행 2:21)고 선포하고 있다. 그리고 그 날 이 설교를 들은 사람들 중 3,000명이 회개하고 구원을 얻게 되었다.

설교의 첫째 기능은 무엇보다 말씀을 통해서 예수 그리스도의 복음을 전하는 것이다. 예수 그리스도를 알지 못하는 사람들, 복음을 듣지 못하고 죄와 사망의 권세 아래 놓여 있는 자들에게 설교를 통해서 예수 그리스도가 누구인가를 소개하고 복음을 전해 그들을 구원토록 하는 것이 설교가 해야 할 첫째 되는 기능이요, 또한 설교자의 첫째 되는 사명이다.

돈 와들로우(Don M. Wardlaw)는 "설교단은 한 가지 이유에서 존재하는데, 우선적으로 그리스도 안에서 하나님의 구속의 은혜에 대한 복음을 전파함이다"라고 말하고 있다.[24] 이는 설교가 지향해야 할 첫째 목표와 기능이 무엇인지를 말해 준다고 하겠다.

기독교 설교는 믿지 않는 자들과 세상을 향하여 예수 그리스도의 복음을 선포하는 선교적 기능을 해야 한다. 따라서 오늘의 설교자들은 '왜 우리가 설교를 하고, 설교는 무엇을 위해서 하는가'를 질문하면서, 설교의 첫째 기능은 예수 그리스도의 복음을 전파하여 죽어 가는 영혼과 세상을 구원하는 것이라는 사실을 언제나 명심해야 할 것이다.

참고로 선포적 설교가 인간의 구원에 초점을 둔 것이라고 해서 교회 안에서는 하지 않아도 되는 것으로 생각해서는 안 된다. 설교자는 교회로 불신자들을 초청해서 이런 설교를 할 수도 있고, 가끔은 이미 믿는 자들에게도 이런 설교를 해서 그들의 신앙을 다시 확인하도록 하는 것이 필요하다.

둘째로 설교의 교육적 기능이다. 사도행전에는 베드로의 구원을 위한 선포적 설교(케리그마, κήρυγμα)가 있는가 하면, 이미 복음을 받아들인 자들을 향한 가르침의 설교가 있다. 사도행전 2:42은 초대교회 교인들의 신앙생활에 대해서 언급하고 있는데, 거기에는 초대교회 교인들이 '사도의 가르침'을 받았다고 기록하고 있다. 여기서 '가르침'은 헬라어로 디다케(διδαχή)라는 말인데, 교육이나 교훈을 의미한다.

이미 복음을 받아들인 사람들에게 다시 예수 그리스도의 복음을 소개하고, 그들에게 회개를 촉구하면서 구원을 받으라는 선포적 설교는 반복할 필요가 없다. 그들은 이미 구원받은 자들이기 때문이다. 이들에게 필요한 것은 이제 구원받은 그리스도인으로서 무엇을 믿고 어떻게 살아야 할 것인가를 가르치는 것이 중요하다.

따라서 설교자는 설교를 통해서 이미 교인이 된 사람들에게 우리 기독교가 무엇을 믿는지에 대한 교리와, 믿는 자들이 어떻게 살아야 할 것인가에 대한 윤리와 실천에 대해 말씀을 통해서 가르쳐야 한다. 이것이 설교가 갖는 교육적인 기능이다.

셋째로 설교의 상담적 기능이다. 설교는 상담학적인 관점에서 보면 하나의 집단상담이 이루어지는 자리라고 할 수 있다. 모든 교인들이 개인적으로 목사를 만나서 상담하지 않을지라도, 때로는 목사의 설교를 들으면서 자신을 향한 하나님의 뜻을 발견할 수 있고, 그들의 고민과 문제와 갈등을 해결할 수 있다.

특별히 현대 사회는 정신적 측면에서 많은 문제들을 야기하고 있다. 그러므로 그 사회 속에 살고 있는 그리스도인들 역시 여기서 예외가 될 수 없다. 따라서 오늘의 설교자들에게는 하나님의 말씀을 통해서 병든 심령들을 치유하고 회복하고 위로하고 격려하는 것이 필요하다.

하나님 자신도 고난받는 이스라엘의 위로자이셨으며(사 51:3, 52:9), 선지자들에게도 "내 백성을 위로하라"(사 40:1)고 말씀하신다. 따라서 오늘의 설교자들은 자신이 전하는 하나님의 말씀을 통해서 고난받는 자들을 위로하고, 쓰러진 자들을 말씀으로 일으켜 세우며, 갈 길을 잃고 방황하는 영혼들을 바른 길로 인도하고, 병든 영혼들을 치유하고 회복하는 일을 말씀을 통해서 감당할 수 있어야 한다.

설교는 하나님 자신의 말씀이면서 동시에 인간을 위한 말씀이다. 따라서 설교자는 설교를 통해서 하나님의 말씀을 사람들에게 선포할 뿐만 아니라 그 말씀을 통해서 사람들을 구원하고 인도하고 치유하고 회복하며 온전히 세우는 일을 감당해야 한다. 설교자의 입을 통해서 나오는 한 편의 설교가 이런 기능을 온전히 수행할 수 있다면 그 설교는 인간을 위해서 얼마나 가치 있고 소중한 것이 되겠는가?

하나님은 바로 이 일을 위해서 설교자들을 세우셨다. 따라서 설교자의 입을 통해서 나오는 설교와 마찬가지로 그것을 전하는 설교자 역시 이 세상 어느 누구보다도 소중하고 가치 있는 존재가 되는 것이다.

적 용 하 기

1. 설교는 방법 이전에 이론이다. 설교가 무엇인가를 자신에게 물어보라. 그리고 거기에 대한 분명한 답을 가지고 설교를 작성하라.

2. 설교를 하려고 하기 전에 먼저 설교가 무엇인가를 언제나 생각하라. 그러면 설교를 어떻게 해야 할 것인가라는 대답도 얻게 될 것이다.

3. 설교는 그 내용에 있어서 삼위일체적 균형이 있어야 한다. 어떤 설교자는 매번 설교할 때마다 성령만을 강조하고, 어떤 설교자는 성자 예수 그리스도의 정의만을 강조한다. 그러나 설교는 전반적으로 삼위일체 하나님이 선포되어야 한다. 자신이 전한 지난 일 년의 설교를 돌아보면서, 어느 한 쪽에 치우치지 않고 삼위 하나님을 선포하는 데 있어서 균형을 유지하였는지 평가해 보라.

4. 하나님의 말씀은 교회를 넘어 세상을 변화시킬 수 있어야 한다. 나의 설교는 교회 안에만 갇혀 있는 설교는 아닌가? 세상에 대한 변화와 영향력을 주기 위해서 나는 어떤 메시지를 선포하고 있는가?

2장 미주

1) 참고로 수사학의 목표는 사람을 설득하는 데 있었다. 아리스토텔레스는 "수사학은 설득 (persuasion)의 유용한 수단을 찾기 위한 능력(ability)"이라고 정의하고 있다. Aristotle, On Rhetoric, trans. by G. A, Kennedy (Oxford : Oxford University Press, 1991), p. 36.

2) Ibid., p. 38.

3) Ibid.

4) Ibid., p. 39.

5) Al Fasol, *A Complete Guide to Sermon Delivery* (Nashville: Broadman & Holman Publishers, 1996), 알 페이솔 교수는 미국 사우스웨스턴 신학교(Southwestern Baptist Theological Seminary) 에서 설교학 교수로 가르치다 현재는 은퇴하였다.

6) Phillips Brooks, *The Joy of Preaching* (Grand Rapids: Kregel Publications, 1989), p. 26. 필립스 브룩스는 19세기 미국 성공회 목회자로서 '강단의 왕자'라고 불릴 만큼 뛰어난 설교가였다.

7) Ibid., p. 27.

8) John Calvin, *Commentary on Haggai 1: 12. John Calvin, Commentaries on the Twelve Minor Prophets, trans. John Owen* (Grand Rapids: Baker Books, 2005), p. 341.

9) T. H. L. Parker, *The Oracles of God: An Introduction to the Preaching of John Calvin* (Cambridge: James Clarke & Co., 2002), p. 50.

10) Karl Barth, Homiletik, trans. Geoffrey W. Bromiley and Donald E. Daliels. *Homiletics* (Louisville: Westminster/John Knox Press, 1991), p. 44.

11) Phillips Brooks, *The Joy of Preaching*. p. 25.

12) Ibid., p. 26.

13) 물론 이것은 브룩스 자신이 강연에서 강조한 것은 아니다. 이것은 필자가 그의 정의를 보면서 새롭 게 해석한 것이다. 그는 설교의 두 요소로서 설교 내용에 있어서의 진리와 설교자의 인격을 강조하 고 있지만, 그의 정의에는 커뮤니케이션이라는 개념이 등장하고 있다.

14) Fred B. Craddock, *As One without Authority* (St. Louis: Chalice Press, 2001), p. 26.

15) Ibid.

16) Fred B. Craddock, *Preaching* (Nashville: Abingdon Press, 1985), p. 31.

17) Ronald J. Allen, *Thinking Theologically* (Minneapolis: Fortress Press, 2008), p. 4. 알렌은 이 저서에서 첫 장을 "신학이 설교를 만든다"는 제목으로 하여 글을 쓰고 있다.

18) Ibid.

19) James Forbes, *The Holy Spirit and Preaching* (Nashville: Abingdon Press, 1989), p. 19.

20) Ibid.

21) John Broadus, *On the Preapararion and Delivery of Sermons* (New York: Harper San Francisco, 1979), p. 17.

22) Ibid., p. 16.

23) Ibid.

24) Don M. Wardlaw, "Preaching as Means of Grace," 정장복, 『한국교회의 설교학개론』(서울: 예배와 설교 아카데미, 2005), p. 74에서 재인용.

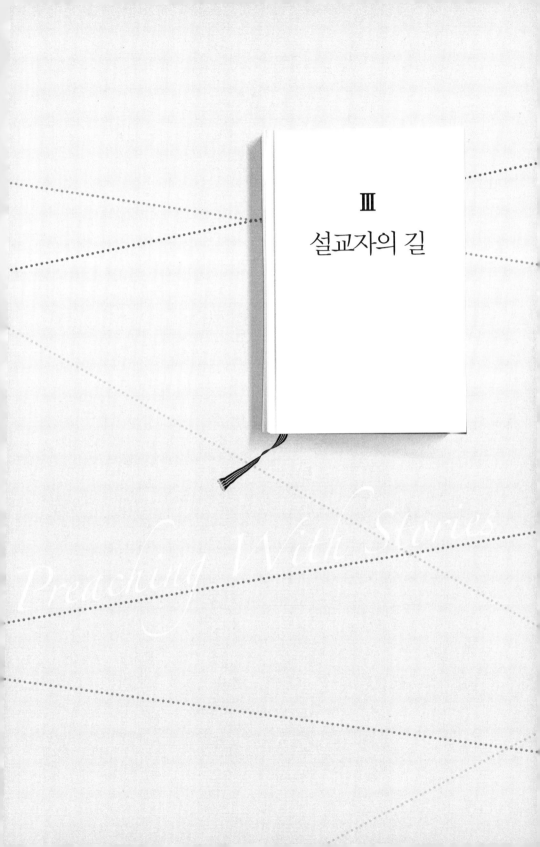

III
설교자의 길

Ⅲ
설교자의 길

커뮤니케이션의 이론가 마샬 맥루한(Marshall McLuhan)은 "미디어가 곧 메시지다"(The medium is the message.)라는 매우 의미 있는 주장을 했다.[1] 과거 모든 사람들은 메시지의 내용만을 중요시했다. 물론 우리가 무엇을 말하거나 전달하는 메시지의 내용은 중요하다. 그 내용에 따라서 사람들의 반응이 달라지기 때문이다.

그러나 그 메시지를 어떤 미디어(매체)를 통해서 전달하느냐 하는 것 역시 깊이 생각할 문제다. 예를 들어 똑같은 내용의 메시지인데 라디오를 통해서 전달하는 경우와 텔레비전을 통해서 전달하는 경우 그 효과는 다르게 나타난다. 미디어의 차이가 메시지의 효과를 좌우하게 된다는 말이다.

설교 역시 마찬가지다. 똑같은 메시지 내용이지만 어떤 사람이 그것을 전달하느냐에 따라서 청중의 반응과 결과는 달라진다. 메지시의 내용도 중요하지만 그것을 전달하는 사람 역시 중요하다는 말이다. 그래서 필자는 설교학 시간에 맥루한의 말을 빌어 학생들에게 이렇게 말한다. "메신저가 곧 메시지다"(The messenger is the message.). 설교자 자신이 메시지가 된다는 사실을 잊지 말라는 의미다.

우리는 설교에 대한 이론이나 방법을 배우고 준비하는 것 이상으로 온전한 설교자가 되는 길을 배우고 훈련해야 한다. 좋은 하나님의 복음이 좋은 설교자들을 통해서 세상에 전파될 수 있다면 이 얼마나 아름다운 광경이겠는가? 하나님께서는 그런 사람들을 향하여 말씀하시리라.

"아름답도다. 좋은 소식을 전하는 자들의 발걸음이여"(롬 10:15).

1. 설교자가 된다는 것

"설교는 결국 설교자의 문제다."

이러한 명제는 아무리 부정하려 할지라도 부정할 수 없는 것이라고 본다. 설교자, 그가 하나님 앞에서 어떠한 사람인가, 그가 사람들 앞에서 어떠한 사람인가 하는 것은 곧 그가 전하는 메시지가 어떤 것인가를 결정하는 중요한 요인이 된다.

그동안 우리는 어떤 설교자가 될 것인가보다는 어떻게 설교를 잘 할 것인가에 열심히 매달려 왔지 않았나 하는 생각이 든다. 물론 설교의 방법과 기술은 설교에 있어서 중요한 것이다. 그러나 설교가 본질적으로 방법과 기술만의 문제가 아니라는 것을 인식할 때 우리는 먼저 설교자를 생각할 수 있어야 할 것이다. 간혹 어떤 목회자의 설교 내용이나 방법은 설교학적 측면에서 분석해 보면 별로라는 생각이 드는데, 그 설교를 듣는 사람들은 감동을 받는 경우가 있다. 또 어떤 경우는 설교자가 뛰어난 내용과 전달과 설교력을 가지고 설교하는데, 그것을 듣는 사람들의 감동은 별로인 것을 보기도 한다. 이것은 무엇을 말해 주는가?

설교의 방법이나 기술보다 먼저 되어야 할 것은 설교자가 바로 되는 것이라는 사실을 증명해 주는 것이라고 하겠다. 즉, 어떻게 설교할 것인가보다 먼저 어떤 설교자가 될 것인가가 중요하다는 말이다.

오늘의 시대적인 상황이 어느 분야에서나 전문가를 요구하는 경향이 있기 때문에 설교자 역시 전문가가 되어야 하는 것은 당연하다. 그러나 하나님의 말씀의 사역은 설교 전문가로서만 되는 것은 아니라고 여겨진다. 거기는 그 사람의 인격과 신앙이 함께 있어야 한다.

듣는 사람들의 귀를 즐겁게 하는 것은 거짓 선지자들도 얼마든지 할 수 있다. 그들은 뛰어난 기교로 사람들의 이목을 끌고 마음을 사로잡을 수 있다. 그러나 그들에게는 좋은 열매가 없다(마 7:15-20). 예수님께서 열매를 강조한 것은 바로 설교자 자신에 대한 강조임을 오늘의 설교자 역시 깊이 깨달을 수 있어야 할 것이다. 좋은 나무는 자동적으로 좋은 열매를 맺는다. 그러므로 우리가 해야 할 일은 먼저 좋은 나무가 되는 것이다. 이를 위해서 오늘 설교자로 부름을 받은 우리는 어떤 설교자로 서야 할 것인가를 함께 생각해 보고자 한다.[2]

설교자는 한 사람의 신실한 신앙인이어야 한다

1980년대 필자가 신학교에 다닐 때로 기억된다. 그때 어느 신문에서 미국 교회의 목회자들 중 천국과 부활에 대한 확신을 갖지 못하고 있는 사람들이 상당히 있다는 조사 연구를 보고 충격을 받았던 것이 기억난다. 목사가 된 사람들이 천국과 부활에 대한 확신이 없다니 정말로 이해할 수 없는 사실이었다.

2000년 무렵 교회 성장에 대하여 깊이 연구하시는 어느 목사님이 오늘 한국교회 설교의 문제점들을 지적하시면서, 그 중 하나가 설교자들이 천국에 대한 분명한 확신이 없는 것이 문제라고 하신 말씀을 들었다. 처음에는 의아해했지만 어느 정도 수긍이 가는 말씀이었다. 정말 설교자들이 천국에 대한 확신을 가지고 매시간 강단에서 메시지를 선포하고 있을까?

현 한국교회 설교자들의 설교는 초기 한국교회 목회자들의 설교에 비하면 그 내용이 풍부하고 수준이 우수한 것은 틀림이 없다. 그러나 그 메시지들이 사람을 사로잡고 변화시키는 능력은 그때에 비해서 덜해 보인다. 한국교회 초기 설교자들은 설교학적 훈련도 제대로 받지 못했고, 설교에 대한 지식도 변변치 못했다. 또한 그들의 설교는 단순했고 그렇게 다양하지도 못했다. 그러나 거기에는 분명한 믿음과 확신이 배어 있었다. 이러한 설교는 사람을 변화시키고 교회를 변화시키고 사회를 변화시키는 원동력이 되었다.

자기가 확신하는 것만이 확신 있게 전달할 수 있는 것이요, 듣는 사람에게도 확신 있게 받아들여지게 된다. 그러기에 설교자는 무엇보다도 먼저 확고한 신앙인이 되어야 한다. 그리고 내가 믿는 것을 확신 있게 전달할 수 있어야 한다.

지금 한국교회의 강단에서 종말론적인 메시지가 차츰 사라지고 있다. 그리고 현실 안주와 행복을 노래하는 설교들, 위로와 평안을 들려주는 설교들이 강단을 지배하고 있다. 우리는 이러한 현상을 어떻게 받아들여야 할까? 이것이 곧 하나님 나라에 대한 설교자들의 확신도 그만큼 사라지고 있다는 증거는 아닐까?

설교자는 설교자이기 이전에 먼저 하나님께 대한 분명한 신앙을 가진 한 사람의 신앙인이어야 한다. 그는 천국과 부활과 내세를 믿으며 오늘의 사람들에게 그때를 바라볼 수 있는 믿음의 눈을 열어 주어야 한다. 그리고 자기가 선포한 메시지를 하나님의 말씀 안에서 분명하게 확신할 수 있는 사람이어야 한다. 그는 말씀을 묵상하고 그 말씀에 먼저 순종하며, 끊임없는 기도 생활을 통해서 하나님과 영적 교제를 이루면서, 깊은 신앙과 영성 안에서 하나님의 뜻을 알고 전하는 신실한 신앙인이어야 한다.

참고로 17세기 영국 청교도 목사였던 리차드 박스터(Richard Baxter, 1615. 11. 12.-1691. 12. 8.)는 자신의 저서 『참된 목자』(The Reformed Pastor)에서 목회자 스스로 자아를 성찰해야 할 것에 대해서 다섯 가지를 언급하고 있다. 이것들은 4세기가 지난 오늘 우리 설교자들에게도 역시 중요한 내용이라 여겨진다.[3) 그 중에서도 특별히 "목사는 다른 사람에게 설교하기 전에 먼저 자기 자신에게 설교해야 한다"(Preach to yourselves the sermons which you study, before you preach them to others.)는 말은 우리 설교자들이 언제나 잊지 않아야 할 소중한 말씀이라 생각한다.

1) 구원의 은혜(saving grace)의 역사가 당신 자신의 영혼에서 확실하게 (thoroughly) 이루어졌는지 살펴보라: 당신이 다른 사람들에게 나누는 하나님의 구원하시는 은혜에서 당신이 제외되지 않도록 주의하라. …… 당신이 세상 사람들에게 구세주(Saviour)의 필요성을 외치면서, 정작 당신 자신의 마음은 그분을 무시하고, 그분에 대한 관심과 구원의 은총을 잃지 않도록 주의하라.

2) 은혜를 받은 것으로 만족하지 말고 당신이 받은 그 은혜가 살아 움직이도록 실천하고, 당신이 연구한 설교를 다른 사람들에게 하기 전에 먼저 당신 자신에게 설교하라.

3) 당신의 가르침(doctrine)과 당신의 행동(example)이 모순되지 않도록 주의하라.

4) 당신 자신이 다른 사람들에 대하여 설교하고(지적하고) 정죄하는 그러한 죄에 당신 자신이 빠지지 않도록 주의하라

5) 당신의 사역을 위해서 필요한 그런 자격 요건들을 도외시하고 있지 않는지 주의하라.

설교자는 하나님 앞에서 충성된 말씀의 종이어야 한다

장로회신학대학교에서 설교학을 강의하는 정장복 교수가 설교학 시간을 통해서 신학생들에게 '성언 운반 일념'(聖言 運搬 一念)이라는 말을 아주 강조하는 것을 들었다.[4] 설교자는 마땅히 하나님의 거룩한 말씀만을 전달하겠다는 일념으로 살아야 한다는 교훈이라고 생각된다.

오늘의 설교자들 역시 이 말씀 앞에 자신을 깊이 돌아봐야 하지 않을까 한다. 우리는 말씀의 종으로 부름받은 설교자들로서 하나님의 말씀에 충실하고 있는가? 구약 시대에 하나님께서는 거짓 선지자들을 향하여서 "나는 그들을 보내지 않았다"라고 말씀하신다. 그들은 하나님의 말씀의 종이 아니라는 사실이다. 그들은 하나님의 이름으로 말했지만 실상은 사람의 말을 전하거나 아니면 자신의 생각을 전달하는 데 불과했다. 그것은 하나님의 말씀이 아니었다.

오늘도 여기에 문제가 있다. 우리 역시 인간이 듣기를 원하는 말이나 우리의 생각을 하나님의 말씀으로 포장해서 전달하고 있지는 않은가? 진정 우리는 하나님의 말씀의 종으로서 자기를 보내신 분의 사자(messenger)가 되고 있는가?

칼빈은 그의 저서 『기독교 강요』에서 "목사들은 자기들의 이름으로 가르

치거나 대답할 수 있는 어떤 권위를 받은 것이 아니라 다만 주님의 이름과 말씀으로 할 수 있는 권위를 소유하고 있다"5)(Ⅳ-ⅷ-2)라고 하면서, "하나님의 종은 주님께로부터 배운 것 이외에는 아무것도 가르쳐서는 안 된다"6)(Ⅳ-ⅷ-5)고 언급하고 있다. 이것은 설교자들이 하나님의 말씀에 얼마나 충실해야 할 것인가를 강조하는 주장이라고 생각한다.

설교자는 어떻게 전해야 할 것인가보다도 무엇을 전해야 할 것인가를 먼저 생각하면서, 그 내용은 하나님의 말씀이어야 한다는 사실, 그래서 하나님의 말씀인 성경에 근거한 것이어야 한다는 점, 그리고 하나님이 선포하기를 원하시는 내용이 회중에게 전달되어야 한다는 것을 잊지 않아야 한다. 그런 의미에서 설교는 언제나 성경적이어야 하며, 설교자는 하나님의 말씀의 종으로서의 사명에 언제나 성실할 수 있어야 한다.

설교자는 복음에 대한 열정을 지닌 전도자여야 한다

『강단의 거성들』의 저자인 도날드 디머레이(Donald Demaray)는 강단의 거성들이 지닌 공통된 특징 가운데 하나를 이렇게 기술하고 있다.

> "그들은 불타는 전도자들이다. 그들은 사람들이 회심하는 것을 보며 이를 자신들의 사명으로 여겼다. 그들은 리차드 박스터의 말을 인용하여 '나는 죽어 가는 사람으로서 죽어 가는 사람에게 설교한다'고 하였다."7)

예수님은 자신이 이 땅에 오신 목적을 이렇게 말씀하신다. "이르시되 우리가 다른 가까운 마을들로 가자 거기서도 전도하리니 내가 이를 위하여 왔노라"(막 1:38).

주님이 전도를 위해서 이 땅에 오셨다면 그분을 따르는 우리 역시 그 일을 해야 한다. 설교의 중요한 목적 중의 하나는 영혼을 살리는 일이다. 예수님의 승천 후 베드로를 비롯한 사도들은 설교를 통해서 예수님의 생애와 죽으심과 부활을 선포하면서 영혼을 구원하는 일에 전념하였다. 이러한 형태의 설교를 케리그마 설교(kerygmatic preaching)라고 한다.

설교는 영혼을 살리는 것이어야 한다. 죽어가는 영혼을 살리고, 죄에서 고통받는 영혼이 회개하여 변화되고, 세상적인 사람이 그리스도의 사람으로 바뀌고, 육적인 사람이 영적인 사람으로 거듭나는 놀라운 역사의 시간이 바로 하나님의 말씀이 선포되는 설교 시간이다. 그러므로 설교자는 말씀으로 영혼들을 흔들어서 살리고자 하는 열정을 가져야 한다.

마틴 루터(M. Luther), 요한 웨슬리(John Wesley), 찰스 스펄전(C. H. Spurgeon), 조지 캠벨 모간(G. C. Morgan), 빌리 그래함(Billy Graham) 등과 같은 설교의 거성들은 한결같이 진리의 복음을 전하고자 하는 불타는 열정에 사로잡혔던 사람들이었다.

설교는 영혼을 살리는 일로서 이 지상에서 일어나는 가장 위대한 일을 수행하는 시간이다. 설교자는 이 중요한 사명을 인식하면서, 언제나 진리를 전하고자 하는 뜨거운 가슴이 있어야 할 것이며, 이것이 선포되는 말씀을 통해서 나타날 수 있어야 한다.

설교자는 설교의 전문가여야 한다

현대 사회의 특징은 전문화다. 따라서 목회자 역시 전문가로서의 자신을 인식하고, 자기 분야에서 철저한 준비와 훈련을 할 수 있어야 한다. 이것은 설교자인 목회자에게 있어서 설교자로서의 전문성도 동시에 요구하는 것

으로 이해되어져야 한다.[8)

설교자로서 가져야 할 전문성은 무엇인가?

먼저 설교자는 성경에 대한 전문가가 되어야 한다. 설교는 성경에 근거하는 것이므로 설교자는 누구보다도 성경에 대한 전문가여야 한다. 말씀을 바로 이해하고, 석의 주해 적용을 할 줄 아는 능력은 설교의 초석이 된다. 그러므로 설교자는 자신이 전달할 하나님의 말씀을 바로 이해하기 위해서 성경에 대한 전문성을 길러야 한다. 이를 위해서 성서 신학은 설교를 돕는 기초로서 설교자가 갖추어야 할 중요한 지식 분야가 된다. 설교자는 성서 신학적인 지식과 훈련을 게을리하지 않아야 할 것이다.

다음으로 설교자는 설교에 대한 지식과 훈련을 통해서 전문성을 갖추어야 한다. 훌륭한 설교자는 하루 아침에 되는 것이 아니다. 그는 수많은 훈련을 통해서 한 사람의 설교자로 성장하게 된 것이다. 따라서 설교자는 설교에 대한 이론들을 먼저 이해하고 실제적인 훈련을 거듭해 나가는 가운데서, 좋은 설교자로서 자신을 성장시켜 나가야 할 것이다. 설교에 대한 서적들을 읽고, 방법들을 배우며, 다른 사람들의 설교를 들어보고, 자신의 설교를 분석해 보는 작업은 설교의 전문성을 기르는 데 많은 도움이 되리라고 믿는다.

설교자는 인간의 삶을 이해하고 사람을 사랑하는 사람이어야 한다

19세기 미국 성공회의 유명한 설교가 필립스 브룩스(Phillips Brooks, 1835-93)는 '설교는 한 인간을 통하여 사람들에게 진리를 전달하는 것'이라고 하면서, 그러기에 설교자는 인간에 대한 이해가 있어야 함을 강조하고 있다.[9)

설교의 대상은 인간이다. 그러므로 설교는 인간에 대한 이해가 없이는 공감을 불러일으킬 수가 없다. 설교는 하늘의 이야기만이 아니다. 설교는 이 땅의 이야기를 포함하고 있으며, 이 땅에서 일어나는 현실적인 사건이 중심이 된다. 성경 역시 하늘의 이야기만 하고 있는 것이 아니라 땅의 사건들을 통해서 하늘의 진리를 전해 주고 있다. 하나님께서도 하늘에서만 말씀하시지 않고 이 땅에 인간의 몸을 입고 오셔서 진리를 말씀해 주셨다.

이것은 설교가 어떠해야 하는가를 보여 주는 예증들이다. 어떤 설교자는 설교 시간 내내 인간이 없는 하늘 이야기만 하고 있어서 청중들의 귀를 닫아 버리게 만든다. 그야말로 뜬 구름 잡는 이야기로 치부되어 버린 설교들이다.

성경은 우리 인간들의 삶을 너무나 적나라하게 표현하고 있다. 거룩한 것에서부터 세속적인 것까지, 하늘에서 땅으로, 돈의 문제, 성의 문제, 인간의 욕망 등등.

설교자는 설교를 듣게 될 인간을 이해하고, 그들의 상황, 그들의 문제, 그들의 고민을 볼 수 있어야 한다. 그리고 그들이 어떠한 사람들이든 그들을 또한 사랑할 수 있어야 한다. 여기에서 사람들 속에 진정으로 성육화된 하나님의 말씀(incarnating preaching)의 역사가 일어나게 될 것이다. 이를 위해서 설교자가 설교를 듣게 될 교인들과 대화를 나누고, 상담하고, 심방 하는 일들은 인간을 이해하는 데 있어서 매우 중요한 과정이 될 것이다.

시대를 이해하고 역사 의식을 갖는 설교자여야 한다

설교는 개인의 영혼을 향한 것이기도 하지만 동시에 그가 속한 사회와 공동체를 향한 것이기도 하다. 자칫 설교자가 개인의 영혼에 집착하다 보면 역사에 대한 책임 의식을 잃어버릴 수가 있다.

그러나 개인 역시 사회의 구조 속에 연결되어 사는 존재라는 점을 고려

한다면, 어느 누구도 혼자서 사는 것이 아니며, 자기가 속한 사회와 시대의 영향을 받도록 되어 있다. 그러므로 설교자는 자신이 속한 시대를 이해하고, 사회적인 상황에 민감하면서, 그 시대에 하나님께서 선포하기를 원하시는 메시지가 무엇인가를 찾아야 한다. 이사야 선지자가 있어야 할 때, 예레미야 선지자가 있어야 할 때, 호세아 선지자가 있어야 할 때, 그리고 세례 요한이 하나님의 말씀을 선포해야 할 때는 각기 그 시대의 독특한 상황이 있었다. 그리고 그들은 그 시대에 맞는 메시지를 선포하면서 자신들의 사명을 다하였던 것이다.

오늘 우리가 사는 시대 역시 하나님의 필요한 메시지가 있다. 우리는 이 시대를 정확히 바라보면서 정치, 경제, 사회, 문화적 현상들을 이해하고, 거기에 맞는 하나님의 말씀을 선포할 수 있어야 한다. 우리의 시대에 주어진 상황 속에서 역사적 책임 의식을 가지고 하나님의 말씀을 선포하는 것이야말로 한 시대를 사는 설교자들의 귀중한 사명이 아닐까?

설교자들은 자연을 가까이 할 수 있어야 한다

이것은 세상을 벗어나 자연에 가서 살라는 말이 아니다. 설교자는 성경 다음으로 자연에서 하나님의 섭리를 배우고, 하나님의 정원인 자연에서 하나님의 숨소리를 들을 수 있다. 그러므로 자연을 가까이하는 것은 하나님과 가까이할 수 있는 기회가 된다.

설교의 거성들 역시 자연을 사랑하고 가까이하는 사람들이었다. 디머레이는 자신의 저서 『강단의 거성들』에서 위대한 설교자들은 언제나 자연 속에 묻히기를 좋아하며, 거기서 하나님을 만나 뵙는 경험을 하였다고 하면서, 조나단 에드워드(Jonathan Edwards)는 하나님의 말씀을 대면하려고 할 때 어김없이 노드앰턴 숲길로 나갔으며, 무디(Dwight L. Moody)는 미시간 호수를 찾아 그 호반에 앉았다고 한다.[10)

필자도 설교를 준비하면서 가능하면 자연을 가까이 하려 노력한다. 어떤 때는 산책을 하면서, 어떤 때는 산을 오르면서 하나님의 말씀을 묵상하고, 설교를 구상하기도 하고, 완성된 설교 내용을 되돌아보기도 한다. 필자가 미국에 머무르고 있을 때의 기억이 새롭다. 설교 원고를 다 쓰고 나면 그것을 가지고 가까이 있는 호수가로 가서 그 설교를 읽으면서 설교 내용을 점검도 하고 전달하는 연습도 했었는데, 그것은 나의 설교에 매우 유익한 시간이었다.

현대의 문명은 자연으로부터 인간을 격리시키고 있다. 더구나 삭막한 도시의 콘크리트 문화는 어디서도 하나님을 발견하기가 쉽지 않다. 이런 때일수록 설교자가 자연을 찾아 자연에서 들려지는 하나님의 음성을 듣고 그 메시지를 들려준다면 삶에 지친 현대인들에게 그 설교는 시원한 청량제가 될 것이다. 오염된 현대 문화에 오염되지 않는 자연의 소리와 그 속에서 들려지는 하나님의 맑은 음성은 이 시대를 사는 우리에게 진정한 복음이 될 것이라 믿는다. "인간은 도시를 만들고 하나님은 자연을 만들었다"라는 말의 의미를 한번쯤 새겨보도록 하자.

이 시대 설교자로 부름받은 우리에게 하나님은 무엇보다도 바른 설교자가 되기를 원하고 계신다. 설교의 기술이나 방법도 중요하지만, 그보다 먼저 우리는 한 사람의 설교자로서 바르게 서고, 바르게 살고, 바르게 전하는 데 힘을 다하여야 하리라 본다.

참된 하나님의 말씀을 전하면서 때로 엘리야처럼 절망을 되뇌이는 순간이 있을지라도 떡과 물을 먹여서 다시 새 힘을 주시는 하나님(왕상 19:1-8),

예레미야처럼 포기하고 싶어도 다시 마음의 중심이 불붙어서 전하지 않고는 답답하여 견딜 수 없게 하시는 하나님의 섭리의 손길을 기억하면서, 오늘 이 시대에 한 사람의 설교자로서 그 사명을 다하는 한국 강단의 위대한 설교자가 바로 당신이 되기를 기대해 본다.

적 용 하 기

---

1. 설교자는 누구인가? 하나님의 말씀을 전하는 설교자는 어떤 사람이어야 하는가? 이에 대한 자신의 답을 깊이 생각하고 기록해 보라.

2. 그리고 위의 답에 대해서 현재 자신의 모습은 어떤지 분석해 보라.

3. 자신이 추구하기를 원하는 이상적 설교자상을 다시 한 번 써보고, 자신이 보기 쉬운 곳에 붙여 놓고 설교를 할 때마다 읽어 보도록 하라.

2. 설교자로서의 준비

미국 에스베리(Asbury) 신학교 구약학 교수와 총장을 역임한 데니스 킨로(Dennis F. Kinlaw) 박사는 "설교의 최대 문제는 설교의 준비가 아니라 설교자의 준비다"[11)]라고 말했다. 한 시간의 설교를 준비하는 것보다 먼저 그 설교를 준비하는 사람을 준비하는 것이 더 중요하다는 말이다.

설교자가 어떤 사람이냐에 따라서 설교의 내용이 달라질 수 있고, 그 설교를 듣는 사람들이 달라질 수 있다. 그러기에 설교자가 자신을 잘 준비한다는 것만큼 중요한 일은 없다. 한 설교자의 영성, 지성, 그리고 인성은 하나님의 말씀이 전해지는 채널로 사용되기에 오늘의 설교자들은 먼저 자신을 준비하는 일에 소홀해서는 안 될 것이다.

1) 설교자의 영성: 기도와 말씀, 그리고 성령

"기도는 설교자의 삶에서, 설교자의 서재에서, 그리고 설교자의 강단에서 뚜렷하게 나타나야 하며, 모든 것에 스며들어 있는 힘이며, 어디에나 채색된 요소여야 한다." -에드워드 바운즈[12)]

가끔 신학생들에게 강의할 때나 목회자들에게 "목사가 매일 새벽 기도를 하는 것이 힘들기도 하지만, 목회자 자신의 영성을 위해서는 더 없이 좋은 시간이다"라고 강조한다. 필자는 개인적으로 목회를 했을 때나, 그리고 지금 신학교에서 가르치면서도 새벽 기도를 통해서 설교에 대한 많은 유익함을 얻고 있다. 설교에 대한 많은 아이디어들을 그 시간에 얻을 수 있고, 본문을 깊이 묵상하고 통찰할 수 있으며, 순간적으로 떠오르는 말씀에 대한 좋은 구상을 할 수 있어서 새벽 기도는 설교를 준비하는 데 있어서 정말 좋은 시간임을 경험하고 있다. 그래서 새벽 기도 시간이면 개인적으로 기도하면서 메모지를 옆에 두고 좋은 아이디어가 떠오르면 기록해 두었다가 설교를 작성할 때 그것을 사용하곤 한다. 그리고 이렇게 새벽 기도를 통해서 얻은 내용을 설교할 때 듣는 사람들이 많은 은혜를 받는 것을 보게 된다. 설교자들에게 있어서 기도가 얼마나 중요한가를 경험적으로 느끼는 경우들이라 하겠다.

기도하며 준비한 설교는 설교자 자신이나 듣는 사람들에게 영적인 힘이 있음을 보게 된다. 그러나 기도가 부족한 경우 설교가 아무리 깊은 지식과 고상한 표현들이 있다 할지라도 매우 메마르고 건조한 느낌을 받는다. 가끔 신학교 교수들의 설교를 들으면서 어떤 분들의 설교는 그 내용과 깊이가 매우 훌륭함에도 불구하고, 뭔가 가슴에 와 닿는 것이 없음을 느낄 때가 있다. 지적인 면은 좋은데 영성이 부족하다는 생각을 하게 된다. 여기서 설교는 지식만으로 되지 않음을 실감하게 된다. 말씀에 대한 깊은 지적 연구와 함께 반드시 기도를 통한 영성이 설교에는 배어 있어야 한다는 사실이다.

필자는 개척 교회를 하면서 어느 때인가 하루 다섯 시간 이상씩 기도하기로 작정하고 이를 실천해 본 적이 있다. 어떤 때는 60일을 교인들과 함께 철야 기도를 하면서 지내기도 했었다. 지금 돌이켜 보면 그 기도를 했다고 금방 어떤 것이 눈에 나타난 것은 아니었지만, 나의 신앙의 여정에, 목사와 설교자로서의 삶에 그 경험은 매우 소중한 것이 되고 있다.

설교자는 설교하는 사람이기 전에 먼저 하나님께 기도하는 사람이어야 한다. 설교자 자신이 기도를 통해서 먼저 하나님과 깊은 교제를 경험하고, 하나님의 말씀의 깊은 뜻을 깨닫고, 설교자 자신의 성령 충만함과 그 말씀을 들을 교인들을 위해서 기도할 때 그를 통해서 전해지는 말씀은 놀라운 역사를 이루게 될 것이다. 그래서 설교자는 사람에게 입을 열기 전에 먼저 하나님께 입을 열어 기도하는 자여야 하며, 설교단에 서기 전에 먼저 하나님 앞에 무릎을 꿇는 자여야 한다. '설교는 하나님 자신의 말씀'이기 때문에 "우리는 기도 없이 설교할 수 없다"는 것이다.[13]

다음으로 설교자의 영성을 위해서 중요한 것이 말씀 생활이다. 성경을 읽고 연구하고 거기서 하나님의 음성을 들으면서, 또한 이 말씀을 선포하고 그 말씀대로 살아야 할 첫 번째 책임이 있는 사람이 바로 그 말씀을 전하는 설교자다.

한국 초기 교회 당시 길선주 목사는 성경을 매일 한 시간씩 읽고 그 말씀을 외우기 위해서 힘썼으며, 성경을 연구하고 집필하는 데 하루 평균 세 시간을 사용하였고, 매일 두 시간씩 독서를 하였다고 한다. 그는 일생 동안 구약을 30회, 창세기와 에스더와 이사야를 540회, 신약 전권을 100회, 계시록을 만독(萬讀)하고, 요한서신을 500회나 읽었다.[14] 그는 말씀뿐만 아니라 기도에도 힘을 다했던 설교자였다. 매일 한 시간씩 보통 기도와 매주 사흘씩 금식기도를 하였으며, 매년 일 주일간의 금식 대기도를 세상을 떠날 때까지 하였다고 한다.[15]

빈 그릇에서 나올 것은 아무 것도 없다. 설교자는 남에게 주기 전에 먼저 자신을 채워야 한다. 마르지 않고 솟아나는 샘물처럼 설교자는 하나님의 생수 같은 말씀을 나눌 수 있어야 한다. 그러기 위해서는 규칙적으로 하나님의 말씀을 읽고 묵상하고 연구하는 시간이 필요하다. 그리고 무엇보다 전한 그 말씀에서 자신이 먼저 은혜를 받고 또한 그 말씀대로 살려고 애쓸 때 하나님의 성령께서 도우시고 그 능력으로 함께 하실 것이다. 분명한 것 하나는 설교자가 먼저 설교할 말씀을 통해서 은혜를 받을 때 듣는 사람들

또한 은혜를 받는다는 사실이다.

무엇보다 이 시대에 절실한 것은 설교자 자신이 그 말씀대로 사는 일이다. 필자는 설교를 듣거나 하면서 가끔 이런 생각을 해본다. '설교자가 먼저 그 말씀대로 산다면 세상은 변화될 것이다.' 그러나 모든 설교자들의 고민이 여기에 있다. 우리가 전한 말씀을 우리가 그대로 살지 못한다는 점이다. 우리는 남에게 설교하기 전에 먼저 자기 자신에게 설교해야 하며, 남에게 말씀대로 살라고 하기 전에 자신이 먼저 말씀대로 살아야 한다. 그럴 때 설교를 듣는 교인들이 변하고, 그들이 나가서 세상을 변화시킬 것이다.

설교자로서 또 하나 중요한 것은 인간적인 노력과 함께 성령님의 인도하심을 따라 사는 삶이다. 설교는 하나님의 말씀을 전하는 것이다. 그러므로 하나님의 모든 것을 통달하시는 하나님의 성령("오직 하나님이 성령으로 이것을 우리에게 보이셨으니 성령은 모든 것 곧 하나님의 깊은 것이라도 통달하시느니라." 고전 2: 10)의 역사와 인도와 조명하심이 없이 하나님의 말씀을 바로 깨닫는다는 것은 어려운 일이다.

『설교의 준비와 전달』(On the Preparation and Delivery of Sermons)이라는 책으로 잘 알려진 존 브로더스(John A. Broadus)는 설교의 과정 속에 역사하시는 성령님에 대해서 다음과 같이 말하고 있다.

"성령님은 성경 연구를 하고, 본문을 선택하고, 설교 자료들을 선택하고 준비하는 데 있어서 설교자를 안내하신다. 성령님은 설교자의 설교에 권능을 부여하고, 또한 영적인 승리를 얻도록 하며, 회개하고 헌신하도록 한다."[16]

설교자는 매일의 삶이 성령님의 인도함을 따라 사는 삶이 되도록 노력해야 할 뿐만 아니라 특별히 설교를 준비할 때 본문을 선택하고, 설교를 작성하고, 그 설교를 전달하는 모든 과정에서 성령님께서 인도하시도록 기도해야 한다. 그럴 때 하나님께서는 하나님의 말씀을 통해서 놀라운 결실들을 거두게 하신다. 설교는 단순한 인간의 일이 아님을 설교자는 늘 기억하면서, 자신의 지식이나 경험이나 능력보다 먼저 하나님의 성령을 의지하는 법을 배우도록 해야 할 것이다.

적 용 하 기

---

1. 설교자로서 나는 전할 말씀을 위해서 얼마나 기도하고 묵상하고 준비하는가?

2. 설교자로서 나는 말씀을 묵상하고 연구하는 데 얼마만큼 시간을 보내고 있는가?

3. 설교자로서 나는 성령의 충만함과 인도하심을 매순간 구하고 있는가?

4. 설교자로서 나는 설교를 들을 청중을 위해서 얼마나 기도하고 있는가?

5. 그리고 설교한 말씀대로 살아가고 있는가?

2) 설교자의 지성을 위한 독서와 연구

어느 목사가 주일 설교를 마치고 교인들과 인사를 나눌 때 한 교인이 질문을 하였다. "목사님, 오늘 말씀에 은혜 많이 받았습니다. 그런데 목사님은 오늘 설교를 위해서 몇 시간이나 준비하신 겁니까?" 그러자 그 목사가 대답하였다. "예, 40년을 준비했습니다."

설교는 단순히 책상에 한 시간 앉아서 만들어지는 것이 아니라 설교자의 모든 것이 반영되어서 한 편의 설교가 작성되는 것이다. 즉, 위의 설교자처럼 그가 살아온 40년의 인생이 한 편의 설교에 나타나게 된다는 말이다. 거기는 설교자의 신앙과 인생의 경험, 그가 가진 세상과 성경에 관한 지식, 신학과 사상 등 모든 것이 어우러져 있는 것이다.

그러기에 설교자는 한 편의 설교가 설교를 쓰는 그 한 시간에 완성된다고 생각하면 안 된다. 설교는 설교자가 살아온 인생의 시간과 함께 하는 것이다. 그러므로 설교학적 관점에서 보면 설교자의 모든 시간은 설교를 위해 존재한다고 해도 결코 틀린 말이 아니다. 그의 과거도, 그의 현재도 역시 설교와 관련되어 있다. 그래서 설교자는 다양한 지식과 경험들을 할 필요가 있는 것이다.

설교자는 무엇보다도 자신의 지식을 확대하기 위한 노력을 계속해야 한다. 존 브로더스(John A. Broadus)는 좋은 설교자가 되기 위해서는 끊임없이 자신의 지식 세계를 확장해 나가야 하며, 그를 위해서 설교자는 자신의 우선 순위의 첫 번째에 '연구하는 시간'을 두어야 한다고 강조한다.[17]

설교자가 자신의 지식 세계를 넓히기 위해서 중요한 것 가운데 하나가 독서다. 우리는 책을 통해서 많은 지식을 얻고, 책을 통해서 다양한 사람들의 삶을 만나게 되고, 인간들의 사상과 철학을 이해하고, 사회를 볼 수 있는 눈을 얻을 수 있다. 또한 문학적인 책들을 통해서 그 내용과 함께 글과 말을 표현하는 방법들도 배울 수 있다. 그래서 독서는 설교자에게 아주 중요한 일이다.

먼저 설교자는 일반 서적들을 시간이 나는 대로 읽어야 한다. 우리는 문학 서적들을 읽으면서 인간의 삶을 이해하고, 또한 설교에 필요한 많은 예화들도 함께 얻을 수 있다. 그런가 하면 역사에 관한 서적들을 통해서 인류가 살아온 과거를 배우고, 그것을 통해서 오늘의 세상을 보고 미래를 예견할 수 있는 통찰력을 가질 수 있다. 또한 사회학에 관한 서적을 읽으면서 우리 시대를 이해하고, 철학이나 심리학과 관련된 책들을 통해서 인간의 사상과 내면을 보다 깊이 볼 수 있는 지혜를 배우게 된다. 특별히 필자는 설교자들이 좋은 수필이나 시집들을 가끔 읽음으로써 인간의 무한한 상상력과 그것을 의미 있게 표현하는 방법들을 배우도록 권하고 싶다.

다음으로 설교자에게 필요한 책이 신학과 신앙에 관련된 서적들이라 본다. 일반 서적들이 설교자에게 상식을 위한 것이라면 신학과 신앙에 관련된 서적들은 전공 서적이라 하겠다. 설교자는 적어도 신학과 신앙에 있어서는 전문가여야 한다. 그러기 위해서는 이와 관련된 서적들을 통해서 자신의 지식의 폭과 깊이를 넓혀야 하고, 또한 새로운 신학적 변화와 흐름들에 대해서 필요한 정보를 얻을 수 있어야 한다. 설교자의 신학이 잘못되면 설교도 잘못된다. 성경에 대한 깊은 지식과 바른 신학적 바탕은 설교자로 하여금 바른 설교를 만들도록 하는 견실한 토대가 된다.

그리고 신학뿐만 아니라 신앙에 관한 서적들, 특별히 기독교 고전들을 읽음으로써 기독교 신앙의 풍부한 유산들을 이해할 수 있어야 하며, 또한 현대 기독교인들의 신앙과 관련된 책들도 함께 읽음으로써 교인들을 이해하고 영적으로 지도하는 데 도움이 되리라 본다.

세 번째로 설교에 관한 서적들을 꾸준하게 읽어야 한다. 필자가 신학교를 다닐 때 탁월한 설교가였던 어느 목사님으로부터 이런 말씀을 들었다. "설교학에 관한 책들을 꾸준히 읽으라. 설교학에 관한 책은 그것이 어떤 것이든 반드시 얻을 것이 있다." 그분이 왜 그런 말씀을 하셨는가를 지금은 보다 분명하게 이해할 수 있을 것 같다.

서점을 가면 설교학에 관한 책들이 수없이 많이 나와 있는 것을 볼 수 있는데, 이러한 책들은 모두 나름대로 설교에 관한 이론과 지식들을 제공해 주는 좋은 자료들이다. 설교자는 적어도 몇 달에 한 권, 아니면 일 년에 한 권이라도 설교학에 관한 책을 꼭 읽도록 하는 것이 자신의 설교를 위해서 큰 도움이 된다는 사실을 기억하고 이를 실천할 수 있어야 한다.

설교학 서적 외에도 훌륭한 설교가들의 설교집을 읽거나 그들의 설교를 듣는 것도 도움이 되리라 본다. 그들이 가진 좋은 면들을 배워서 자신의 것으로 삼음으로써 설교를 한층 업그레이드할 수 있을 것이다. 20세기 영국 최고의 설교자로서 웨스트민스터 채플(Westminster Chapel)에서 30여 년을 설교했던 마틴 로이드 존스(D. Martyn Lloyd-Jones)는 특별히 젊은 설교자들을 향하여 다음과 같이 권고하고 있다.

> "훌륭하고 뛰어난 경험을 가진 설교자들의 설교를 들으라. 그러면 그들로부터 부정적인 것이나 아니면 긍정적인 것에 대한 많은 것들을 배우게 될 것이다. 하지 않아야 할 것이 무엇인지, 또는 반드시 해야 할 것이 무엇인지를 배울 수 있을 것이다. 설교가들에게 들으라. 또한 그 설교들을 읽으라."[18]

설교가는 꾸준한 독서와 연구를 통해서 성경과 신학에 관한 지식을 고양하고, 세상과 사회를 보는 눈을 넓히면서, 이러한 것들을 설교를 통해서 전할 수 있어야 한다. 특별히 오늘의 사회는 지식과 정보의 사회다. 그만큼 설교를 듣는 사람들의 수준도 향상되어 있음을 기억하고 자기 발전을 위해서 끊임없이 노력해야 할 것이다.

3) 설교자의 인격

설교자의 인격과 관련한 몇 가지 단상

#1 "너 자신을 알라"

어느 날 저자가 신학 교수들의 세미나에 참석을 했을 때의 일이다. 개회 예배 시간에 나이가 조금 든 어떤 목사 한 분이 설교를 한 시간 가까이 했었다. 그날의 설교 제목과 주제는 "예의를 갖추자"는 그런 정도의 것이었다. 그는 설교를 통해서 오늘의 젊은 사람들이 예의가 없다는 것을 전하고 있었다. 윗사람을 몰라보고, 자기들 멋대로 행동한다는 말이다. 그러면서 교수들도 예의를 먼저 갖추는 것을 배우라고 했다.

그분의 말씀은 물론 전혀 틀림이 없이 타당한 내용들이었다. 그러나 저자는 그날 설교를 들으면서 속으로 이런 생각을 했다. 과연 저런 내용이 설교의 주제로 타당한 것인가? 그는 성경을 잠깐 읽고 나서 설교라는 이름으로 도덕 강좌를 하는 것이었다. 그렇다면 설교라는 이름으로 하지 말고 특강 식으로 하면 될 것이었다. 그런데 굳이 하나님의 말씀을 전하는 설교라는 이름을 빌어서 자신의 도덕을 강의하였다.

또한 설교 내용을 들으면서 그분에 대해서 잠시 생각했다. 그분의 과거를 조금 알고 있는 나로서는 설교 내용이 아무리 훌륭하다손 치더라도 그분의 말씀을 받아들이기가 어려웠다. 그날 그는 예의에 대해서 말했지만, 그가 젊었을 때는 그렇지 않은 것으로 기억된다. 가끔 회의석상에서 핏대를 올리며 따지고 대들던 일들이 기억이 났다. 그런데 지금 와서 자기가 나이가 좀 들었다고, 어떤 위치에 있다고 해서 남들에게 예의를 갖추라 하는 것은 너무 앞뒤가 맞지 않는다는 생각이 들었다. 이럴 때 우리는 "너 자신을 알라"고 말해야 할까?

자신은 남 위에 군림하기를 좋아하면서 다른 사람들에게는 섬기라고 설교한다면 어떻게 될까? 자기는 기도하지 않으면서 교인들에게는 왜 기도하지 않느냐고 호통을 치면서 쉬지 말고 기도하라는 설교자가 있다면 어떻게 될까? 자신은 물질적 생활이 깨끗하지 않으면서 다른 사람들에게는 깨끗하라고 하는 설교자가 있다면 어떻게 될까? 오 설교자들이여, 이것이 오늘 우리 자신의 모습이라면 그건 스스로에게 너무 비참한 것 아니겠는가? 이런 설교자들이 설교하는 교회, 이런 설교자들이 설교하는 나라가 진정 소망이 있겠는가?

그러나 한국교회에 이런 설교자들은 거의 없다고 생각한다. 그래도 말씀을 붙들고 그 말씀대로 살려고 몸부림치는 수많은 설교자들이 있기에 이 나라는 소망이 있다고 본다.

#2 "너나 잘 하세요"

요즈음 세상에서 유행하는 말이 있다. "너나 잘 하세요." 이 말은 자기는 그렇지 않으면서, 그리고 자기는 그렇게 행동하지 않으면서 다른 사람들에게는 그렇게 되라고, 그렇게 하라고 강요하는 사람들에게 쓰는 조롱 섞인 말이다.

가끔 어떤 사람들을 보면 과거에 자기는 전혀 그런 사람이 아니었는데, 지금 와서는 마치 자기가 성인군자(聖人君子)인 것처럼 행세하면서 다른 사람들에게 어떤 것을 요구하고 강요하는 경우들을 보게 된다. 또 그렇게 가르치려 든다. 과거에 그가 가진 성격이나 인격 등은 별로 좋은 면이 없었는데, 어느 날 선생이 되고 목사가 되고 지도자의 위치에 서게 되자 갑자기 예의와 인격을 강조하고 좋은 성품을 가져야 한다고 열을 올리며 떠들어댄다.

인격적이지 않은 목사가 설교 시간에 교인들에게 인격적이어야 한다고 가르치며 설교하는 것을 상상해 보라. 자기는 교만하기 그지없는 사람이 남들을 향하여는 겸손하라고 설교하는 것을 생각해 보라. 자기는 자신의 욕망과 명예를 끝없이 추구하면서 다른 사람들에게는 "자기를 부인하고 십자가를 지고 따르라"는 설교를 한다면 어떻게 될까? 교인들이 그 목사를 보고 그 설교를 들으면서 뭐라고 할까? 속으로 "너나 잘 하세요"라고는 하지 않을까?

과거 우리 나라의 독재자들 가운데는 유독 충(忠)과 효(孝)를 강조한 자들이 있었다. 나라에 충성하고 부모에게 효도하라는 말이었다. 얼마나 타당하고 마땅히 그렇게 해야 할 말인가? 그런데 일본군 장교를 하던 사람이 권력을 잡고나자 나라에 충성하라고 했을 경우 그 말은 무엇을 의미하는 것일까? 왜 그가 그렇게 하라는 것이었을까? 분명한 것은 그가 말하는 충(忠)은 진정한 의미에서 나라보다는 독재자인 그 자신에게 충성하도록 하기 위해서 그 말을 한 것이었고, 그는 자신의 통치를 위해서 그것을 이용하였다는 사실이다.

왜 예수님께서 우리들을 향하여 많이 선생이 되지 말라고 하셨는지 살아갈수록 그 말씀이 이해가 된다. 자기는 하지 않으면서 남에게는 하라고 강요하는 선생, 자기는 남에게 본이 되지 않으면서 남에게는 언제나 훈계하고 가르치려드는 선생, 자기는 남에 대하여 그렇게 바르지도 인격적이지도 않으면서 남에게는 바르고 인격적이 되라고 하는 선생, 자기는 남에게 무례하기 그지없으면서 남에게는 예절을 갖추라고 강요하는 선생, 하는 말은 구구절절이 옳으나 그의 행실은 전혀 그렇지 않은 선생…… 이것이 오늘 강단에서 설교하고 있는 우리 자신의 모습은 아닐까?

예수님께서 이런 선생들의 모순된 모습을 보면서 하신 말씀이 떠오른다. "그러므로 그들이 너희에게 말하는 것은 무엇이든지 행하고 지켜라. 그러나 그들의 행실은 따르지 말아라. 그들은 말만 하고, 행하지는 않는다"(마 23:3, 새번역).

오죽하였으면 예수님께서 저들(당시 종교 지도자들이었던 서기관과 바리새인들)의 말하는 것은 지키되 그들의 행실(行實)은 본받지 말라고 하셨을까? 그들이 입으로 하는 말은 어느 것 하나 틀린 것이 없었다. 그러나 그들의 행동은 전혀 딴판이었다. 이것이 오늘 말로만 사는 우리들의 모습은 아닐는지……

#3 설교자의 도덕성

도덕성이 결여된 국가 지도자를 본다. 그는 지금까지 단 한 번도 국민들이 정직하고 윤리적으로 바르게 살아야 한다는 말을 하지 않았다. 오직 인간의 탐욕을 부추기며 경제를 살려 잘 살게 해주겠다는 말로 당선되었고 지금도 그 말만 반복하고 있다.

어느 대기업의 총수가 국민을 향하여 이런 말을 했다. "전 국민이 정직한 사람이 되었으면 한다." 백번 들어도 옳은 말씀이다. 그러나 그 말을 듣고 그를 알고 있는 사람들은 어떤 생각을 했을까? 자신은 비자금과 뇌물 등으로 인해서 구속이 되고 재판을 몇 번이나 받았던 사람이다. 그런 사람이 국민을 향하여 좀 더 정직한 사람들이 되라고 훈계를 하다니…… 어떤 칼럼니스트는 그의 말에 대해서 이렇게 신문에 쓰고 있었다. "조폭들의 몸에 새겨진 '착하게 살자'라는 문신을 보는 듯 웃음이 났다."

세상의 지도자들만 도덕이 필요할까? 아니다. 세상 사람들보다 더 엄격한 도덕성이 요구되는 사람이 바로 설교자다. 만일 설교자가 도덕적으로 바르지 못하다면 그는 교인들에게 하나님의 말씀으로 바르게 살라고 설교할 수 없다. 위의 지도자들처럼 그도 오직 교인들 속에 있는 탐욕을 자극하면서, '축복, 축복'만 설교를 통해서 외쳐댈 것이다. 아니면 자신은 그렇지 않으면서, 교인들만 '정직하게 살라'고 훈계하기에 바쁠 것이다.

설교자가 되는 길은 어렵고 힘든 길이다. 그러나 우리는 이 길을 선택하였기에 힘들어도 기꺼이 가야만 한다. 그리고 우리는 남을 위해서가 아니라 자신을 위해서 영적인 면뿐만 아니라 인격적인 면에서도 훈련하는 것을 게을리해서는 안 될 것이다. 오늘 이 시대는 유창한 언어를 듣기보다 한 사람의 진실한 인격자로서의 설교자를 보기 원하고 있다. 도덕성이 결여된 사람의 언어는 한낱 소음에 불과하다. 그러나 참된 인격을 통해서 나오는 언어는 사람들을 감동시키고 변화시키는 힘과 능력이 있다.

설교자의 인격적 요소

말하는 내용이 무엇인가에 앞서서 말하는 사람이 누구인가가 중요하다. 이것은 비단 기독교 설교뿐만 아니라 일반 세상의 모든 대화나 연설 등도 마찬가지다. 수사학 이론의 창시자라고 할 수 있는 아리스토텔레스는 연설자의 인품이 사람들을 설득하는 데 있어서 얼마나 중요한가를 다음과 같이 말하고 있다.

"신뢰할 수 있는 사람이 연설할 때는 그의 인품을 통하여 (더욱) 설득력을 가지게 된다. 왜냐하면 우리는 일반적으로 모든 일에 대하여 덕망 있는 사람을 더 빨리 믿게 되며, 이것은 우리가 어떤 정확한 지식이 없어 확신을 갖고 있지 못할 경우에 있어서도 마찬가지이기 때문이다."[19]

인간의 말을 전하는 사람의 인품도 이렇게 중요한데 하물며 하나님의 말씀을 전하는 설교자의 인품(ethos)은 어떠해야 하겠는가? 필립스 브룩스(Phillips Brooks)는 설교는 인격을 통하여 진리를 전달하는 것(truth through personality)이라고 하면서, 진리는 단순히 그의 입이나 지식이나 펜을 통해서 전해지는 것이 아니라 사람(the person)을 통해서 전해지는 것이라고 한다. 즉, 그 사람의 성품, 특성, 그리고 그의 지적인 면과 도덕적인 면들을 통해서 진리가 전해진다는 것이다.[20]

설교는 설교자의 입을 통해서 선포되는 것이 아니라 설교자의 인격을 통해서 선포된다. 우리는 이 말의 의미를 깊이 생각할 수 있어야 한다. 물론 설교는 설교자의 입을 통해서 전달된다. 그러나 여기서 그친다면 그는 어떤 세상 지식을 전하는 강사나 아니면 뉴스를 전하는 아나운서와 다를 바가 없다.

설교자가 세상 강사나 아나운서와 다른 것은 설교는 그 사람의 인격과 함께 전달해야 한다는 사실 때문이다. 뉴스를 들으면서 우리는 아나운서의 인격을 생각하지 않는다. 그러나 설교를 듣는 사람들은 설교의 내용을 듣기 전에 먼저 설교자의 인격을 보게 된다. 그러면서 그 사람의 인격이 훌륭할 때는 설교의 내용이 그렇게 대단하지 않아도 은혜를 받는다. 아무리 수준이 있고 고상한 내용의 설교를 유창하게 하는 설교자라 할지라도 그 사람의 인격이 바르지 못하면 사람들은 설교의 내용까지도 거부하고 만다.

가끔 어떤 교회를 방문해서 설교를 들어보면 그 교회 목사의 설교는 그렇게 대단하다는 생각이 들지 않는데, 교인들은 그분의 설교를 통해서 큰 은혜를 받는 것을 보게 된다. 그 이유는 설교자의 설교 내용과 언변이 조금 부족해도 교인들은 그 설교자의 인격 때문에 큰 감화를 받기 때문이다. 그런가 하면 어떤 경우는 설교자의 언변은 그렇게 유창한데, 듣는 사람들은 별로 은혜를 받지 못하는 것을 보기도 한다. 설교자의 인격이 얼마나 중요한가를 보여 주는 예라 하겠다. 그러면 설교자로서 갖추어야 할 인격적인 요소들은 어떤 것들이 있는지 몇 가지를 살펴보도록 하겠다.

(1) 진실함

설교자의 인격적 요소에 있어서 가장 첫째가 되는 것은 진실함이다. 사람들은 그가 진실하고 성실한 모습을 보게 될 때 그를 신뢰하고 따르게 된다. 설교자의 입에서 나오는 말과 그의 행동이 완전히 다르다면, 그 설교를 듣는 사람들은 설교자 자신뿐만 아니라 설교의 내용 자체도 신뢰하지 않을 것이다.

이미 언급한 대로 수사학의 아버지라 할 수 있는 아리스토텔레스(Aristoteles)는 연설을 통해서 사람을 설득하고자 할 때 첫째가 되는 것이 연설자의 인품(character)이라고 주장하였다. 즉, 말하는 사람이 얼마나 도덕적으로 바르고 진실하느냐에 따라서 듣는 사람들의 반응이 달라진다는 것이다.

설교자는 남을 가르치기 전에 먼저 자신이 하나님과 사람들 앞에서 진실하게 살고자 노력해야 한다. 그럴 때 그가 전하는 메시지 역시 진실함으로 전해질 수 있을 것이다.

(2) 겸손

설교자에게 있어서 중요한 인격적 요소는 겸손이다. 그는 설교자이기 이전에 하나님 앞에 겸손하고, 사람들 앞에 겸손한 사람이어야 한다. 하나님께서 나 같은 사람을 설교자로 세워 주셨다는 사실에 대해서 늘 감사하며 설교해야 한다.

사도 바울은 이런 고백을 하고 있다. 자신은 과거에 교회를 없애고자 그리스도인들을 비방하고 핍박하던 자였다(딤전 1:13). 그러나 하나님께서 그런 자를 택하여 사도의 직분을 맡기신 것을 생각하며 감사하고 있다. "나를 능하게 하신 그리스도 예수 우리 주께 내가 감사함은 나를 충성되이 여겨 내게 직분을 맡기심이니"(딤전 1: 12). 주님께서 자신과 같은 존재를 버리지 않으시고 직분을 맡겨 사용하여 주신 것이 늘 감사해서 그는 일생 주님이 맡기신 사명에 충성을 다하려 했다. 그리고 마지막에는 자신의 생명까지도 기꺼이 주님께 바쳐 버렸다.

설교자는 일상 생활뿐만 아니라 강단에 설 때도 겸손한 자세로 서야 한다. 설교자에게 거만함이 보인다면 그것은 잘못된 것이다. 목소리도 그렇고 태도도 그렇다. 겸손해야 한다. 그런 자세로 설 때 청중도 겸손히 말씀을 받아들인다.

무엇보다 설교하는 가운데서 잊지 않아야 할 것은 설교자 자신이 너무 부각되지 않도록 해야 한다는 점이다. 어떤 설교자들을 보면 의도적으로 자신을 설교에서 드러내고 과시하려는 것을 보게 된다. 박사 가운을 입고 자신의 지적 수준을 과시하려는 사람[21], 자신이 행한 일이나 업적들을 설교 내용에서 자랑하는 사람 등 여러 모습들을 보게 된다.

알 페이솔(Al Fasol) 교수는 설교자와 메시지의 관계에 있어서 이렇게 강조하고 있다. "메신저(설교자)는 설교의 과정에서 매우 중요하다. 그러나 설교자가 결코 메시지보다 더 중요할 수는 없다."[22] 설교자 자신도 그날의 메시지를 위해서 존재한다. 그러므로 하나님의 말씀이 부각되도록 자신은 설교 속에서도 낮아져야 한다. 하나님은 겸손한 자를 사용하셔서 말씀하신다는 사실을 잊지 않아야 한다.

(3) 관용

어떤 설교를 들으면 앉아 있기가 어려울 정도다. 물론 설교자는 그것이 하나님의 말씀이라고 스스로 주장하면서 말하지만 듣는 사람의 입장에서 보면 자신의 콤플렉스(complex)나 목회 생활에서 받는 스트레스(stress)를 설교를 통해서 푸는 것 같은 느낌을 받을 때가 종종 있다. 사람들의 잘못을 비난하고 책망하면서 설교하는데, 설교자의 믿음보다는 그의 성격이 드러날 때가 많다.

물론 설교자는 하나님의 말씀을 통해서 때로는 사람들의 죄를 책망하고 회개를 촉구해야 한다. 그래서 죄악으로 치우친 영혼을 돌아오도록 해야 한다. 그러나 거기에는 한 사람의 죄인을 위해서 자신을 십자가에서 희생하신 예수 그리스도의 사랑이 있어야 한다. 돌아온 탕자를 가슴에 품는 아버지의 사랑이 있어야 한다. 사람들에 대한 관용은 여기서 나온다. 설교자가 사람들을 포용하지 못하고 비난과 정죄만 할 때, 그 강단에서 설교를 듣는 사람들은 계속 줄어들게 될 것이라는 것을 설교자는 잊지 않아야 한다.

또한 설교자는 모든 사물을 보는 데 있어서도 폭넓은 시야를 가지고 포용할 줄 아는 사고를 가져야 한다. 어떤 설교자들은 자신의 독선적인 사고를 가지고 남들을 함부로 비판하고, 자기만이 옳은 것으로 착각하는 사람들이 있다.

예를 들어 기도에 열성적인 설교자가 큰소리를 내서 기도하지 않고 조용히 기도하는 사람들의 기도가 잘못되었다고 설교를 통해서 비판했다고 생각해 보자. 과연 이것이 옳은 것일까? 그것은 그 설교자의 생각일 뿐이다. 바른 설교자라면 기도는 조용히 묵상하면서 할 수도 있지만, 때로는 큰 소리로 부르짖으면서 할 수 있다는 것을 말해야 한다. 조용히 기도하는 것이 잘못되었다고 비난을 한다면 그렇게 기도하는 사람들이 그 설교를 통해서 얼마나 상처를 받겠는가? 만약 그날 설교의 주제가 '부르짖는 기도'였다면 설교자는 그런 형식의 기도의 의미와 중요성 등을 말하면서, 아직 그렇게 기도할 수 없는 사람들도 부르짖는 기도를 할 수 있도록 동기를 부여하고 격려해야 한다.

또 하나 예를 들면 물질과 관련된 설교 역시 마찬가지다. 물질 자체를 죄악시하면서 그것이 필요 없거나 마치 자신은 그것을 완전히 초월하여 사는 것처럼 설교하는 사람들이 있다. 그러나 이 세상을 살면서 어느 누구도 물질이 없이는 살 수 없다. 이것은 설교자들 역시 마찬가지다. 중요한 것은 그 물질에 대해서 어떤 자세를 가지고 사느냐 하는 것이다. 설교자는 말씀을 통해서 물질의 의미와 필요성, 그리고 그것을 대하며 사용하는 자세를 하나님의 말씀을 통해서 전할 수 있어야 한다.

설교의 내용뿐만 아니라 행동에 있어서도 설교자는 독선적인 태도를 갖지 않도록 해야 한다. 어느 교회 목사에 관한 이야기를 들었다. 그가 교인들과 함께 식당에 가면 메뉴는 언제나 목사가 정했다. "오늘은 짜장면!" 하면 함께 간 교역자들과 모든 교인들이 두말없이 그것을 먹어야 했다고 한다. 거기에는 짜장면 대신 우동이나 짬뽕을 먹고 싶은 사람도 있었을 것이다. 그러나 목사는 전혀 그런 것을 고려하지 않고 자기가 먹고 싶은 것으로 통일해서 먹는다는 것이었다.

나는 그 이야기를 들으면서 '그 사람은 목사보다는 군인이 되었으면' 하는 생각이 들었다. 일률적으로 움직여야 하는 군대는 모르겠지만 교회가 그래서는 안 된다. 목회자는 모든 사람들의 의견과 생각을 존중하고 그것을 받아들여 줄 수 있는 준비가 되어 있어야 한다. 설교자는 모든 사람을 포용하고, 모든 사물을 폭넓게 보면서 사고의 폭을 넓히도록 노력해야 한다. 그리고 모든 일에 관용하는 것을 배워야 하며, 설교에 있어서나 삶에 있어서 이것을 실천하도록 해야 한다. 사고의 편협함, 독선적 주장이나 행동, 사람에 대한 편견 등은 설교자가 특별히 설교에서 주의해야 할 부분이다. 주님은 설교자들에게 말씀하신다. "너희 관용을 모든 사람에게 알게 하라. 주께서 가까우시니라"(빌 4:4).

(4) 긍휼의 마음

필자가 이민 교회에서 잠시 목회를 하면서 생각했었던 것 가운데 하나는 이민 목회는 긍휼의 마음을 갖지 않고는 감당하기가 쉽지 않겠다는 것이었다. 물론 이민 목회뿐만 아니라 어디서 목회를 하든 목회자가 갖추어야 할 기본적인 마음의 자세 가운데 하나는 긍휼의 마음이다. 왜냐하면 그것은 예수님의 마음이었기 때문이다.

예수님께서 목자 없는 양같이 유리하는 이스라엘 백성들을 보시고 그들을 민망히 여기셨다(마 9:36). 이것이 설교자가 양들에게 언제나 가져야 할 중요한 자세다. 그들의 삶을 이해하고 그들의 아픔에 함께할 수 있을 때 목사의 설교는 달라지게 된다. 예수님께서 백성들을 민망히 여기셨다는 말씀을 영어 성경에서는 "He had compassion on them."(NIV)이라고 기록하고 있다. 여기서 'compassion'은 '같은(com) 마음 또는 감정(passion)을 가졌다'는 말이다. 즉, 예수님은 백성들의 마음의 상처와 아픔에 함께 하셨다는 말이다. 이것이 진정한 긍휼의 마음이다.

만일 설교자가 설교를 듣는 교인들에게 적대감을 가지고 있으면서 설교를 하게 된다면 그 설교는 어떻게 될까? 거기서 하나님의 백성을 향한 하나님의 말씀이 진정으로 전해질 수 있을까? 양들은 목자의 음성을 듣고 안다. 그날 설교자의 설교를 들으면서 그가 양들에게 어떤 마음을 가지고 설교하는지 양들은 느끼고 안다. 그리스도의 긍휼의 마음을 가진 설교자의 설교는 양들의 아픔을 치유하고 그들의 심령을 새롭게 하며 삶의 희망과 용기를 그들에게 불어넣게 될 것이다.

(5) 용기

설교자는 믿음과 함께 용기를 가진 사람이어야 한다. 하나님의 말씀은 사랑과 함께 정의를 선포해야 한다. 때로는 설교를 듣는 회중을 위로하고 격려해야 하지만, 때로는 세례 요한처럼 광야에서 외치는 선지자의 음성을 발해야 한다.

종교개혁가 존 칼빈은 제네바에서 개혁을 하면서 수많은 반대와 저항과 위협을 받으며 고난과 역경의 시간을 보내야만 했다. 그러나 그는 하나님의 말씀으로 교회와 사회를 개혁해야 한다는 입장에서 한 발자국도 물러서지 않았다. 그는 하나님의 종은 어디서 누구에게나 흔들림 없이 하나님의 말씀을 전해야 한다고 주장하였다. "참된 예언자들과 교사들은 하늘의 진리의 힘으로 무장하여 용기를 가지고 왕들과 만국에 대하여 담대히 맞설 수 있어야 한다."[23]

하나님의 종은 하나님의 말씀 때문에 고난을 받을 수도 있다. 예레미야 역시 하나님의 말씀을 전하다가 자신이 받는 고통을 생각하면 그것을 포기해 버리고 싶은 심정이 될 때도 많았다. 그러나 그는 다시 일어나 하나님의 말씀을 들고 왕들 앞에, 방백들 앞에, 백성들 앞에, 심지어는 자기를 죽이려는 자들 앞에서도 하나님의 말씀을 전했다.

　설교학자 다니엘 바우만(J. Daniel Baumann)은 "개인이나 사회의 죄와 불의가 있을 때 설교자는 진리를 말할 수 있는 용기가 있어야 한다"[24]고 하였다. 개인적이든 사회적이든 우리가 사는 곳에는 언제나 죄악과 불의가 함께 하고 있다. 때로는 이런 곳에서 하나님의 진리의 말씀을 선포해야 할 때 설교자는 자기 희생도 각오해야 한다. 그러나 설교자는 하나님의 말씀에 살고 하나님의 말씀에 죽을 수 있어야 한다는 용기를 가지고 담대히 나서서 말할 수 있어야 한다. 설교자는 불의에 대해서 책망하고 정의에 대해서 격려하면서, 말씀으로 이 땅에 하나님의 나라를 세워 나가도록 외칠 수 있어야 한다.

　필자는 설교와 관련하여 강의할 때마다 '설교는 곧 설교자의 문제'라는 점을 강조한다. 한 편의 설교는 단순히 설교자가 쓴 원고에서만 나오는 것이 아니다. 설교는 설교자가 가진 인품, 신앙, 지성, 도덕성 등이 한데 어우러져서 전해지게 된다. 설교하는 순간마다 설교자는 이 사실을 잊지 않아야 하리라 본다.

적 용 하 기

---

1. 말씀을 전하기 전에 나는 설교자로서 자신을 얼마나 준비하면서 살고 있는가?

2. 기도 생활과 하나님의 말씀에 대한 연구는 어떻게 하고 있는가? 하나님과의 영적 관계는 온전한가?

3. 설교를 위한 독서와 자신의 지적 향상을 위해서 얼마나 노력하고 있는가?

4. 오늘 이 시대는 설교자의 말보다 그의 인격과 삶을 보여 주기를 원한다. 나는 한 사람의 설교자로 강단에 서기 전에 도덕적으로 바르게 살고자 힘쓰는가? 인격적인 면에서의 성숙을 위해 어떤 노력을 하고 있는가? 설교를 듣는 청중과의 관계는 어떠하며, 세상 사람들과의 관계는 어떠한가?

4) 설교자의 자기 관리

설교자가 된다는 것만큼 인간적으로 생각하면 어려운 길이 또 있을까? 설교자는 설교 전문가로서 설교만 잘한다고 해서 모든 것이 끝나는 것이 아니다. 그는 자신이 설교한 것을 자신의 삶을 통해서 최선을 다해 실천해야 한다. 그러기 위해서 자신의 삶이 교인들에게 모범이 되어야 한다.

의사는 전문가로서 환자를 잘 치료하는 명의라는 소리만 들어도 된다. 그러나 설교자는 설교만 잘한다는 소리를 들어서는 안 된다. 어떤 의미에서 "목사가 설교만 잘한다"는 말은 역설적 의미를 담고 있는 말이기도 하다. 쉽게 말해서 설교는 잘하지만 삶은 엉망이라는 조롱과 비난이 섞인 말이 될 수도 있다.

설교자는 무엇보다도 자신이 설교자이기 위해서 자기 관리를 잘해야 한다. 만일 설교자가 자기 관리를 제대로 하지 못한다면 가장 먼저 자기 자신의 사역에 많은 문제들이 바로 발생할 수 있다. 하나님의 말씀을 전해야 할 사람이 하나님과의 관계에 문제를 만들 수가 있으며, 또한 자신의 설교를 듣는 사람들(회중)과도 문제를 만들 수 있다.

중요한 것은 자기 관리를 제대로 하지 않으면 무엇보다도 설교 사역을 감당할 수 없다는 점이다. 그래서 설교자는 자신의 시간을 잘 관리하고, 또한 자신의 건강을 잘 관리해야 한다. 그럴 때 건강한 설교자로서 건강한 설교를 할 수 있다.

설교하는 목사가 시간 관념이 제대로 없고, 자신의 시간을 제대로 관리하지 못한다면 사역은 무질서 속에서 많은 문제를 가져올 수밖에 없고, 또한 자신의 건강 관리를 제대로 못한다면 어느 날인가는 그로 인해서 강단에 설 수 없는 날이 오고 말 것이다.

그러므로 설교자는 무엇보다도 자기 자신을 위해서, 그리고 자신의 설교 사역을 위해서 자기 관리를 철저하게 해야 한다.

시간 관리

목회자인 설교자가 자신의 시간을 관리하는 것은 쉬운 일 같지만 그렇지 않다. 그 이유는 대부분의 목회자들이 누구의 감독이나 지시를 받는 것이 아니라 자신이 스스로 목회의 일정이나 시간들을 관리해야 하기 때문이다. 그러므로 스스로 시간 관리에 철저하지 않으면, 나태해지거나 시간을 낭비해 버리기 쉽다.

목회자가 주어진 시간을 잘 관리해야 할 신학적 이유는 하나님으로부터 주어진다. 하나님께서는 천지 만물을 창조하시고, 구속의 역사를 이루는 모든 과정을 정해진 시간 속에서 행하셨다. 그러므로 우리들 역시 주어진 시간을 최대한 잘 관리하여 하나님의 사역을 이룰 수 있어야 한다.

설교자로서 목회자가 시간을 잘 지켜야 할 또 하나의 이유는 '시간은 사람들 간의 약속'이기 때문이다. 하나님만 시간을 따라 역사하시는 것이 아니라 인간들 역시 시간 속에서 살고 시간 속에서 활동을 한다. 그러므로 시간을 잘 지키는 것은 사람들과의 관계에서 매우 중요한 일이다. 시간을 지키지 않을 때 우리는 사람들로부터 자신에 대한 신뢰감을 잃게 된다. 만일 설교하는 목회자가 시간 약속을 제대로 지키지 않는다면 그 자신뿐만 아니라 그가 하는 말에 대해서 사람들이 얼마나 신뢰를 하겠는가?

시간 관리를 위해서 목회자는 먼저 자신의 시간 계획을 분명하게 세우고, 그것을 지키도록 노력해야 한다. 시간 계획이 분명하지 않으면 자칫 생활이 흐트러지고, 그 결과 목회 활동 역시 혼란스러워지게 된다. 시간 계획을 따라 생활할 때 우리는 자신의 사역에 더 충실할 수 있고, 절제(self-control)된 삶을 실천할 수 있으며, 시간을 보다 생산적으로 활용할 수 있다.

성경은 우리들을 향하여 "세월을 아끼라"(골 4:5)고 말씀하고 있다. 이 말씀은 자기에게 주어진 기회를 잘 활용할 수 있어야 한다는 의미이기도 하지만, 또한 시간을 잘 관리하여 낭비하지 말라는 의미도 포함하고 있다. 자신에게 주어진 시간을 잘 계획하고 관리하여 그 시간을 효율적으로 사용하는 것은 인생의 큰 지혜다.

목회자는 시간과 관련하여 다음의 사항들을 고려하면서 실천하기를 힘써야 할 것이다.

가. 목회자는 무엇보다 자기 시간을 계획하여 잘 관리해야 한다.
나. 시간 또는 일의 우선 순위를 잘 판단하여 사용해야 한다. 중요한 일을 먼저 하고, 쓸데없는 일에 시간을 허비하지 않도록 한다.
다. 사람들과 약속된 시간을 잘 지키도록 한다. 시간의 약속을 지키지 않으면 지도자로서의 신뢰감을 잃게 된다.
라. 교회 안에서 이루어지는 예배 시간과 설교 시간을 잘 지키고 이를 실천해야 한다. 시작할 시간에 정확히 시작하고, 마쳐야 할 때 바로 마쳐야 한다.

건강 관리

우리는 가끔 열심히 목회를 하던 분이 갑자기 병을 얻어 입원하거나 아니면 죽음을 맞은 것을 보면서 안타까울 때가 있다. 열심히 목회를 하여 교회가 크게 부흥했는데, 그때 목사가 건강을 잃어버리거나, 혼신의 힘을 다해

성전을 건축하고 나서 쓰러지는 목회자들을 볼 때 같은 목사로서 마음이 아플 때가 많다.

목사로서 자신의 건강 관리를 잘 하는 일은 쉽지가 않다. 목사는 새벽부터 밤까지 쉴 새 없이 일을 한다. 피곤하지만 제대로 수면도 취하지 못한 상태에서 다시 새벽에 일어나 교회에 나가 설교해야 한다. 피곤하면 쉬고 충분히 잠을 자고 해야 하지만, 어떨 때는 그럴 수 없는 것이 목사이기도 하다. 그러다 보니 자연히 건강에 무리가 오기 쉽다.

또 하나 문제는 목사들 스스로가 건강에 대해서 관심이 없다는 점이다. 자기 스스로 건강을 관리하지 않으면서, 하나님께 맡기고 열심히 일만 하면 된다는 생각을 많은 목사들이 하고 있다.

필자가 가르치는 신학대학에서는 한 학기 동안 '목회자론'이라는 과목을 개설하여, 목사나 외부 전문가 몇 분을 초청하여 목사로서 자신을 어떻게 준비해야 할 것인지를 학생들에게 가르치도록 하고 있다. 지난 학기에는 세 분의 강사를 초빙하여 한 달씩 강의를 하도록 하였다.

그중 한 달은 '목회자의 건강관리'라는 제목으로 전문 교수가 4주 동안 강의를 하였다. 첫 시간 강의 내용과 강사를 소개하면서 필자는 학생들에게 이런 말을 했다.

마치 우리가 목회를 잘못 생각하면 목사는 건강에 대해서 아예 관심을 갖지 않고 하나님께 맡기는 것이 믿음인 것처럼 생각을 할 수가 있다. 심지어는 그렇게 해서 목사는 쓰러지고 병이 들어야 목회를 잘하는 것처럼 오해를 하기도 한다. 그러나 그것은 잘못이다.

목사는 무엇보다 목회를 잘하기 위해서 자신의 건강을 잘 관리해야 한다. 우리도 신학교를 다닐 때 이런 과목(목회자 건강관리)을 들어본 적이 없다. 그저 가서 열심히 목회를 하면 되는 것으로만 알았다. 그래서 목회를 하면서 건강에 대해 전혀 관심을 갖지 않고 무리를 하기도 했다. 그러나 지금 생각하면 어리석었다는 생각이 든다.

이런 재미나는 이야기도 들었다. 어떤 목사가 열심히 목회를 했고 교회도 크게 부흥을 시켰다. 그러나 병이 들어서 자주 쓰러지고 병원에 입원하고 수술을 해야만 했다. 목회자들이 그런 그를 위로하면서 "목회를 어떻게 하기에 이렇게 쓰러지기까지 하느냐?"고, 조심하라고 하였다. 그랬더니 그 목사가 웃으면서 이렇게 말하였다고 한다. "아니, 목회를 어떻게 하기에 당신들은 쓰러지지도 않느냐?"

물론 이들의 대화는 웃으면서 너무 무리하지 말라는 충고를 했고, 또한 웃으면서 열심히 하자는 대답일 것이다.

오늘 한국교회 설교자들만큼 자주 설교를 하는 경우는 세계에서 찾아보기 힘들다. 일주일이면 주일 낮 예배 설교, 그것도 큰 교회는 1부, 2부, 3부로 이어지는 설교, 주일 밤 설교, 수요일, 금요 기도회, 매일의 새벽 기도회 설교, 그리고 심방을 갈 때마다 예배를 드리고 설교해야 하는 등 한국교회 설교자들이 지고 있는 설교의 짐은 참으로 무거운 것이라고 하겠다.[25] 그러다 보니 설교자는 무리하지 않을 수 없다. 자신의 건강을 돌볼 겨를이 없을 정도다. 그래서 사역의 무게를 감당치 못하여 지치고 탈진하고 쓰러지기도 한다.

건강을 잃은 설교자는 강단에 설 수 없다. 아무리 뛰어난 설교 능력을 가졌을지라도 자신의 건강이 뒷받침되지 않으면 더 이상 설교를 한다는 것은 불가능한 일이다. 그러므로 설교자는 건강할 때 자신의 건강관리를 위해 관심을 가지고 최선을 다해야 한다.

어떤 목회자는 새벽 기도를 마치면 바로 가까운 피트니스 센터(fitness center)에 가서 매일 얼마 정도의 시간을 내어 운동하면서 건강 관리를 하는 것을 보았다. 어떤 목회자는 주기적으로 산에 오르거나, 아니면 동료들과 함께 운동하는 것을 보았다. 나름대로 건강을 관리하는 좋은 방법들이라고 하겠다.

목회자들이 건강과 관련하여 몇 가지 생각해야 할 것을 제시해 본다.

(1) 먼저 일정한 휴식과 충분한 수면을 취하기 위해서 노력해야 한다.

이것은 어떻게 보면 목사가 하기 가장 어려운 것이라는 생각이 든다. 목회는 정해진 시간이 거의 없다. 출퇴근 시간이 정해진 것도 아니요, 몇 가지 예배나 모임을 제외하고는 정해진 시간을 따라서 일하는 것도 아니다. 아무 때든지 부르면 가야 하고, 교인들과 함께 예배하고 설교하고 상담해야 한다. 그러다 보니 규칙적으로 휴식을 취하거나 충분한 수면을 취하기가 쉽지 않다.

바로 이런 상황이 목회자로 하여금 의도적으로, 또는 계획적으로 휴식과 수면의 시간을 확보하기 위해서 노력해야 함을 역설적으로 말해 준다. 예를 들어 월요일 같은 경우는 교회에 광고를 해서 특별한 일이 아니면 목사가 휴식할 수 있도록 협조를 구해야 한다. 또한 밤 9시 이후에는 특별한 일이 아니면 전화나 만남을 갖지 않도록 하는 것도 하나의 좋은 방법이 될 것이다. 자신의 건강은 자신이 가장 먼저 관리해야 다른 사람들도 자신의 건강에 관심을 가져준다는 점에서 목사는 과감하게 이런 일들을 시도해야 한다.

(2) 바른 식생활을 하도록 노력해야 한다.

오늘 우리 사회는 어디서나 '너무 먹는' 문제로 인해서 문제가 되고 있다. 너무 먹어서 비만해지고, 너무 먹어서 많은 병들이 발생하고 있다. 과식이 심각한 사회적 문제로 대두되었다. 특별히 목회자들은 누구보다 과식하게 될 위험이 높다. 잦은 심방과 모임, 성도들의 접대로 인해서 과식하기가 쉽다. 그러므로 목회자들은 자신의 식생활에 대해서 각별한 주의를 기울여야 한다. 그렇지 않으면 어느 순간에 과식으로 인한 소화기 장애나 당뇨와 혈압 같은 순환기 장애가 발생하여 어려움을 겪게 될 것이다. 음식을 적당히 먹도록 노력하고, 하루에 많은 가정을 심방해야 할 경우는 각 가정에서 가장 간단하게 음식을 준비하도록 하여 과식하지 않도록 해야 한다.

무엇보다 정해진 시간에 식사하도록 노력해야 한다. 불규칙한 식사는 소화기 장애 등 건강에 이상을 가져올 수 있다는 사실을 명심하고, 최대한 일정한 시간에 식사를 하도록 해야 한다. 특별히 설교하고 돌아와 밤에 과식하고 잠자리에 드는 일은 삼가도록 해야 할 것이다.

(3) 운동과 등산 등 취미 활동을 하도록 한다.

시간을 내어 운동하고 등산 등 취미 생활을 하는 것은 목회자의 육체적 건강과 함께 정신적 건강을 위해서도 매우 중요한 활동이다. 운동을 해서 땀을 흘리고 나면 얼마나 몸이 가볍고 상쾌한지를 경험해 본 사람은 알 것이다. 누적된 몸의 피로도 풀리고, 스트레스도 풀리게 된다. 혼자 일정한 시간을 정해서 운동하거나 주위의 동료나 친구들과 함께 운동하는 것도 좋을 것이다.

특별히 가볍게 산에 오르는 것은 건강을 위해서 뿐만 아니라 그 시간을 통해 많은 것들을 얻는 유익함이 있다. 필자는 시간이 나는 대로 가끔 산에 오르는데, 그때 많은 생각들을 하면서 그것들을 정리하기도 하고, 창의적인 아이디어들을 많이 얻게 되기도 한다. 어떤 때는 설교에 대한 좋은 아이디어를 얻기도 하고, 어떤 때는 구상하고 있는 글(논문이나 책 등)에 대한 좋은 아이디어를 얻기도 한다.

그런가 하면 무엇보다도 하나님의 창조적 섭리와 손길을 자연 속에서 느끼면서 하나님을 찬양하고 기도하기도 한다. 육적으로나 정신적으로 또한 영적으로 얼마나 유익한 시간인지 모른다.

(4) 스트레스(stress) 관리를 잘 해야 한다.

현대인들에게 있어서 피할 수 없는 것이 있다면 스트레스다. 과거에는 이런 개념이 없었지만 최근 복잡한 사회 환경은 스트레스로부터 인간을 자유롭게 하지 못하도록 하고 있다. 필자는 수업시간에 이런 사회적 현상을 언급하면서 가끔 다음과 같은 농담을 한다. "우리가 어렸을 때는 스트레스라는 말을 들어보지도 못했다. 그러나 지금은 초등학생들도 스트레스를 받는다고 한다."

직업적인 특성으로 볼 때 사람을 대하고 관리하는 직업이 가장 스트레스에 크게 노출된다고 한다. 그런 측면에서 보면 목사라는 직업 역시 스트레스를 받을 수 있는 가장 고위험군에 해당된다고 하겠다.

현대인의 질병의 상당한 부분은 그 원인이 정신적인 문제, 즉 이런 스트레스에 기인한다고 한다. 그러므로 목회자들이 자신의 건강 관리를 하기 위해서는 자신의 스트레스를 잘 관리해야 한다.

그러면 어떻게 스트레스에 대처해야 할 것인가?

가. 스트레스를 인정하고 받아들이라.
나. 스트레스를 받을 환경을 최대한 만들지 않고 피하도록 하라.
다. 스트레스를 푸는 방법으로 운동이나 취미 생활 등이 유익하다.
라. 모든 환경에서 기뻐하고 감사하는 법을 배우라.

존 브로더스(John Broadus)는 설교자가 하나님의 메시지를 전하는 좋은 통로(channel)가 되기 위해서는 자신의 건강에 최대한 주의를 기울여야 한다고 하면서, 좋은 건강은 좋은 성격과 낙관적인 시선, 명확한 사고, 그리고 신체적 생기를 설교자에게 주게 될 것이라고 한다.[26] 설교자는 하나님의 종으로서 하나님께서 자신에게 주신 건강을 마땅히 잘 관리해야 할 책임이 있으며, 하나님이 주신 말씀을 더욱 잘 전하기 위해서도 건강해야 할 의무가 있다.

성대 관리

음성을 사용한 직업을 갖는 사람들에게 성대는 매우 중요한 기관이다. 음악가를 비롯하여 가르치는 교사들이나 설교하는 설교자들에게 성대의 역할을 아무리 강조해도 지나치지 않을 것이다. 소리를 발하게 되는 성대가 없다면 그들의 직업은 더 이상 유지될 수가 없기 때문이다.

설교자는 자신의 목소리를 통해서 하나님의 말씀을 전달한다. 그러나 대부분의 설교자들이 목소리를 내는 성대에 대해서 관심을 갖지 않고 있으며, 이에 대한 관리를 소홀히 하고 있다.

목사요 설교학을 가르치고 있는 필자 자신도 그동안 성대에 대해서는 별 관심을 갖지 못했다. 그저 큰소리로 외치기만 하면 되는 줄 알고 설교할 때가 많았다. 그러나 성대에 대해서 적극적으로 관심을 갖게 된 계기가 있었는데, 그것은 자녀 문제로 인해서였다. 큰딸 아이가 어려서부터 노래를 잘해서 초등학교 때부터 서울시립소년소녀합창단에서 활약했다. 그리고 그뒤로도 계속 성악 수업을 하면서 노래했다. 그러다 고등학교에 진학하여 성악을 하던 중 목에서 쉰 소리가 나면서 상당한 시간 동안 회복되지 않았다.

그래서 음성전문 클리닉을 찾아서 아이의 성대 상태를 체크할 수 있었다. 그때 전문 의사로부터 성대에 나타나는 질환이 크게 세 가지가 있다는 것을 배웠다. 하나는 성대에 물집이 생기는 성대 폴립증세(성대를 무리하게 사용할 경우 성대에 물집이 생겨 목에서 쉰 목소리로 나오는 증세), 하나는 그 폴립이 굳어지면서 생기는 성대 결절, 그리고 성대에 홈이 생기는 성대구라는 것이었다. 그러면서 성대질환의 가장 직접적 원인은 성대를 무리하게 써서 생긴다고 했다. 물론 흡연이나 오염된 공기를 반복적으로 마실 때도 성대에 질환이 생길 수 있지만, 대개는 성대를 무리하게 사용하기 때문이며, 이런 현상은 주로 교사나 성악가, 목회자 등에게서 많이 발생한다고 했다. 성대를 보호하기 위한 몇 가지 사항을 전문가의 의견을 참고하여 제시한다.

　　가. 성대를 갑자기 사용하지 말고 먼저 발성 연습을 하고 서서히 사용한다. 운동선수가 운동을 하기 전 먼저 워밍업을 통해서 몸을 풀고 운동하는 것처럼 목을 풀고 사용한다. 아침에 일어나면서 갑자기 목을 쓰지 않도록 한다.

　　나. 가능하면 목이 건조하지 않도록 따뜻한 물을 마시도록 한다. 커피나 녹차 등에는 카페인이 있어서 성대에 좋지 않다. 하루 한 잔 이상 마시지 않는 것이 좋다. 그리고 찬물보다는 따뜻한 물이 목에 좋다. 그리고 평소에 사무실이나 설교하는 강단에 가습기 같은 것을 비치하여 적당한 습도를 유지하도록 하여 목이 건조해지지 않도록 해야 한다.

　　다. 목소리를 갑자기 높이지 않는다. 설교하면서 먼저 낮은 음부터 서서히 시작해서 높은 음을 내도록 한다. 갑자기 목소리를 높이면 목(성대)이 쉽게 상한다.

　　라. 기쁘게 설교한다. 짜증을 내거나 화를 내면 쉽게 목이 상한다. 필자의

경험으로 교회적으로 어려운 문제가 있거나 개인적인 스트레스가 있을 때 설교하면 한 번의 설교만 해도 목이 쉽게 상하는 것을 경험하였다. 그러나 기쁜 마음으로 웃으면서 설교하면 아무리 오랜 시간을 설교하거나 강의해도 목소리가 변함이 없었다. 설교자가 어떤 상황에 처해 있을지라도 하나님의 말씀을 전할 수 있다는 기쁨과 감사를 가지고 강단에 서야 할 이유가 여기에 있다. 비록 현실의 암담함이 있을지라도 강단에 감사함으로 서라. 그리고 기쁨으로 하나님의 말씀을 전하라. 기쁨(χαρά)이 있는 곳에 은혜(χάρις)가 있으리라.

마. 겨울철과 같은 때는 목을 따뜻하게 보호해 준다. 목도리 같은 것으로 목을 감싸 주는 것은 성대를 보호하는 데 매우 도움이 될 것이다.

자기 관리를 잘하는 설교자는 자신의 설교 사역 또한 잘 감당할 수 있을 것이다. 시간 관리를 통한 내면적 절제와 외적 질서, 철저한 건강 관리를 통한 건강한 몸과 정신, 그리고 목소리를 사용하는 사람으로서 자신의 성대를 잘 관리한다면, 그는 하나님의 말씀을 전하는 설교자로서 자신을 잘 준비한 사람이 될 것이며, 하나님은 이런 잘 준비된 사람을 더욱 귀하게 사용하실 것이다.

이제 설교자의 길을 마치면서, 필자는 오늘의 설교자들이 마틴 로이드 존스(D. Martyn Lloyd-Jones) 목사가 설교자들에게 들려주는 말에 다시 한번 귀를 기울일 수 있기를 바란다. 그는 자신의 저서『설교와 설교자』에서 설교자가 가져야 할 가장 중요한 것은 어떤 기교보다도 먼저 하나님에 대한 사랑, 영혼에 대한 사랑, 진리에 대한 지식, 그리고 성령님이라고 말하고 있다.

"가장 중요한 것은 당신 안에 하나님에 대한 사랑(love of God), 영혼에 대한 사랑 (love of souls), 진리에 대한 지식(knowledge of the Truth), 그리고 성령님(Holy Spirit)이 있는 것이다. 이러한 것이 바로 설교자를 만드는 중요한 것들이다. 그대가 그대의 가슴에 하나님의 사랑을 가지고 있고 하나님을 향한 사랑을 소유하고 있 다면, 그대가 사람들의 영혼을 사랑하고 그들에게 관심을 가지고 있다면, 그대가 성경의 진리를 알고 있다면, 그리고 그대 안에 성령님이 계신다면 그 사람은 설교 를 할 것이다. 이것이 가장 중요한 것이다."[27]

적 용 하 기

---

1. 자신에게 주어진 시간관리를 어떻게 하고 있는가? 시간에 대한 계획을 가지고 있으며, 일의 우선 순위에 따라서 시간을 적절히 잘 배분하고 있는지 점검해 보라.

2. 자신의 건강에 대해서 어느 정도 관심을 가지고 있는가? 아니면 무관심하게 지내고 있는가? 건강관리를 위해서 어떤 것을 하고 있는가? 어떤 취미나 규칙적인 운동을 하고 있는가?

3. 특별히 목회 현장에서 받게 되는 스트레스를 해소하기 위한 자기 나름의 방법을 갖고 있는가?

3장 미주

1) Marshall McLuhan, *Understanding Media: The Extensions of Man*, 박정규 역, 『미디어의 이해』 (서울: 커뮤니케이션북스, 2007), p. 7.

2) 다음의 내용은 필자의 논문 "현대 기독교 설교자의 정체성에 관한 존재론적 이해" 중 일부를 인용하여 재정리한 것이다. 이현웅, "현대 기독교 설교자의 정체성에 관한 존재론적 이해," 『신학과 실천』 제23호(2010, 여름), pp. 143-55 참고.

3) Richard Baxter, *The Reformed Pastor* (Carlisle: The Banner of Truth Trust, 2001), pp. 53-71.

4) 정장복, 『한국교회의 설교학 개론』(서울: 예배와 설교 아카데미, 2005), pp. 13-16.

5) John Calvin, *Institutes of the Christian Religion*, ed. John T. McNeill, Vol. ⅩⅩⅠ: *The Library of Christian Classics* (Louisville: Westminster/John Knox Press), p. 1150.

6) Ibid., p. 1152.

7) *Donald Demaray, Pulpit Giant*, 나용화 역, 『강단의 거성들』(서울: 생명의 말씀사, 2002), p. 194.

8) 이미 언급했듯이 리차드 박스터는 설교자가 자신에게 필요한 자격 요건을 갖추기 위해서 노력해야 함을 강조하였다. 그러기 위해서는 신학적, 성경적 지식과 설교에 대한 기술, 그리고 부지런함 등이 필요하다고 한다. Richard Baxter, *The Reformed Pastor*, pp. 68-71.

9) Phillips Brooks, *The Joy of Preaching* (Grand Rapids: Kregel Publications, 1989), pp. 68-69.

10) Donald Demaray, Pulpit Giant, pp. 194-95.

11) Dennis F. Kinlaw, *Preaching in the Spirit*, 홍성철 역, 『성령 안에서 설교하라』 (서울: 도서출판 세복, 1997), p. 21.

12) 에드워드 바운즈(1835-1913)는 미국 감리교 목사로서 복음 전도에 헌신했던 사람이며, 특별히 기도에 관한 여러 권의 책을 쓰기도 하였다. *Edward McKendree Bounds, Preacher and Prayer*, 이혜숙 역, 『설교자와 기도』(서울: 도서출판 세복, 1997), p. 5.

13) Karl Barth, Homiletik, trans. Geoffrey W. Bromiley and Donald E. Daliels, *Homiletics* (Louisville: Westminster/John Knox Press, 1991), p. 86.

14) 길진경, 『靈溪 吉善宙』(서울: 종로서적, 1980), pp. 181-82.

15) Ibid., p. 181.

16) John A. Broadus, *On the Preparation and Delivery of Sermons, 4th ed. revised by Vernon L.*

Stanfield (New York: Harper San Francisco, 1979), p. 16.

17) Ibid., p. 15.

18) D. Martyn Lloyd-Jones, *Preaching and Preachers* (Grand Rapids: Zondervan Publishing House, 1972), pp. 110-20.

19) 아리스토텔레스는 수사학에서 설득을 위한 세 가지 중요한 요소로 화자의 인품(character: ethos) 과 청중의 정서(disposing: pathos)와 연설의 내용(speech: logos)을 들고 있는데, 특별히 신뢰할 수 있는 사람이 말할 때 설득력을 갖게 된다고 한다((수사학 제 1권 2장 4절). Aristotle, *On Rhetoric*, trans. by George A, Kenndy (New York: Oxford University Press, 1991), p. 38.

20) Phillips Brooks, *The Joy of Preaching*, p. 27.

21) 참고적으로 예배에서 목사가 가운을 입는 것은 자신을 드러내기 위함이 아니요, 자신을 감추기 위함이다. 그러나 오늘 한국교회 강단을 보면 가운을 입는 목적이 그 반대가 되고 있어서 안타깝다. 설교자는 자신을 드러내기 위해서 강단에 서는 것이 아니라 말씀의 종으로 하나님을 드러내기 위해서 그 자리에 선다는 것을 잊지 않아야 한다.

22) Al Fasol, *A Complete Guide to Sermon Delivery* (Nashville: Broadman & Holman Publishers, 1996), p. 3.

23) Comm. on Jer. 1: 10. John Calvin, *Calvin's Commentaries vol. : Commentaries on the Prophet Jeremiah and the Lamentations, vol.* I, trans. John Owen (Grand Rapids: Baker Books, 2005), p. 45.

24) J. Daniel Baumann, *An Introduction to Contemporary Preaching* (Grand Rapids: Baker Book House, 1990), p. 41.

25) 정장복, 『한국교회 설교학 개론』(2006), p. 29.

26) John A. Broadus, *On the Preparation and Delivery of Sermons*, p. 16.

27) D. Martyn Lloyd-Jones, *Preaching and Preachers*, p. 120.

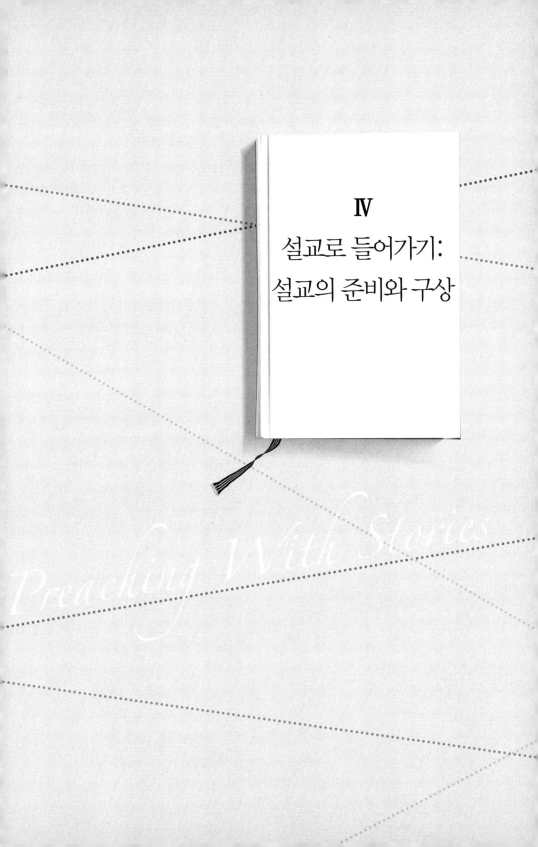

IV

설교로 들어가기:
설교의 준비와 구상

Ⅳ

설교로 들어가기: 설교의 준비와 구상

　설교 작성 단계로 들어가기 전 우리는 먼저 설교가 무엇인가에 대한 이해와, 그 설교를 하는 사람은 누구여야 하는가에 대해서 전 장들을 통해 나누어 보았다.

　이제 한 편의 설교를 만들기 위한 본격적인 준비를 시작하도록 하자. 설교를 위한 첫 출발은 성경 본문을 선정하거나 주제를 결정하는 데서 시작하여, 본문을 묵상하고 석의하는 과정과 설교에 필요한 자료들을 수집하는 과정을 포함한다. 그러나 66권의 방대한 성경 가운데서 필요한 성경 본문을 택하는 것, 그리고 그 본문을 통해서 하나님께서 말씀하시고자 하는 것이 무엇인가를 찾는 것, 그리고 그 내용과 의미를 오늘의 청중들에게 더 효과적으로 전달하고 설명하기 위해서 보충 자료들을 찾는 것은 그렇게 쉽지만은 않은 일들이다. 그래서 우리는 이미 설교학자들을 통해서 연구된 방법이나 선배 설교자들의 경험에 귀를 기울일 필요가 있다.

1. 본문·제목·주제의 선정

1) 본문의 선정

신학교에서 설교의 실제 시간에 학생들을 지도하면서 두 가지 방법으로 준비하여 설교를 하도록 한다. 하나는 본문을 정해 주면서 설교하도록 하고, 하나는 주제를 주면서 자신이 주제에 맞는 본문을 찾아서 정해진 설교 형식을 따라 설교하도록 한다.

어느 날 성령강림절이 가까운 시기라서 '성령'에 관한 주제를 주고 각자가 거기에 맞는 본문을 찾아서 설교를 준비하도록 했다. 그 중 한 학생이 삭개오에 관한 구절(눅 19:1-10)을 설교 본문으로 택해서 설교했다. 설교가 끝난 후 평가하면서, 왜 성령님에 관한 주제를 주었는데 삭개오에 관한 본문을 택하게 되었는가를 물었다. 그랬더니 그 학생은 이렇게 대답했다. "삭개오가 예수님을 만나서 변화된 것이 성령님의 역사라고 생각해서 그랬습니다."

물론 그렇게 생각하면 그렇다고 할 수 있을 것이다. 그러나 그 본문은 성령님에 관한 것이라기보다는 예수 그리스도를 만남으로 일어나는 인생의 변화에 관해서 설교하는 것이 더 타당하다고 본다. 그래서 필자는 그에게 이렇게 물었다. "성경에 보면 성령님에 관한 적절한 본문이 많이 있는데 꼭 그 본문을 선택했어야만 했는가?"

물론 특별한 경우는 특별한 본문을 택해서 설교할 수 있다. 그러나 설교를 위한 본문은 특수한 것이기 이전에 보편적인 것이어야 한다. 가끔 어떤 목사들의 설교를 보면 본문도 조금 특별한 것을 택하고 설교 내용 역시 본인의 독특한, 또는 왜곡된 논리를 가지고 보통 사람들이 이해하기에는 약간 이상한 내용을 마치 자기만 알고 있다는 듯이 설교하는 사람들이 있다. 특별히 이단 성향을 가진 사람들에게서나 또는 자신의 어떤 지식을 과시하고자 하는 사람들에게서 이런 현상이 많이 나타난다. 설교의 본문은 특수한 것이기 이전에 먼저 모든 사람들이 보편적으로 받아들이기 쉬운 것이어야 한다는 점을 잊지 않아야 한다.

모든 설교는 성경 본문에서부터 출발한다. 그러므로 설교자가 본문을 선택하는 것은 매우 중요하고도 신중히 해야 할 일이다. 설교자들은 본문을 선택하면서 양면을 동시에 고려해야 한다. 즉, 말씀하시는 하나님과 그 말씀을 듣는 청중의 상황이다. 설교자는 그 중간에 서서 한편으로는 하나님의 음성을, 한편으로는 청중의 음성을 들을 수 있어야 한다. 이를 위해서 설교자는 하나님께 기도하며 성령님의 인도하심을 구해야 한다.

설교자가 본문을 선정하면서 고려해야 할 것들은 1) 하나님께서 어떤 말씀을 교회 공동체에 주시기를 원하시는가, 2) 현재 우리 교회 공동체와 교인들에게 필요한 말씀은 무엇인가, 3) 교회의 절기, 4) 국가나 사회의 기념일, 5) 세상의 특별한 사건 등이다.

설교자들 모두가 경험하고 있는 것이지만 필자의 경우도 다음 주일 설교 본문이 주일 설교를 마친 직후나 월요일쯤 결정되면 그 한 주간이 그렇게 편안할 수가 없다. 그러나 어떤 경우 주보에 설교 본문과 제목을 실어야 할 금요일까지도 설교 본문을 정하지 못했을 때 얼마나 안절부절못하게 되는지 이를 경험한 설교자들은 아마 잘 알 것이다.

본문이 선정되지 않으면 설교는 결코 할 수 없다. 그리고 설교의 그 다음 단계로도 진행할 수가 없다. 그러므로 설교 본문이 정해졌다는 것은 설교의 반을 준비했다고 해도 과언이 아닐 것이다. 성경 66권의 방대한 내용을 보면 설교할 것들이 정말 많을 것 같은데 어떤 날은 아무리 찾아보아도 설교할 것이 없을 것 같은 경험을 하기도 한다. 그만큼 설교자가 본문을 선정하는 것이 쉽지 않다는 의미이다.

그러면 설교의 본문은 어떻게 정하게 되는가? 본문을 정하는 방법은 크게 세 가지가 있다. 성서정과(Lectionary)를 따르는 방법, 신 구약 성경에서 하나씩 본문을 선택하는 방법, 그리고 설교자 자신이 원하는 본문을 선택하는 방법이 그것이다.

먼저 성서정과를 따라서 설교 본문을 정하는 방법이다. 성서정과는 교회가 드리는 주일 예배를 위해서 성경 전체를 세 부분으로 나누어 그것을 3년 주기(A년, B년, C년)로 구성해 놓은 것이다. 즉, 매주일 예배에 사용할 성경 본문을 구약(창세기-말라기), 서신서(사도행전-요한계시록), 복음서(마태복음-요한복음)로 구성해서 일 년 52주 동안 사용하도록 되어 있으며, 첫 해가 끝나면 다음 해로 계속되어 3년이면 성경의 주요한 부분들을 모두 볼 수 있도록 되어 있다. 그리고 이 본문들은 교회력(Church Year)에 따른 교회 절기와 관련하여 만들어진 것이기 때문에 여러 가지 면에서 설교에 도움이 된다.[1]

성서정과는 설교자로 하여금 성경 본문을 선택하는 데 어려움을 주지 않고, 3년을 주기로 해서 성경 전체를 한 번 볼 수 있으며, 그리고 교회의 절기와 잘 맞는 본문들로 구성되어 있다는 점에서 장점을 가진다. 그러나 교회나 교인들의 특수한 상황과는 다소 거리가 있을 수 있으며, 목회자가 원하는 본문을 자의적으로 택할 수 없다는 것이 단점이다.

두 번째로 성경 본문을 택하는 방법은 구약과 신약에서 각각 하나씩 본문을 정하는 것이다. 이것은 1645년 영국 웨스트민스터 회의에서 작성된

『예배 모범』(*Directory for Public Worship*)에 따른 예배에서 시작이 되었다.[2] 당시는 구약 한 장, 신약 한 장씩을 읽음으로써 예배가 너무 길게 되는 문제가 있기도 하였으나, 현재는 꼭 한 장이 아니라도 의미가 있는 구절을 택해서 사용하면 되겠다. 이것은 신약과 구약 성경이 서로 조화를 이룰 수 있다는 점에서 좋은 면이 있다고 하겠다.

세 번째 방법은 지금 한국 개신교회 대부분의 목회자들이 사용하고 있는 방법이다. 즉, 설교자 자신이 설교할 본문을 선택하는 것이다. 이것은 종교개혁기 스트라스부르크(Strasbourg)에서 종교개혁을 했던 마틴 부처(Martin Bucer)로부터 시작되었다.[3] 그는 그동안 성서정과와 같이 정해진 성경 본문을 가지고 설교했던 방식을 탈피해서 설교자가 스스로 본문을 선택하여 설교하는 방식을 택했는데, 이것이 종교개혁가들에게 영향을 미치면서 오늘날 개신 교회에서 보편화되었다.

이 방식의 장점은 목회자가 설교할 본문을 자의로 선택할 수 있기에 설교자 자신과 교회의 상황, 또는 특별한 사건에 맞는 설교를 할 수 있다는 점이다. 그러나 단점은 성경 전체의 말씀보다는 설교자가 좋아하거나 아니면 설교하기 쉬운 본문을 택함으로써, 설교 내용이 편협하거나 한쪽으로 치우칠 가능성이 있다.

설교자가 직접 본문을 선정할 경우 고려할 것은 1) 하나님께서 말씀하기를 원하시는 것이 무엇인가? 2) 교회와 회중에게 필요한 말씀은 무엇인가? 3) 교회의 절기나 특별한 사회적인 사건이 있을 때 적절한 말씀은 무엇인가를 생각해야 한다.

그리고 주의해야 할 것이 몇 가지 있다.

1) 설교자 자신이 좋아하는 말씀이나 설교하기 쉬운 본문만을 택하는 것이다. 특별히 구약은 설교하지 않거나 소홀히 하면서 신약만 설교한다거나

자신의 신학적 내지는 신앙적 고집 때문에 어떤 특정한 책, 예를 들면 요한 계시록만 설교하는 방식 등은 주의해야 한다. 설교자는 회중이 성경 66권의 말씀을 골고루 균형 있게 듣도록 해야 할 책임이 있다.

2) 또한 교인들에게 아주 익숙하기 때문에 그 본문을 도외시하는 것 역시 주의해야 한다. 예를 들면 요한복음 3:16은 모두에게 너무나 익숙하지만, 그것은 기독교 복음에 있어서 중요한 핵심 진리다. 그러므로 설교자는 교인들에게 익숙하지만 그 본문을 가지고 언제나 설교할 수 있는 준비가 되어 있어야 하며, 그것을 설교할 수 있어야 한다.

3) 그리고 본문을 정하는 데 있어서 그 범위를 생각해야 한다. 너무 긴 본문이나 너무 짧은 본문보다는 그날 설교의 주제에 맞는 범위로 본문의 범위를 결정하는 것이 좋다. 물론 특별한 경우, 또는 특별한 본문의 경우 길이의 길고 짧음에 관계없이 선택하여 설교할 수 있다. 그러나 일반적으로 너무 긴 본문을 가지고 하면 설교가 이것저것 왔다 갔다 하느라 혼란스러워질 수 있다. 예를 들면 탕자의 비유는 누가복음 15:11~32까지 기록되어 있다. 그러나 25~32절은 큰아들에 관한 기사이다. 그러므로 탕자에게 초점을 맞추어 설교를 한다면 본문은 11~24절로 하는 것이 더욱 바람직하다. 물론 32절까지도 포함할 수 있겠으나 정해진 설교 시간에 이를 함께하려면 어려움이 따른다. 따라서 꼭 그 본문을 설교해야 할 필요가 있다면 25~32절은 다음 기회에 설교하는 것을 고려해 보는 것이 좋으리라 본다.

또한 너무 짧은 본문을 가지고 설교할 경우 본문의 내용보다는 자칫 본문에 관계없는 내용으로 엉뚱한 설교를 할 가능성이 많아진다. 이럴 때 설교자는 본문에서 주고자 하는 말씀보다는 어떻게 하면 한 시간 설교 내용을 채울까에 관심을 가지면서 이 자료 저 자료 갖다 붙이는 식으로 설교를 만들 수 있다. 그러므로 설교의 본문은 가능하면 그날의 주제와 관련된 범위로 그 길이를 한정하는 것이 좋다.

4) 끝으로 본문에서 말하고자 하는 바를 설교로 옮겨야 한다. 신학교에서 설교학 시간에 어떤 학생들의 설교를 보면 본문을 읽고 설교하는데 그 내용은 본문과 전혀 다른 것으로 하는 경우를 본다. 그럴 때 필자는 그런 학생들에게 만일 그 내용으로 꼭 설교를 하고자 한다면 본문을 거기에 적절한 것을 택하여 하라고 조언한다. 설교자는 일단 본문을 선택했으면 최대한 그 본문을 중심으로 설교해야 한다. 본문 따로 설교 따로 되어서는 안 된다.

참고로 존 브로더스는 성경 본문을 선택할 때 "성경 본문이 사람을 택하도록 하라"(Let the text select the person.)고 권고하고 있다. 그러면서 그는 이에 대한 방법으로 어떤 본문이 설교자의 마음과 심령을 사로잡을 때, 그것은 설교되기를 원하는 것이요, 그 설교는 설교자 자신과 회중에게 매우 의미 있는 것이 될 것이라고 한다.4) 본문 선정과 관련하여 설교자는 다음 사항들을 확인할 필요가 있다.

가. 선택한 본문이 설교자에게 먼저 감동이 되었는가?

나. 선택한 본문은 그 내용과 의미가 분명한가? 설교하기에 애매하지는 않는가?

다. 선택한 본문이 교회와 교인들의 상황, 절기와 사회적 환경에 적절한 관련이 있는가?

라. 본문을 성경 전체에서 균형 있게 택하여 설교하고 있는가?

2) 주제의 선택

　설교를 접근하는 방법은 두 가지가 있다. 하나는 성경 본문(text)을 먼저 정하고 거기에서 주제와 설교할 내용을 찾는 방법이다. 이런 설교를 흔히 본문 설교(textual sermon)라고 한다. 그런가 하면 또 하나의 방법은 먼저 주제(subject)를 정하고 본문으로 들어가는 경우다. 예를 들면 추수감사절에 감사와 관련된 주제를 먼저 정하고 나서, 그 다음으로 거기에 적절한 본문을 선택하는 것을 들 수 있다. ‑ 물론 이 경우도 본문을 보면서 주제를 정하고 그후 본문에서 설교의 내용이나 형식을 정할 수 있다. ‑ 이런 설교를 주제 설교(topical sermon)라고 한다.

　본문을 먼저 선택했든, 아니면 주제를 먼저 정했든 설교에서 분명한 것 하나는 ‘설교는 하나의 주제’를 가져야 한다는 사실이다. 주제가 중요한 것은 그날의 설교는 이 주제를 따라서 전개되고, 주제에 관해서 이야기하는 것이기 때문이다. 그러므로 주제가 분명할 때 그날 설교는 분명해지고, 주제가 모호하면 그날 설교 또한 모호해질 수밖에 없다.

　따라서 설교자는 설교에 대한 주제를 분명하게 하고 설교를 작성해야 한다. 설교에 있어서 주제는 보통 단어나 구로 표현될 수 있다. 예를 들면 ‘이웃 사랑의 원리’, ‘복음의 능력’, ‘고난의 이유’ 등이다.

　『현대 설교학 개론』이라는 책을 쓴 다니엘 바우만(J. Daniel Baumann)은 설교자들이 설교의 주제를 잡을 때 너무 광범위하고 일반적인 주제보다는 보다 구체적인 주제를 잡는 것이 좋다고 한다. 예를 들면 ‘사랑’보다는 ‘사랑의 유익함’, ‘기도’보다는 ‘응답받는 기도’ 등으로 하는 것이 좋다. 그러면서 그는 주제와 관련하여 다섯 가지 규칙을 제시하고 있다.

　1) 그 주제가 설교자인 당신을 사로잡는 것인가? 그것이 당신의 영혼에

불을 일으키는 것이 아니라면 그것을 버리라. 하나님의 대변인(spokesman)으로서 당신의 가슴을 설레게 하고, 열광하게 하고, 생기를 주는 다른 주제를 찾도록 하라. 2) 그 주제는 한 시간의 설교를 위해서 너무 광범위하지 않게 최대한 구체적으로 좁혀(narrow enough) 잡았는가? 3) 설교를 듣는 청중에게 필요한(needful) 것인가? 4) 그 주제는 명확한가(clear)? 주제가 불분명하면 그것은 회중을 혼란스럽게 만들고, 그들로 하여금 아무런 확신도 없이 집으로 돌아가도록 할 것이다. 5) 그 주제는 그날의 예배나 회중, 교회 상황 등에 적합한(appropriate) 것인가?5)

주제는 설교의 내용을 명확히 하고, 또한 설교가 서론부터 본론, 결론에 이르기까지 통일성을 가지고 일관성 있게 진행되도록 도와준다. 그 결과 설교자도 확실하게 설교 내용을 전달할 수 있으며, 그 설교를 듣는 회중도 메시지의 내용을 확실하게 이해할 수 있게 된다.

당신의 설교가 분명한 하나의 주제, 즉 더 구체적이고 명확한 주제를 가져야 한다는 점을 잊지 않도록 하라. 많은 설교들이 주제가 불분명함으로써 설교자도 자기가 한 말이 무엇이었는지 알지 못하고, 듣는 사람들 역시 무엇을 들었는지 알지 못한다.

3) 설교 제목

영화나 어떤 소설의 제목을 상상해 보라. 거기에는 반드시 사람들의 눈길과 관심을 끌 만한 표현들이 나타나면서, 그 영화나 소설이 무엇에 관한 것인지를 암시해 주고 있다. 설교의 제목 역시 마찬가지다. 제목은 설교를 듣는 사람들의 관심을 불러일으키고, 거기서 어떤 내용을 설교할 것인지 암시하는 역할을 해준다.

특별한 경우는 주제와 제목이 같을 수도 있다. 예를 들면 주제도 '하나님의 사랑'이면서, 제목도 '하나님의 사랑'으로 할 수 있을 것이다. 그러나 일반적으로 주제와 제목은 다르다. 주제는 그 설교가 말하고자 하는 내용의 핵심을 요약한 것이라면, 제목은 그것을 포장하여 더욱 세련된 언어로 보여주는 것이다. 일종의 광고적인 성격을 갖는다. 그래서 설교 제목은 설교자 자신보다는 설교를 들을 사람들이나 다른 사람들을 위한 것임을 명심해야 한다. 주보나 신문 광고, 또는 텔레비전 광고에 설교 제목이 나가서 많은 사람들이 그것을 보게 된다면 당신의 설교 제목은 어떠해야 할까? 그것을 상상해 보라.

따라서 설교자는 설교 제목을 정할 때 깊이 생각해야 한다. 이 제목을 본 사람들이 그 설교에 대하여 어떤 관심을 갖게 될까? 이 제목이 준비한 설교 내용을 어떻게 암시해 주고 있는가? 등을 고려해야 한다. 그것은 간결하면서도 사람들의 관심을 끌 수 있고, 설교 전체 내용을 암시해 줄 수 있어야 한다.

그러나 주의해야 할 것이 있다. 사람들의 관심을 끌기 위해서 지나치게 과장되거나 선정적인 제목을 잡아서는 안 된다. 설교 실습 시간에 어느 학생이 설교를 했는데, 그날 설교의 제목은 "당신은 고스톱을 잘하십니까?"였다. 필자는 그 제목을 처음 대하는 순간, '웬 화투놀이의 고스톱인가?'라고 생각했다. 물론 그 학생의 의도는 하나님 앞에서 우리가 고(go)와 스톱(stop)을 잘해야 한다는 것이었지만 제목에 대한 처음 인상은 쉽게 지워지지가 않았다. 또 어떤 학생은 '인간 제품 설명서'라는 제목으로 설교를 하였다. 물론 하나님께서 인간을 고귀하게 창조하시고, 인간이 어떻게 살아야 할 것인가를 설교하고자 하는 의도에서 만든 제목이었다. 그러나 필자는 그 제목을 보면서 하나님의 존귀한 형상을 입은 인간을 높이는 것이 아니라 오히려 인간을 제품으로 비하시켜 버리는 인상을 받았다.

다니엘 바우만은 설교 제목에서 피해야 할 것으로 과장된 제목, 선정적인 제목, 모호한 제목, 사람들의 관심을 끌지 못하는 제목, 그리고 너무 진부한 제목 등을 들고 있다.[6] 특별히 너무 진부한 제목, 예를 들면 "이웃을 사랑하자"와 같은 구호적인 제목 같은 것은 다시 한 번 생각할 필요가 있다고 본다.

존 브로더스는 책의 판매에 대한 성패가 그 책의 제목과 매우 관련이 있음을 예로 들면서 설교 제목 역시 매우 중요하다는 것을 강조하고 있다.[7] 설교의 내용이 사람들에게 감동을 주는 만큼 설교의 제목도 사람들에게 매력이 있도록 시도해 보라.

적 용 하 기

---

1. 설교자는 본문의 선택에 신중을 기해야 한다. 평소에 자신은 어떤 방식으로 설교의 본문을 선택하고 있는지를 확인해 보고, 설교학적 측면에서 문제가 없는지를 점검하도록 한다.

2. 본문과 설교 주제와의 관련성, 본문의 길이, 본문의 형식 등에 대해서 주의 깊게 관찰하고 있는가?

3. 설교에서 주제의 중요성을 인식하고, 주제를 정하는 데 신중하며, 정해진 주제를 따라서 설교를 일관성 있게 잘 정리하고 있는가?

4. 설교 제목은 주로 어떻게 만드는가? 의미 있는 제목을 만들기 위해서 어떤 노력을 하는가?

2. 본문에 대한 묵상

산을 제대로 알기 위해서는 먼저 멀리서 그 산의 모양을 보고 감상 한 후, 그 다음으로 그 산 속 숲으로 들어가서 각종 나무며 꽃이며 풀들을 보고 아름다운 바위나 계곡을 흐르는 물 등을 관찰할 것이다. 그러나 이런 과정 없이 무턱대고 숲으로 들어가면 거대한 산의 모양을 볼 수 없고, 숲 속에서 길을 헤맬 수밖에 없을 것이다.

성경을 보는 것도 같은 원리다. 먼저 본문의 세세한 것들로 들어가기 전에 하나님께서 그 본문을 통해서 무엇을 말씀하고자 하시는가를 전체적으로 크게 보고, 그 다음으로 그 본문의 내용을 세밀하게 관찰하는 것이 필요하다. 즉, 본문에 대한 원거리 보기와 근거리 보기가 필요하다는 말이다.

먼저 원거리 보기는 본문 전체를 통해서 하나님께서 주시고자 하시는 내용이 무엇인가를 찾는 작업이다. 세세한 것을 보기 전에 본문 전체를 큰 틀로 보면서 생각해야 한다. 이것은 그 본문을 통한 설교의 주제를 선정하거나, 대지를 만드는 데 도움이 될 것이며, 설교의 방향을 정하는 데도 도움이 될 것이다. 예를 들어 누가복음 15장의 '탕자의 비유'가 본문이라면 우리는 이 본문에서 '한 영혼을 사랑하시는 하나님의 사랑'을 주제로 정할 수 있을 것이다. 그리고 거기서 몇 가지 대지를 찾을 수 있을 것이다. 원거리 보기는 책상에 앉아 본문을 직접 읽으면서 전체적으로 생각하고 보는 방법이 있고, 또 하나는 본문을 읽은 후 성경을 덮어두고 밖으로 나가 산책하면서 본문의 내용을 멀리서 바라보고 묵상하는 방법도 있다.

다음으로 근거리 보기는 본문을 현미경으로 보듯이 자세하게 보는 일이다. 그래서 본문에 등장하는 단어의 의미를 분석하고, 구절구절을 묵상하며 메시지를 찾는다. 그리고 전후의 배경도 세밀하게 살핀다. 원거리 보기가 성경을 덮어두고 본문과 멀리 떨어져서 본문의 말씀을 바라보고 생각하면서 진행하는 것이라면 근거리 보기는 성경을 펴놓고 하나하나 깊이 살피고 분석하고 해석하는 작업이라고 하겠다. 그렇게 함으로써 본문의 내용을 충실하게 파악하게 된다.

또 하나 본문과 관련하여 설교자가 생각해야 할 것은 본문을 보되 여러 가지 각도에서 보아야 한다는 점이다. 그 본문을 하나님의 입장에서, 예수님의 입장에서, 본문의 주인공의 입장에서(노아, 아브라함, 요셉, 다윗, 솔로몬, 삭개오, 베드로, 바울 등), 그리고 관객의 입장에서 객관적으로 보도록 해야 한다.

예를 들어 요한복음 5장의 예수님께서 38년 된 병자를 고치신 사건이 본문이라면 우리는 예수님의 입장에서 그 본문을 먼저 바라볼 필요가 있다. 그런가 하면 병자의 입장에서 본문을 보고, 또한 그것을 주변에서 보는 관객의 입장 등에서 살펴보아야 한다. 이런 작업은 하나의 본문에서 다양한 메시지들을 찾도록 도와줄 것이다.

달란트 비유(마 25:14-30)의 경우 보통 설교자들은 다섯 달란트 받은 자와 두 달란트 받은 자는 충성스럽고 잘하였다고 하면서, 한 달란트 받은 자는 게으르고 불순종하고 자기 고집대로 한 사람이라고 비난하면서 설교를 끝낼 수 있다. 너무 자주 들었던 뻔한 이야기다. 청중이 이런 설교를 또다시 듣게 된다면 그때 그들의 반응은 어떨까?

그러나 한 달란트 받은 자의 입장이 되어서 생각해 보라. 주인의 뜻대로 행하지 않고, 주인의 책망과 심판을 두려워하면서 그 앞에 떨면서 서 있을 그를 상상해 보라. 그는 어떤 심정이었을까?

그리고 우리 자신들이 윗사람이 시킨 일을 제대로 하지 못하고, 그 앞에 두려움으로 서 있을 때의 모습을 상상해 보라. 그 앞에서 자기가 한 일을 보고하고 설명해야 된다면 그때의 마음은 어떠할까? 설교자가 본문을 묵상하면서 이런 것들을 생각하고 통찰하고 상상할 수 있을 때, 그 본문이 살아나서 오늘 우리의 이야기로 들려지게 된다.[8]

3. 본문에 대한 해석: 석의(釋義)와 주해(註解) 작업

필자가 대학을 다닐 때 한 경험이다. 그때 필자는 기독 청년으로서 뜨거운 열정을 가지고 신앙 생활을 할 때였다. 여름 방학이 되어서 신앙 친구들 몇 명과 기도원에 가서 기도하기로 했다. 그래서 당시 그 지역에서 소위 신령하다는 목사님의 집회가 있는 기도원을 갔었다.

그분은 주로 종말론에 관한 설교를 하셨다. 그 설교 중 그분이 종말이 되면 아파트가 많이 생긴다는 것이었다. 그러면서 이사야 5:8 "가옥에 가옥을 연하며 전토에 전토를 더하여 빈틈이 없도록 하고……"라는 말씀을 그 근거로 대셨다.

그 설교를 들을 때 나는 그런 줄로 알고 그 후에도 계속 그렇게 믿고 있었다. '가옥에 가옥을 연한 것'은 틀림없이 아파트가 맞다고 생각했기 때문이다. 그러다가 신학대학원에 진학하여 그 본문을 다시 주석과 함께 살필 기회가 있어서 보게 되었다. 그런데 그 말씀은 전혀 그런 의미가 아니었다. 그것은 말세에 대한 것이 아니라 이사야 선지자 당시 부자들이 돈으로 많은 집들을 사고 파는 일들을 계속하면서 그 사회에 일어나는 불의에 대해서 책망하는 내용이었다. 오늘로 말하면 부동산 투기로 인해 그들이 저지르는 죄악을 고발하는 것이었다. 이 사실을 알고 나자 그 목사에 대한 신뢰는 무너져 버렸다. 그는 신령하다는 이름하에 하나님의 말씀을 연구하는 일은 하지 않았던 것이다.

석의(exegesis)는 성경에서 말하는 원래의 의미(original meaning)를 찾는 작업이다. 즉, 하나님께서 그 말씀을 주실 때의 의미는 무엇이었는가를 찾는 것이다. 언어라고 하는 것은 시간과 함께 그 의미가 바뀌기도 한다. 그런가 하면 오늘 우리가 가진 성경은 많은 시간 동안 여러 가지 번역을 거쳐서 우리에게 들어온 것이다. 그러므로 현대 설교자들에게 성경이 기록될 당시 그 말씀이 가졌던 뜻을 먼저 알아보는 과정은 필수적이다.

석의 과정에서 먼저 해야 할 것은 그 본문에 대한 역사적 배경(historical background)을 살피는 일이다. 그 내용을 기록한 사람은 누구인가? 그리고 그 기록자의 배경은 어떠한가? 그 글을 받은 수신자는 누구이며, 그들의 상황은 어떠했는가? 수신자가 개인인가, 아니면 교회나 어떤 단체인가? 그들이 가진 문제는 무엇이었는가? 왜 그들에게 그 말씀을 하셨는가? 그리고 당시 정치적, 사회적, 경제적, 문화적, 종교적 배경은 어떠했는가를 알아보아야 한다. 예수님 시대라면 당시 로마의 통치와 헤롯 가문에 대해서 알아야 하며, 당시의 사회적 구조나 계급, 경제적 상황을 이해하고 있어야 하고, 더 나아가서는 유대교에 대해서도 기본적인 지식을 가지고 있어야 한다.

또한 성경에 나오는 지리적 배경도 살펴보아야 한다. 예를 들어 이스라엘이 출애굽을 하면서 일어난 사건들을 이해하기 위해서는 광야가 어떤 곳이었는지 알아야 한다. 필자가 성지 순례를 하면서 시나이 반도를 두 번 통과하는 기회가 있었는데 - 이스라엘에서 이집트, 다시 이집트에서 시내산을 거쳐 이스라엘로 - 그때 광야가 어떤 곳이라는 것을 확실하게 볼 수 있었다. 그러면서 마실 물도 없고 온통 바위와 돌로 가득 찬 그런 곳을 인간적으로 볼 때 불평하지 않고 간다는 것이 오히려 비정상적일 것이라고 생각했다. 하나님께 대한 신앙과 하나님의 도우심이 없이는 누구도 그 길을 갈 수 없는 그런 곳이었다. 이런 곳에서 신앙을 가지고 광야 길을 갈 수 있다는 것은 얼마나 위대한 일인가?

지리적 배경과 함께 등장 인물에 대해서도 섬세하게 살펴보아야 한다. 그의 직업, 성격, 가족, 종교적 배경 등은 그를 이해하고 성경의 내용을 이해하는 데 많은 도움이 된다.

이러한 배경을 이해한 후에는 문법적 분석을 해야 한다. 앞 뒤 문맥을 살펴보고, 단어의 의미를 찾아보고, 본문의 문학 양식을 주의 깊게 보아야 한다. 이 사건이 일어나기 전에 무슨 일이 있었는가, 본문에 등장한 중요한 단어의 원래 의미는 무엇인가, 그리고 본문은 시인가, 잠언인가, 비유인가, 이야기인가 등을 알아보아야 한다.

이 작업을 위해서는 주석이나 성구 사전, 번역본 성경 등이 필요하며, 본문을 완전히 이해한 다음에는 그것을 자신의 언어로 다시 써보아야 한다. 특별히 설교자 자신과 설교를 듣는 청중을 고려하면서, 이 작업을 해야 한다.

필자의 경험으로는 여러 성경 번역본들을 비교해 보는 것도 설교를 위해서 많은 도움이 된다. 어느 날 로마서 12:1~2을 가지고 설교를 준비하면서, "너희는 이 세대를 본받지 말고"라는 부분에서 한 영어 성경(New Living Translation)을 보니까 "본받지 말라"는 말을 "Do not copy"라고 기록하고 있었다. 그래서 필자는 설교하면서 "하나님께서는 오늘 우리에게 세상 복사판으로 살지 말라"고 하신다고 말했다. 오늘 현대인들에게 적절한 단어라는 생각을 했다. 한글이나 영어 성경 등을 비교해 보면 거기에 사용된 단어들에 따라서 새롭거나 독특한 내용들을 발견하는 즐거움이 있다.

다음으로 주해(exposition)란 쉽게 말해서 메시지를 찾는 작업이라고 생각

하면 된다. 하나님께서 그날 그 본문을 통해서 무엇을 우리에게 말씀하고
자 하시는지 바로 그것을 찾는 작업이 주해다. 설교자는 충분한 석의 과정
을 통해서 본문의 의미를 이해하고 거기에 근거해서 많은 기도와 묵상을
하면서 하나님의 음성을 들어야 한다. 하나님께서 설교자 자신에게, 청중에
게, 교회에, 그리고 그 시대에 주시고자 하는 말씀이 무엇인가를 찾아 그것
을 설교로 옮겨야 한다. 이 작업을 위해서 설교자는 그때그때 떠오르는 아
이디어나 메시지들을 종이에 기록하는 것이 필요하다. 만약 대지 설교를 하
게 된다면 이런 것들은 대지로 사용할 수 있다.

참고로 '분문에 대한 묵상'과 '해석 작업'에 대한 필자의 경험을 말하고자
한다. 필자가 설교를 시작한 초기에는 주로 주석과 같은 책들을 먼저 보고
(또는 보면서) 그 후에 메시지를 찾아서 설교를 주로 작성하였다. 그러나 설교
사역을 한 지 10여 년 후에는 약간 변화가 왔다. 먼저 본문을 읽으면서 묵
상을 하고 메시지를 찾았다. 그리고 그 후에 주석서를 참고하면서 보충하였
다. 묵상을 하는 가운데 꼭 필요하다고 생각되는 원어의 의미를 주석서를
통해서 확인하고, 개인적으로 묵상한 내용들이 오류가 없는지, 또는 더 보
충해야 할 것은 없는지를 주석서를 보면서 나중에 점검하였다.

필자가 이렇게 할 수 있었던 것은 그 동안 많은 설교들을 하면서 이제 어
지간한 본문의 의미들은 거의 파악을 하고 있었기 때문에 가능했으리라 본
다. 본문을 정하고 주석서를 먼저 볼 것인가, 아니면 본문을 묵상하면서 메
시지를 찾고 그 후에 주석서를 볼 것인가는 설교자가 상황을 따라서 결정
할 일이다.

적 용 하 기

---

1. 설교를 준비할 때 정해진 본문에 대한 의미를 바로 파악하기 위해서 충분한 석의 작업을 하고 있는가? 본문의 배경(저자, 수신자, 지리적・정치적・사회적・문화적 배경)을 파악하고, 등장 인물에 대한 연구(성격, 신분과 지위, 삶의 정황 등)를 성실하게 하고 있는가?

2. 본문의 단어나 문법 구조, 문학 양식, 본문을 중심한 전후 배경 등을 주석이나 신학서와 같은 참고서적들을 통해서 충분하게 이해했는가?

3. 본문을 통해 하나님께서 오늘 우리에게 주시고자 하는 메시지가 무엇인지를 찾았는가?

4. 설교 자료 수집: 예화, 설교를 풍성케 하는 것

설교는 성경에 대한 해석을 바탕으로 하지만 설교가 곧 성경 해석은 아니다. 어떤 설교자들은 성경만 말하는 것이 설교라고 강변하면서, 성경 해석이 곧 설교라고 착각을 하는 사람들도 있다.

설교는 성경에 바탕을 두되 그것을 오늘의 사람들에게 전하는 것이다. 그러므로 오늘의 언어와 문화, 시대적 상황이 설교에는 필수적으로 반영될 수밖에 없다. 이미 언급한 것처럼 칼 바르트(Karl Barth)는 설교를 정의하면서, "설교는 하나님 자신이 말씀하시는 하나님의 말씀(the Word of God)"으로서, 이를 위해서는 설교자가 "그 시대의 사람들에게 적절한 인간의 언어로 성경 본문을 해석하는 것이 필요하다"[9]고 주장하고 있다.

설교가 하나님의 말씀을 오늘의 사람들에게 전한다는 점에서 설교자는 성경에 대한 해석뿐만 아니라 그것을 오늘의 사람들이 보다 쉽게 이해할 수 있도록 해야 한다. 설교에서 예화가 필요한 이유가 바로 여기에 있다.

설교에서 사용되는 예화는 과거에 기록된 하나님의 말씀을 오늘의 사람들이 더 쉽게 이해하도록 하는 역할을 한다. 때로는 어려운 개념을 예화를 통해서 쉽게 이해하도록 하기도 하며, 적절한 예화는 설교의 은혜와 감동을 더하도록 만든다. 그러므로 설교자가 설교를 준비하면서 성경 해석을 철저히 하는 것과 함께 설교 내용에 적당한 예화를 찾아 활용하는 것은 매우 중요한 작업이다.

설교를 위한 예화로 활용될 수 있는 자료들은 많이 있다. 책이나 신문, 방송의 뉴스와 같은 시사적인 것들, 일상적인 생활이나 사람들과의 대화에서 얻을 수 있는 재료들, 때로는 교인들을 심방하고 상담하면서 신앙이나 인생과 관련된 적절한 예화들을 찾을 수 있다. 어떻게 보면 설교자에게는 세상의 모든 것들이 다 예화가 될 수 있다고 해도 과언이 아닐 것이다.

그러면 예화 수집과 관련하여 설교자들이 고려해야 할 것들은 무엇일까?

첫째, 설교자들은 언제나 설교자의 관점을 가지고 일상 생활을 보려는 노력이 필요하다. 어떻게 보면 직업 근성이라고 할 수 있을지 모르겠다. 책 한 권을 읽으면서, 신문을 보고 방송을 보면서, 사람들과 대화를 하면서, 여행을 하면서 설교자는 설교자의 관점에서 그 모든 것들을 바라볼 필요가 있다.

그렇게 한다면 세상은 하나님의 말씀을 효과적으로 전할 수 있도록 도와주는 예화들로 가득하다는 것을 알게 될 것이다.

둘째, 설교자들은 이런 내용들을 적절히 메모를 해서 보관해야 한다. 단지 잠깐 느끼고 머릿속에 생각하는 것으로 마치는 것이 아니라 그것들을 메모하여 잘 보관해야 한다. 왜냐하면 인간의 기억력에는 한계가 있기 때문이다.

어떤 설교자들은 언제나 양복 윗주머니에 조그만 메모 카드를 가지고 다니는 것을 보았다. 그리고 설교에 관한 어떤 아이디어가 생각나거나 예화 재료를 보게 되면 바로 메모하였다. 매우 좋은 설교자의 자세라고 본다.

설교자가 이렇게 모아둔 예화 자료들은 어느 순간에 매우 의미 있게 사용될 것이다.

셋째, 예화를 보관, 정리하는 일이다. 예화를 모으다 보면 나중에는 그 양이 많아질 수밖에 없다. 그러므로 처음부터 잘 정리하여 보관하지 않으면 나중에는 자료는 모았으나, 필요할 때 그것을 찾을 수 없게 된다.

그러므로 예화를 모으되 그것을 바로 항목별로 정리해 놓아야 한다. 그렇게 함으로써 어떤 주제의 예화가 필요할 때 설교자는 그 예화를 쉽게 찾을 수 있을 것이다.

과거에는 카드로 항목을 분류하여 정리했지만, 지금은 컴퓨터가 있기 때문에 더욱 쉽게 정리할 수 있을 것이다. 카드를 가지고 다니면서 어떤 예화나 생각을 메모했다가 집에 돌아와서 그것을 컴퓨터에 정리 보관한다면 좋을 것이다.

예화 사용 시 주의할 점

"목사님, 설교가 깊이가 없어요."

어느 목사님으로부터 들은 이야기이다. 다른 교회 교인이 자기 교회 목사의 설교에 대해서 못마땅해하는 말을 자기에게 하더라는 것이다. 왜 그러느냐고 했더니 그 교인이 하는 말은 이랬다. "목사님, 우리 교회 목사님의 설교는 깊이가 없어요. 설교 시간이면 주로 예화만 가지고 설교하시는 거예요. 들을 때는 재미도 있고 그럴 듯한데 듣고 나면 별로 남는 게 없어요."

그렇다. 교인들은 예화를 듣기 위해서 교회에 나오는 것이 아니다. 그들이 원하는 것은 자신들의 가슴에 하나님의 말씀이 전달되는 것이다. 설교자는 이것을 알아야 한다. 예화는 하나님의 말씀을 더 잘 전달하기 위해 사용하는 것이다. 설교는 예화의 진열장이 아니다. 예화로 설교를 대신하려는 어리석음을 범치 말라.

설교하면서 설교자가 언제나 잊지 않아야 할 것이 있다. 설교에서 예화가 주(主)가 아니라는 사실이다. 예화는 어디까지나 하나님의 말씀을 더 잘 전달하기 위한 보조 수단이다. 그러나 하나님의 말씀보다 예화가 주가 되어 버리면 예화는 오히려 하나님의 말씀을 가로막는 장애물 역할을 하게 되고 만다. 설교자들이 설교를 쉽게 하는 수단으로 예화 몇 개를 가지고 설교 시간을 때우려는 유혹을 받을 수 있다. 이것은 설교를 망치는 지름길이다. 예화는 하나님의 말씀을 더욱 깊이 있게 전달하고, 때로는 청중이 그 내용을 보다 쉽게 이해하도록 하기 위해서 사용되어야 한다. 설교는 하나님의 말씀이 주다. 결코 예화가 주가 아니다.

또 하나 예화 사용과 관련하여 주의할 점은 그 예화가 설교의 내용과 일치해야 한다는 점이다. 필자가 신학교에서 설교의 실제(실습) 시간이면 꼭 지적하는 점이 있다. 학생들에게 2주 전에 설교 본문이나 주제를 주면서 설교를 준비해서 하도록 하는데, 그 중의 어떤 학생들의 설교문을 읽어 보면 예화에서 문제가 되는 경우가 가끔 있다. 설교의 내용과 예화가 일치하지 않는 것이다.

필자는 그 이유를 잘 안다. 왜냐하면 설교 초년병들이 처음으로 설교를 쓰다 보면 어떻게든지 설교 내용을 채워야 한다는 강박감에 사로잡힌다. 그러다 보면 예화도 적절한 것을 찾아 쓰기보다는 어떤 예화든 적당히 갖다 붙이는 경우가 많다. 물론 상당수 목회자들도 예외는 아닐 것이다. 예화는 그 전에 말한 내용 또는 다음에 말할 내용과 반드시 연관이 있어야 한다. 아무 것이나 갖다가 붙여서는 안 된다. 그것은 설교를 더욱 혼란스럽게 만들 뿐이다. 그러므로 설교자는 반드시 예화를 선택하되 그것이 설교 내용과 일치하는지를 확인해야 한다는 사실을 잊지 않아야 한다. 혹시 예화를 선택했을지라도 그것이 설교 내용과 맞지 않다면 과감하게 버려야 한다. 그리고 그 예화는 나중에 필요할 때 사용하도록 하고, 오늘의 설교에 맞는 적당한 예화를 찾아 사용하도록 해야 한다.

다음으로 예화 사용 시 주의해야 할 점은 어떤 개인이나 단체와 관련된 내용에 대해서는 주의해야 한다. 목사가 상담이나 심방을 통해서 알게 된 내용이 다른 사람들이 알아도 되는 유익한 것이라면 설교에서 사용해도 되지만, 어떤 개인의 비밀한 내용이나 수치를 줄 수 있는 내용은 삼가도록 해야 한다.

또한 특정 단체나 정치 집단(정당) 등의 견해나 비판을 언급하는 내용은 주의해야 한다. 왜냐하면 그날 설교를 듣는 회중 가운데는 서로 다른 자신들의 입장이나 정치적 견해를 가진 사람들이 있기 때문이다. 이런 내용을 잘못 언급하게 되면 이로 인해서 신앙공동체로서의 교회 안에 분열을 가져올 수 있다는 사실을 명심해야 한다.

끝으로 설교자가 예화 사용과 관련하여 주의를 기울여야 할 것은 가능한 한 예화를 반복하지 않는 것이다. 이것은 특별히 한 교회에서 목회를 오래 하는 설교자들일수록 신경을 써야 한다. 교인들은 설령 설교 내용은 잊을지 몰라도 예화는 그렇게 쉽게 잊지 않는다. 이야기는 사람들의 기억에 오래 남는다(현대 설교학에서 이야기식 설교를 도입한 이유 가운데 하나도 이런 점이 고려된 것이다.).

그러므로 설교자가 과거에 들었던 예화를 다시 반복하게 되면 교인들은 그 설교에 대한 신선감과 흥미를 잃어버리게 된다. 이를 막기 위한 방법 중의 하나는 예화를 사용했을 경우 언제 어떤 설교에서 그 예화를 사용했다는 것을 기록해 두는 일이다. 그러면 예화의 중복 사용을 막을 수 있을 것이다.

참고로 프레드 크래독은 예화를 사용할 때 주의할 점으로 다음과 같은 것들을 들고 있다.[10]

1) 어려운 내용을 설명할수록 쉽고 친근한 내용을 만들어 사용한다.

2) 예화는 설명하고자 하는 내용과 초점이 분명해야 한다. 즉 예화 자료는 한 가지에만 초점이 맞추어져야 하고, 산만하거나 복잡해서는 안

된다.

3) 예화는 단순하되 그 내용이 예화로서의 가치를 가진 것이어야 한다. 예화로서 별 가치가 없는 잡동사니나 본문의 내용을 약화시키는 것 등은 사용하지 않는 것이 좋다.

4) 예화는 그 어조(tone)가 강압하는 식으로 청중들을 몰아가서는 안 된다. 예화는 청중들이 더욱 편안한 마음으로 들을 수 있는 어조로 해야 한다.

5) 예화는 예화로서 끝나야 한다. 예화를 다시 설명하거나, 예화 자체를 적용하려는 말들은 하지 않는 것이 좋다. 예화는 예화로서 끝나야 한다.

적 용 하 기

---

1. 설교를 위한 예화를 준비하기 위해서 언제나 노력하고 있는가?

2. 설교에서 사용한 예화가 설교 내용에 적절한 것이었는가?

3. 너무 많은 예화를 사용하지는 않았는가?

4. 예화는 특별한 경우를 제외하고는 설교체보다는 대화체로 자연스럽게 말하는 것이 좋다.

4장 미주

1) 현재 세계 개신교회들이 사용하고 있는 것은 1992년에 만들어진 개정 공동 성서정과(The Revised Common Lectionary)이다.

2) William D. Maxwell, *A History of Christian Worship* (Grand Rapids: Baker Book House, 1982), pp. 129-31.

3) Ibid., p. 91.

4) John A. Broadus, *On the Preparation and Delivery of Sermons, 4th ed. revised by Vernon L. Stanfield* (New York: Harper San Francisco, 1979), p. 35.

5) J. Daniel Baumann, *An Introduction to Contemporary Preaching* (Grand Rapids: Baker Book House, 1990), pp. 124-26.

6) Ibid., pp. 130-31.

7) John A. Broadus, *On the Preparation and Delivery of Sermons*, p. 42.

8) Fred B. Craddock, *Preaching* (Nashville: Abingdon Press, 1985), pp. 200-01.

9) Karl Barth, Homiletik, trans. Geoffrey W. Bromiley and Donald E. Daliels. *Homiletics* (Louisville: Westminster/John Knox Press, 1991), p. 44.

10) Fred B. Craddock, *Preaching*, pp. 204-205.

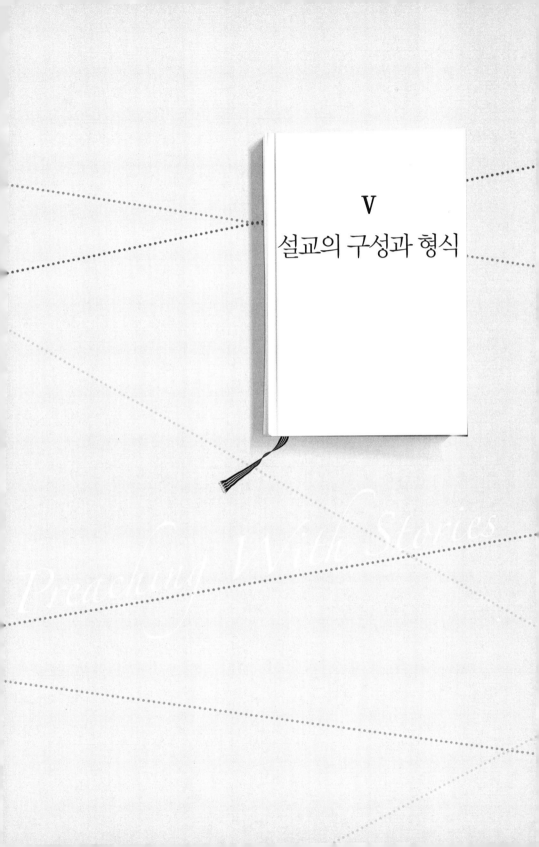

V
설교의 구성과 형식

V
설교의 구성과 형식

"인간의 삶은 내용(substance)과 형식(form)의 만남 속에서 표현된다. 이 둘은 가장 기본적인 요소(elementals)다. 어떤 물질이나 사상도 형태나 형식이 없이 존재할 수 없다. …… 우리 인간은 형식이 없이는 살아갈 수 없다."[1)]

　모든 만물은 반드시 어떤 형태나 형식을 가진다. 식물이나 동물, 어떤 물질이나 사람 역시 고유한 형태를 가지고 있으며, 그것을 통해서 자신의 본질을 드러내게 되고 타자에게 자신을 인식하게 한다. 사람(본질)은 사람의 외모(형태)를 가진다. 동물은 각기 자신의 외형을 가지며, 식물 역시 각기 독특한 자신의 외형을 드러냄으로써 자신이 무엇인지를 알리게 된다. 이렇게 만물은 자신의 고유한 형태(형식) 속에서 존재한다. 그러므로 형식이 없이 본질이 존재한다는 것은 불가능한 일이다.

그런가 하면 인간은 어떤 형식 속에서 생각(사고)하고, 생각(사고)한 그것을 또한 어떤 형식을 통해서 표현한다. 시인은 자신의 상상력을 시라는 형식을 통해서 표현하며, 음악가는 일정한 음악의 형식을 빌어서 연주한다. 이와 같이 형식이란 그 본질을 담아내는 그릇이기에 중요한 것이며, 한편으로는 형식에 따라서 그 내용이 달라질 수도 있다는 점에서 신중해야 할 필요가 있다.

이것은 설교 역시 마찬가지다. 설교자가 마음에 구상한 설교 내용은 아무런 형식 없이 표현되는 것이 아니라, 어떤 정해진 설교 형식을 통해서 표현되고 전달된다. 그러므로 설교의 내용과 형식은 떨어질 수 없는 것이며, 서로 간에 중요한 영향을 미치는 요소들이다. 그러면 한 편의 설교는 어떻게 구성이 되고, 그 설교 형식들은 어떤 것들이 있는가를 살펴보도록 하겠다.

대부분의 설교는 서론과 본론, 그리고 결론으로 구성된다. 설교에서 서론은 도입부라고 할 수 있으며 설교 전반을 가늠할 수 있는 중요한 부분이 된다. 본론은 그 설교가 어떤 틀을 갖추고 있으며, 그 중심 내용을 전개하는 부분이다. 따라서 설교의 형식이 어떤 것인가 하는 것은 설교의 본론이 어떻게 전개되느냐와 관련이 있다. 그리고 마지막 결론은 설교에 대한 마무리와 함께 그 내용을 적용하는 부분이라고 하겠다. 여기서는 서론과 결론에 대해서 먼저 설명하고, 이어서 본론에 관한 내용들을 소개하도록 하겠다.

1. 서론: 설교로 들어가는 현관

현대 설교학자 데이빗 버트릭(David Buttrick)은 자신의 설교학 책에서 이런 이야기를 하고 있다. 몇 년 전 미국 최고의 연사들(top speakers)을 상대로 하는 설문조사에서, 그들에게 "연설의 어느 부분을 가장 잘 준비해서 기록하느냐?"고 물었을 때, 그 대답은 '서론'(introduction)이었다고 한다. 사람들은 보통 서론은 즉석에서 하거나 아니면 대충 넘어가는 것으로 생각하는데 이들의 대답은 의외였다.

그러면서 버트릭은 서론의 중요성을 이렇게 말하고 있다.

> "서론은 설교의 초점(focus)을 제공한다. 서론은 설교자와 청중 간에 설교의 목적 (purpose)을 함께 나누도록 한다. 서론은 사람들의 주의(attention)를 끌도록 한다. 그러므로 설교의 서론은 주의 깊게 구성되어야 하고, 서론에서 사용하는 언어는 세련되어야 한다(disciplined language)." 2)

누구나 이런 대화의 경험들이 있을 것이다. 어떤 사람이 찾아와서 대화를 하는데 너무 서론적인 이야기가 길어서 답답함을 느낀 때가 있었을 것이다. 또 어떤 경우는 찾아온 사람이 만나자마자 본론부터 불쑥 꺼냄으로써 당황한 적이 있었을 것이다. 이런 경우의 대화는 효과적이지 못하다. 사람들은 대화를 시작하기 전에 서로가 말하고 들을 준비가 먼저 필요하다. 그래서 본론을 들어가기 전에 인사를 나누고 서로 관심이 있는 것들을 이야기하는 것이다.

서론은 말하는 사람과 듣는 사람이 서로를 준비하는 시간이다. 이는 마치 집안으로 들어가는 현관과 같은 역할을 한다. 길가에 있는 어떤 집들은 문을 열자마자 바로 방으로 연결되어 있는데 이것은 손님을 맞이하기에 좋은 구조가 아니다. 과거 한국의 집들은 대개 대문을 열고 들어서면 마당을 지나 집으로 들어가게 되어 있다. 그것은 손님을 맞는 주인이나 주인을 찾아온 손님이나 잠깐의 간격을 통해서 서로에 대한 준비를 할 수 있는 시간적, 공간적 거리를 의미한다.3) 이것이 바로 서론이 하는 역할이다.

다시 말하지만 서론은 마치 집 안으로 들어가는 현관과 같은 역할을 한다. 설교자는 물론이고 설교를 듣는 청중 역시 서론이 진행되는 짧은 시간을 통해서 서로 마주 보며 들을 준비를 하는 것이다. 청중이 들을 준비가 되어 있지 않은데, 설교자가 강단에 서자마자 고함을 질러대면서 설교를 시작한다고 상상해 보라. 청중이 얼마나 당혹해 하겠는가? 그리고 그날 설교자의 설교가 청중의 가슴에 잘 들려지겠는가? 설교학자 폴 스캇 윌슨(Paul Scott Wilson)은 서론에서 청중이 설교자의 설교를 들을 준비 시간이 필요하다는 것을 이렇게 언급하고 있다.

> "확실하게 서론은 청중의 주의를 끌 수 있어야 한다. 그러나 그것은 청중을 즉각
> 설교의 핵심(the heart of issue)으로 빠져들도록 하는 것은 아니다. 청중은 설교자
> 와의 관계 형성을 위한 시간이 필요하다."4)

서론이 잘 진행되면 그날의 설교 역시 잘 진행이 된다. 그러나 서론에서 뭔가 막히기 시작하면 그날 설교가 무척 힘들게 된다는 것을 설교자들은 익히 경험하고 있을 것이다. 따라서 설교자는 서론이 그날 설교의 성패를 가를 수 있다는 사실을 명심하면서, 자신의 설교를 준비해야만 할 것이다.

그러면 서론은 어떠해야 할까? 먼저 서론에서 특별히 중요한 것은 암시성과 간결성이다. 설교자는 서론에서 모든 것을 말하려 해서는 안 된다. 몇 년전까지 사람들이 한국 영화에 대해 "예고편을 보면 더 볼 것 없다"는 말들을 자주 하곤 했다. 물론 스토리가 단순하다는 의미로 말하는 것이기도 하지만, 또 한편으로는 관객들이 예고편에서 그 영화의 내용을 너무 쉽게 알아 버린다는 뜻이기도 하다. 그러므로 더 이상 그 영화에 대해서 흥미를 갖

지 못하게 된다는 사실이다.

이는 설교 역시 마찬가지다. 서론은 설교의 모든 것을 보여 주는 시간이
아니다. 단지 오늘 설교가 어떤 방향과 내용으로 진행될 것인가를 암시하
는 정도에서 서론은 끝나야 한다. 그럴 때 청중은 흥미를 잃지 않고 설교에
대한 관심을 계속 가지게 될 것이다.

또 하나 서론은 간결해야 한다. 어떤 설교자들의 설교를 들으면 서론이
너무 길다. 그래서 서론 단계에서 설교에 대한 흥미를 잃어버리도록 만들고
만다. 서론은 본론으로 들어가기 위한 준비 시간이다. 그러므로 그것이 너
무 길거나, 아니면 너무 짧거나 생략해서도 안 된다. 서론은 설교 전체 길이
를 생각하면서 적절하고 간결하게 준비해야 한다.

서론이 길 경우 나타나는 두 가지 현상이 있다. 먼저 설교자로서 서론이
길면 그날의 설교가 길어진다는 사실이요, 청중에게는 서론이 길면 설교가
지루해지기 쉽다는 점이다. 자신들의 설교를 점검해 보라. 서론이 길었던
날 설교는 어떠했는가? 서론이 길어졌을 때 청중의 반응은 어떠했는가?

다니엘 바우만(J. Daniel Baumann)은 설교에서 좋은 서론이 되기 위한 요
건으로 다음 다섯 가지를 들고 있다.5)

1) 간결성(brief): 서론은 단순히 소개하는 시간인 것을 알고 간단히 한
   후 본론으로 바로 들어가야 한다.
2) 적절성(appropriate): 서론은 설교의 본론과 적절한 것이어야 한다.
3) 신중성(modest): 서론이 너무 거창하거나 과대포장된 것이 되지 않도
   록 한다.
4) 흥미성(interesting): 설교는 회중의 관심과 흥미를 유발하는 것이어야
   한다.

5) 암시성(suggestive): 서론은 설교에 대한 암시를 하는 것이지 전체를 다 보여 주는 부분이 아니다.

설교의 서론은 간결하면서 설교의 본문과 이어지는 것이여야 하며, 과장됨이 없어야 하고, 그날 설교에 대한 청중들의 관심과 흥미를 갖도록 하는 것이여야 하며, 메시지의 내용을 암시하는 정도로 마칠 수 있어야 한다는 것이다.

그러면 설교에서 설교자들이 사용할 수 있는 형식들은 어떤 것들이 있을까? 다니엘 바우만은 성경의 내용, 개인적 경험, 도전적인 질문, 뉴스, 문제의 제기, 인용구, 서적, 계절, 유머 등을 사용하여 설교의 서론을 시작할 수 있다고 한다.6)

서론의 다양한 형식은 듣는 청중으로 하여금 설교에 대한 관심과 흥미를 유발하기에 충분할 것이다. 계속 반복되는 형식보다는 그날의 설교와 적절하게 연관이 되는 다양한 형식들을 사용하는 지혜가 설교자들에게는 필요할 것이다.

다시 말하지만 설교의 서론은 그날 설교의 성패를 좌우할 수 있다. 따라서 설교자는 서론에 관심을 가지고 잘 준비해야 한다. 적어도 그날 설교의 서론을 들으면서 회중이 "아 이 설교는 내가 반드시 들어야 할(must hear) 설교다"라는 반응이 일어날 수 있도록 해야 한다.7)

2. 결론: 설교를 마쳐야 할 자리

어떤 설교자들의 설교를 들으면서 가끔 보게 되는 현상이다. 설교의 본론이 다 진행되었고, 이제 결론을 맺을 부분이라는 것을 모든 청중들이 느끼고 있다. 설교자 역시 설교가 결론부에 이르렀다는 것을 언급한다. 그런데 설교는 쉽게 끝나지를 않는다. 설교자는 '끝으로' 하면서 얼마간 말을 하더니, 다시 '결론적으로' 하면서 또 말을 이어간다. 청중은 여기서 끝날 줄 알았는데, '다시 말하면' 하면서 설교를 계속하고 있다.

이런 장면을 생각해 보라. 그리고 그 설교를 듣는 사람들의 마음을 헤아려 보라. 그들은 어떤 생각을 하게 될까? 교인들은 설교자를 보는 대신 시계를 보게 되지는 않을까?

지금까지 잘 진행되어 왔던 설교를 어떤 설교자들은 결론을 제대로 마무리하지 못함으로써 망치는 것을 보게 된다. 결론은 결론이다. 그야말로 설교를 마무리해야 할 시점이라는 말이다. 그러나 어떤 설교자들은 결론에서 결론을 맺지 못하고 헤매는 것을 보게 된다. 이런 경우는 대개 설교자가 설교에 잘못 도취되었거나, 설교 준비가 제대로 되지 않는 경우다. 필자의 견해로는 후자의 경우가 대부분이라고 생각한다.

존 브로더스(John A. Broadus)는 "설교자들이 설교의 서론을 준비하는 것은 소홀히 하지 않는데, 결론을 준비하는 것은 소홀히 하는 경우가 자주 있다"고 지적하면서, 설교는 서론이 중요한 것만큼이나 결론 또한 중요하다고 강조한다.[8]

유능한 설교자일수록 서론과 함께 결론을 준비하는 것을 철저하게 한다. 결론은 설교를 마무리하면서, 동시에 그 설교의 절정이 될 수 있다는 점에서 설교자는 세심한 주의를 기울여야 한다.

그러면 결론은 어떻게 해야 할까? 설교학자 정장복 교수는 결론을 위한 원리를 다음 다섯 가지로 제시하고 있다.[9]

1) 설교의 종착역을 놓치지 말라.

2) 자연스럽고 적절한 연결을 시도하라.

3) 메시지와 개인적인 만남이 이루어지게 하라.

4) 설교의 절정을 이루라.

5) 간단하고 짜임새 있는 마무리를 지으라.

다시 정리하면 결론은 설교가 끝나야 할 종점이라는 사실을 잊지 말고 잘 마무리하라는 것이요, 그 내용은 지금까지 한 설교의 내용과 잘 이어지는 것이어야 하며, 듣는 청중들이 마지막 말씀과 만남을 이루도록 하고, 결론이 설교에서의 마지막 절정이 되도록 생생하고 힘이 있어야 하며, 무엇보다 간결해야 한다는 것이다.

그리고 결론에서 사용할 수 있는 형식들은 설교 요점의 반복, 청중에게 도전을 주는 질문, 위로와 격려, 시, 복을 내리시는 하나님을 말씀함, 하나님의 명령과 교훈을 새기도록 권면, 성구를 낭독하는 것들을 들 수 있다.[10]

간결하고 의미심장한 결론은 청중으로 하여금 그 설교에 대한 기억이 오래 남도록 할 것이다. 그러기에 설교자는 결론의 중요성을 언제나 상기하면서 그 준비를 소홀히 하지 않도록 해야 한다. 결론은 설교가 마치는 자리다.

적 용 하 기

---

1. 설교자 본인이 하는 설교에서 서론과 결론은 어떤 형식과 특징을 가지고 있는지 점검해 보라. 길이가 간결하고 내용이 적합한가?

2. 매번 설교에서 서론과 결론의 형식에 어떤 변화를 주고 있는가?

3. 서론과 결론을 위해서 충분한 준비를 하고 있으며, 강단에서 적절하게 전달하고 있는가?

3. 본론의 전개: 설교 형식

설교의 형식이란 본론을 어떤 방식으로 전개하느냐를 일컫는 말이라 하겠다. 물론 그렇지 않은 경우도 있지만, 거의 모든 설교는 반드시 서론-본론-결론의 형태를 가지고 만들어진다. 그러면서 본론을 어떻게 전개하느냐, 즉 대지를 가지고 하느냐(대지 설교), 강해하는 식으로 전개하느냐(강해 설교), 이야기로 하느냐(이야기 설교) 등에 따라서 그 설교 형식이 무엇이라고 말할 수 있다. 이미 설교 형식에 관한 서적들이 많이 나와 있기 때문에 여기서는 설교의 전개 방식이나 어떤 특징에 따라서 몇 가지 형식을 간단히 언급하고자 한다.

1) 성경 본문을 중심한 강해식 설교

1990년대 한국에 한 가지 설교 형식이 유행처럼 번진 적이 있다. 그것은 창세기로부터 시작해서 요한계시록까지 주일 아침, 주일 저녁, 수요일 등을 막론하고 모든 예배 시간에 성경을 연속적으로 강해하는 설교였다. 물론 지금은 거의 그렇게 설교하는 교회는 없는 줄로 안다.

이런 설교가 한국교회에 등장한 것은 미국의 한 교회가 이렇게 하면서 크게 성장하였다는 것을 모델로 삼아 했거나, 아니면 성경 말씀의 중요성을 강조하면서 하나라도 빠짐없이 하나님의 말씀을 전하고자 하는 사명감에서 했을 것이라 본다. 그러나 필자의 견해로는 최근 한국교회 상황을 보면서 전자일 가능성이 훨씬 크다고 생각한다. 솔직히 교회 성장의 한 수단으로 말씀을 이용하려 하지 않았는지 모르겠다.

강해식 설교는 무엇보다 하나님의 말씀에 철저히 근거한 설교를 하고자 한다는 점에서 매우 중요한 설교 방식이다. 메릴 엉거(Merrill F. Unger)는 강해 설교를 다음과 같이 정의하고 있다.

"강해 설교(expository preaching)는 성경에 관해서 설교하는 것이 아니라 성경을 설교하는 것을 강조한다. '주께서 말씀하신 것'이 강해 설교의 알파요 오메가다. 강해 설교는 성경에서 시작하여 성경에서 마치며, 그 중간에 끼어드는 모든 것도 성경으로부터 나온다. 바꾸어 말하면 강해 설교란 성경이 중심된 설교(Bible-centered preaching)다."[11]

따라서 강해 설교는 1) 성경이 메시지의 유일한 원천(source)이며, 2) 그 메시지는 주의 깊은 석의(exegesis)를 통해서 성경으로부터 끌어내야 하고, 3) 메시지는 성경의 본래적 의미(normal sense)와 배경을 정확히 해석하는 (interpret) 가운데 준비하도록 하며, 4) 메시지를 통해서 하나님이 성경에서 원래 의도하신 의미를 분명하게 설명하고(explain), 5) 성경의 의미를 오늘의 상황에 적용하도록(apply) 해야 한다.[12]

강해 설교가 갖는 장점은 설교의 내용과 양식(style)에 있어서 최선의 성서적 설교라고 할 수 있으며, 하나님의 메시지를 전달하는 최고의 성서적 설교로서 성서적 권위를 갖는 설교요, 목회자를 하나님의 말씀의 사람으로 세워 나가며, 동시에 말씀을 듣는 양떼들이 가장 높은 수준의 성경 지식을 가질 수 있도록 하며, 또한 그들을 성경적으로 생각하고 살도록 인도한다. 그리고 설교자가 좋아하는 본문뿐만 아니라 기타 모든 본문들을 고루 설교할 수 있도록 하며, 인간적인 생각이나 주장을 설교 속에서 하지 않도록 막아 주기도 한다.[13]

그러면 강해 설교는 어떤 방식으로 할 수 있을까? 강해 설교는 1) 창세기부터 요한계시록까지 성경 전체를 차례로 연속하여 이어가거나, 2) 성경 66권 중에서 어느 책 하나를 선택해서 장과 절을 따라서 계속 설교해 가거나, 3) 아니면 어떤 성경의 장을 택해서(예를 들면 히브리서 11장 믿음장, 고린도전서 13장 사랑장 등) 각 절을 강해해 나갈 수 있다. 그러나 또 어떤 경우는 4) 성경을 연속적으로 이어가는 것은 아니지만, 그날 선택한 본문을 강해식으로 설교할 수도 있다.

강해식 설교의 전개는 보통 본문을 해석하고 적용하는 단계로 진행된다. 구체적으로 말하면 어느 한 구절(또는 단어)을 택했으면 그것을 석의(성경이 기록될 때의 원래 의미를 말함), 주석(그 의미를 통해 하나님께서 말씀하시고자 하는 뜻을 말함), 그리고 적용(오늘 우리 삶에서 어떻게 할 것인가)하는 단계로 진행한다. 그리고 그것이 끝나면 다음 구절(또는 단어)로 넘어가 같은 과정을 반복하게 된다.

그러나 어떤 경우는 성경 구절 하나하나를 석의-주해-적용의 단계로 하지 않고 본문에서 몇 개(3-5개 정도)의 중요한 부분을 중심으로 해석과 적용을 하면서 설교를 전개할 수도 있다. 그러나 이때도 본문에 대한 배경 이해, 단어의 의미 등은 철저히 파악해야 한다. 예를 들면 창세기 12:1~9에서 하나님께서 아브라함을 부르시는 장면을 생각해 보자. 우리는 다음과 같이 설교를 구성할 수 있을 것이다.

* 하나님의 부르심(1절) :
  하나님께서 아브라함을 부르심(Then)-배경, 단어의 의미 등 해석
  우리를 부르시는 하나님(Now)-적용
* 하나님의 약속(2-3절):
  아브라함에 대한 축복의 약속(Then)

우리에게 주시는 약속(Now)

* 순종하는 신앙(4절):

아브라함의 순종(Then)

오늘 우리의 순종(Now)

* 예배하는 신앙((7-8):

하나님을 만난 아브라함의 예배(Then)

하나님을 믿는 신자들의 예배(Now)

이런 방식은 단어 하나하나, 또는 어떤 구절 하나하나를 가지고 강해를 하는 방식보다는 그 범위가 넓다고 할 수 있겠다. 이런 형식은 매주 연속적으로 하는 강해 설교가 아니라, 어느 날 특별히 선택한 본문을 가지고 강해식으로 설교하고자 할 때 더욱 유용한 형식이라고 하겠다.

강해 설교를 하면서 주의할 점이 있다. 그것은 강해 설교가 몇 번 진행되고 나면 설교자와 교인들이 지루해지기 쉽다는 사실이다. 필자 역시 강해 설교를 해보았고, 또한 강해 설교하는 것을 들어보았지만, 얼마의 횟수가 지나면 설교자도 쉽게 피로감을 느끼고, 청중도 쉽게 흥미를 잃는 것을 보았다. 청중은 다음 시간 설교 본문을 알기 때문에 설교에 대한 신선감을 잃기 쉽고, 설교자 역시 본문이 이미 정해져 있으므로 설교 준비를 소홀히 하기 쉽다.

그러므로 강해 설교는 설교자의 철저한 준비가 필요하고, 청중으로 하여금 매시간 설교에 대한 기대감을 잃지 않도록 그 내용을 충실하고 흥미 있게 해야 한다는 것을 잊지 않아야 할 것이다. 설교자와 청중 모두 상당한 인내와 꾸준함이 요구되는 것이 강해 설교의 현장이다.

2) 주제를 중심한 설교 형식들

주제를 중심으로 전개하기 좋은 설교 형식으로는 대지 설교와 분석 설교가 있겠다. 이런 설교 방식은 매우 논리적이고 분석적이므로, 어떤 주제를 듣는 사람들에게 분명하게 전달할 수 있고, 설교자 역시 정해진 주제를 확실하게 설명할 수 있다는 점에서 장점을 가진다.

먼저 대지 설교는 설교 본문을 중심으로 몇 개의 대지를 찾아내고, 각 대지를 선포-해석-적용의 단계로 전개하는 방식이다. 대지를 세 개로 하는 삼대지 설교(three-points sermon)는 우리에게 가장 익숙하고 보편적인 설교 형식이라고 하겠다. 그만큼 설교자가 설교를 논리적으로 전개하고, 듣는 사람들 역시 쉽게 듣고 이해할 수 있는 방식이기에 지금도 많은 설교자들이 이 형식을 선호하고 있으며, 교회 강단에서 가장 광범위하게 행해지고 있다.

대지 설교는 보통 세 개의 대지, 많을 경우는 다섯 개 정도의 대지를 사용할 수 있다. 그리고 먼저 대지를 제시하고("사랑은 희생입니다" "천국은 심령이 가난한 자의 것입니다" 등), 거기에 따른 성경 구절을 인용하고(선포), 그리고 그 말씀에 대한 의미나 배경을 설명하고(해석), 예화 등을 곁들이면서 오늘의 청중에게 적용하는 방식으로 전개한다. 이 과정이 끝나면 다음 대지로 넘어가면서 같은 과정을 반복한다.

물론 어떤 경우는 대지를 말하고 나서 먼저 거기에 따른 예화를 언급하고 해석과 적용하는 순서로도 할 수 있다(대지-성구-예화-해석-적용). 설교자가 상황에 따라서 큰 틀은 유지하되 융통성 있게 변화를 줄 수 있다.

다음으로 분석 설교 역시 어떤 주제를 가지고 설명하기에 적합한 형식이다. 이 형식은 대지 설교보다 훨씬 논리적으로 전개되는 것이 특징이며, 그만큼 깊이 있게 주제를 다룰 수 있다는 장점을 가지고 있다.

분석 설교는 네 가지 단계를 거치면서 설교가 진행된다. 먼저 설교 주제에 대한 정의(what), 왜 그렇게 해야 하는가 하는 동기(why), 그것을 어떻게 할 것인가 하는 구체적 실천 방법(how), 그리고 그렇게 할 때 어떤 하나님의 은혜나 축복이 주어지는가 하는 결과(what-then) 등을 설교를 통해서 전개한다.[14] 예를 들어 그날의 설교 주제가 '이웃 사랑'이라면 다음과 같이 전개할 수 있을 것이다.

* 정의(what) – 이웃 사랑이란 무엇인가?
* 동기(why) – 왜 우리는 이웃을 사랑해야 하는가?
            (여기서는 예화를 들며 설명할 수 있다.)
* 실천 방안(how) – 어떻게 이웃을 사랑한 것인가?
            1.
            2.
            3.
* 결과(what-then) – 우리가 이웃을 사랑할 때 주시는 하나님의 은혜
            (구체적인 예를 들 수 있다.)

물론 주제를 중심으로 한 설교일지라도 다른 설교 형식들을 사용해서 얼마든지 할 수 있다. 그러나 여기서는 주제 설교를 위해서 더 적합한 형식이 무엇인가를 고려하면서, 위의 두 가지 형식을 언급하였다.

3) 다양한 이야기식 설교들

그동안 기독교 설교의 대부분은 매우 논리 중심적으로 분석하고 설명하

면서 듣는 사람들을 설득하고자 하였다. 그러나 어느 순간에 접어들면서 사람들은 이런 형식의 설교를 별로 흥미 없어 했으며 들으려 하지 않았다. 이런 현상은 누구보다도 설교자들을 당혹스럽게 만들었다. 그래서 북미를 중심으로 해서 새로운 돌파구를 열고자 만들어진 설교 형식이 이야기식 설교다.

그동안의 전통적 설교가 대지를 중심으로 하여 논리적으로 전개하는 방식을 택했다면, 이야기 설교는 대지 형식이 아니라 이야기 형식으로 설교를 전개하는 것이다. 그렇게 함으로써 듣는 청중이 더욱 관심을 가지고 설교를 듣고 참여하도록 하였다.

이야기 형식을 설교에 도입한 배경은 먼저 모든 사람들은 이야기를 좋아한다는 점이다. 그것은 신자나 불신자, 연령이나 성별, 배운 사람이나 배우지 못한 사람 모두에게 해당이 된다. 예수님 자신도 많은 설교를 이야기로 하셨다. 복음서의 많은 내용은 이야기 형식으로 되어 있다. 더 나아가 성경 전체도 많은 부분이 이야기 형식으로 구성되어 있다. 그런 관점에서 보면 '성경은 이야기 책'이라고 해도 틀리지 않을 것이다. 물론 여기서 말하는 이야기란 그 내용이 허구로 만들어진 이야기라는 의미가 아니고, 그것을 표현하는 형식이 이야기 형식(story form)으로 되어 있다는 말이다.

성경 본문이 이야기 형식이라면 설교 역시 이야기 형식으로 할 수 있지 않을까?[15] 아니 그렇게 해야 하지 않을까? 이런 관점에서 나오게 된 것이 바로 이야기식 설교다. 설교학자 찰스 라이스(Charles Rice)는 이야기가 하나님의 말씀을 전하는 데 있어서 가장 유용하고 효과적인 수단이라고 주장하면서 설교에 있어서 이야기의 회복(the recovery of the story)을 주장하였다.[16]

이야기 설교 형식은 하나가 아니라 다양하다. 학자들에 따라서 독특한 여러 가지 방법들과 특징이 있다.[17] 필자가 이런 것들을 참조하여 이야기 설교 형식의 몇 가지 방법을 소개하면 다음과 같다.

1) 성경 본문을 하나의 이야기로 전개하는 방식

   (1) 성경 이야기의 줄거리를 그대로 전개하는 방식

   (2) 설교자가 이야기를 나름대로 재구성하여 하는 설교

   예) 유진 라우리(Eugene L. Lowry)의 구성식 설교(Homiletical Plot)

     1. Oops! : 평형을 뒤집음(upsetting the equilibrium)

     2. Ugh! : 모순을 분석(analyzing the discrepancy)

     3. Agh! : 해결의 실마리를 제시(disclosing the clue to resolution)

     4. Whee! : 복음을 경험(experiencing the gospel)

     5. Yeah! : 결과를 기대(anticipating the consequence)

2) 기존 틀에 맞춘 이야기식 설교: 서론과 본론과 결론의 형식을 갖추면서 본론에서 이야기를 전개

   * 서론 – 성경 이야기 – 결론

3) 이야기 지연 형식 : 문제 제기나 상황으로부터 출발-성경 이야기로 들어감

4) 이야기 중단 형식 : 성경 이야기 – 문제나 상황을 나눔 – 다시 성경 이야기로 결론

5) 이야기 교차 형식 : 성경 이야기와 다른 설교 자료(세상 이야기-소설, 영화,

기타 가능한 이야기 등)를 교차하면서 전개(2-3회 교차)

　　* 성경 이야기 - 세상 이야기 - 성경 이야기 - 세상 이야기

　　* 세상 이야기 - 성경 이야기 - 세상 이야기 - 성경 이야기

최근 시도되고 있는 영화 설교는 한 편의 영화 줄거리와 성경 내용을 교차하면서 설교를 전개하고 있는데, 이것도 여기에 속하는 하나의 형식이라고 말할 수 있겠다.

6) 몇 개의 이야기로 전개하는 형식

　　* 이야기 1 - 이야기 2 - 이야기 3(예수님: 목자 - 치료자 - 구원자)

7) 이야기(story)와 교훈(lesson)을 혼합하여 전개하는 형식 : 이야기를 말한 후 거기에 대해서 간단한 교훈(또는 적용)을 하고, 다시 이야기를 이어가면서 간단히 교훈하는 형식

　　* 이야기 - 교훈 - 이야기 - 교훈 - 이야기 - 교훈

이야기식 설교를 하는 데 있어서 중요한 것은 본문을 보고 해석하는 통찰력(insight)과 상상력(imagination), 그리고 그것을 묘사하는 표현력(description)이다. 성경을 이야기로 그대로 한다면 1~2분이면 끝나고 말 것이다. 그러므로 설교자는 성경의 본문을 보고 그 배경과 의미 등을 찾아내는 예리한 통찰력이 있어야 한다. 그리고 그것을 오늘의 상황과 연관해서 살펴볼 수 있는 상상력이 있어야 하며, 그러한 내용을 적절하고 풍부하게 표현할 수 있는 능력을 갖추어야 한다. 그럴 때 하나님의 말씀은 청중의 가슴에 깊은 감동을 주게 될 것이다.

4) 독백식 설교와 대화식 설교

설교를 전개하는 방식은 다양하다. 제삼자의 입장에서 객관적으로 설교를 전개하는가 하면, 어떤 경우는 설교자가 직접 성경에 등장하는 인물이 되어서 그 사람의 입장에서 설교를 전개할 수 있다. 우리는 보통 이런 형식의 설교를 독백 설교(monologue preaching) 또는 일인칭 설교(first-person preaching)라고 부른다.

설교자가 설교 속의 인물이 직접 되어서, 그가 했을 생각과 느낀 감정, 그리고 그의 행동들을 상상하면서 이를 설교로 표현하는 것은 설교자에게도 새로운 경험이 되고 그것을 듣는 청중들에게도 신선하게 다가올 것이다.

설교학자 해돈 라빈슨(Haddon W. Robinson)은 일인칭 이야기식 설교가 갖는 장점을 이렇게 말하고 있다.

> "이야기를 전개하는 최상의 방법 중의 하나는 설교자가 이야기 속으로 들어가 등
> 장 인물들 중의 한 사람의 관점에서 이야기를 하는 일인칭(the first person)을 사
> 용하는 것이다. 설교에서 일인칭의 관점을 사용하여 이야기하는 것은 시각의 변화
> 를 주고, 매우 익숙해 왔던 내용들에 대해서 신선함과 통찰력을 제공하게 된다."[18]

일인칭 설교에서 설교자는 본문의 주인공의 자리뿐만 아니라 그 주변의 사람이 되어서 설교할 수도 있다. 예를 들면 요한복음 5장에 나오는 간음 중에 잡힌 여인에 관한 이야기라면 그 본문을 가지고 여인의 입장이 되어서 설교로 구성하여 전할 수도 있겠고, 그 자리에 함께했던 제자의 입장에 서서, 또는 돌을 들고 그 여인을 치려고 했던 군중의 입장에 서서 설교할 수도 있다.

일인칭 설교는 무엇보다 본문을 보고 해석하는 설교자의 예리한 눈과 풍부한 상상력이 필요하다. 시대적, 문화적 상황에 대한 이해, 등장 인물에 대한 세밀한 감정 묘사, 그리고 그것을 담아 표현하는 언어의 구사력과 생동감 있는 표현 등을 기반으로 잘 구성된 설교는 그 효과를 극대화할 수 있을 것이다. 그리고 특별한 경우는 설교의 효과를 위해서 적절한 복장이나 소품 등을 사용하여 설교할 수도 있다.

일인칭 설교를 진행해 나가는 방법에 대해서 해돈 라빈슨은 사건이 일어난 시간적 순서를 따라서 전개하는 방법(Chronological Structure), 시간의 순서를 따르지 않고 회상하는 방법 등으로 전개하는 방법(Psychological Structure), 어떤 질문을 던지면서 그것에 대해 답하는 식으로 전개하는 드라마틱한 방법(Dramatic Structure) 등을 제시하고 있다.[19]

다른 설교도 마찬가지겠지만 특별히 독백 설교는 그 내용이 성경에 근거한 객관적인 것이어야지, 너무 과장되거나 설교자 자신의 지나친 주관적 생각이나 감정이 드러나지 않도록 해야 한다. 자칫 잘못하면 하나님의 말씀을 전하는 설교가 연극으로 착각될 수 있다는 점을 잊지 않아야 한다.

커뮤니케이션 이론이 개발되고 발전하면서 기독교 설교 방식에 대한 새로운 시도들이 이루어지게 되었는데, 그 중의 하나가 바로 대화식 설교이다. 이 설교 방식은 그 동안 설교자 일방의 형식에서 벗어나 회중을 설교에 참여시키고자 하는 의도로 만들어졌다.

대화식 설교 방식으로는 두 가지를 대표적으로 들 수 있겠다. 하나는 설교자인 담임 목사와 부교역자가 강단에 서서 한 사람이 묻고 설교자가 이에 대해서 설명하는 방식이다. 이때는 두 사람이 모두 강단에 서서 준비된 내용을 가지고 묻고 말씀을 통해서 답변하는 식으로 진행된다.

또 하나의 방법은 설교자와 교인들이 묻고 답하는 형식이다. 교인 몇 사람이 질문을 위해서 미리 준비하고, 회중석에서(또는 강단에서) 한 사람씩 질문하면 설교자가 이에 대해서 답하게 된다. 그러나 이런 질문은 즉흥적인 것이 아니라 잘 준비해야 한다. 그러지 못할 경우 오히려 설교의 자리가 혼란하게 될 수 있기 때문이다.

질문자들이 하게 될 질문의 내용은 평소 교인들이 관심을 갖는 주제나 알고자 하는 내용 등으로 해야 한다. 예를 들어 부활에 관한 설교를 대화식으로 한다면 부활에 대한 교인들의 의문점이나 관심 사항 등을 알아보고 이를 정리해서 대화식 설교를 하도록 해야 한다. 그러면 교인들이 새로운 분위기에서 설교에 대해 많은 관심을 가지고 참여하게 될 것이다. 그러나 이런 설교는 매주일보다는 특별한 경우에 한 번씩 하는 것이 좋으리라고 본다.

5) 미디어를 활용한 설교

그 외에 최근 미디어들을 활용하는 다양한 설교 형식들이 시도되고 있다. 동영상을 활용하여서 설교를 한다든가, 심지어는 영화를 활용하여 설교를 하는 경우도 있다. 이런 형식들은 시대적인 변화와 문화를 설교에 적극 활용함으로써, 그것을 보고 듣는 사람들에게 보다 가까이 다가가고자 하는 목표를 두고 있다.

설교 역시 문화의 반영일 수 있다. 그러므로 설교자들은 설교를 듣는 청중이 세상의 문화 속에서 생활하고 있다는 사실을 기억하면서 문화적인 요소들을 적절히 반영하는 지혜가 있어야 할 것이다. 물론 무분별한 도입, 기독교 설교의 본질을 왜곡하는 형식 등은 지양해야겠지만 진정한 하나님의 말씀을 더 효과적으로 듣기 위한 방법이라면 이를 활용할 수 있어야 할 것이다.

해돈 라빈슨(Haddon W. Robinson)은 오늘날 사람들을 따분하고 지겹게 만드는 설교들을 언급하면서, "많은 사람들이 기독교 신앙에 대하여 음미하기보다는 오히려 지겨워하고 있다. 지루하고 무미건조한 설교들은 사람들의 눈을 감게 만들고 고개를 숙여 버리도록 할 뿐만 아니라 삶과 희망을 파괴하고 있다."[20]고 지적한다. 그러면서 그는 오늘의 설교자들이 보다 다양한 설교 형식을 통해서 설교에 대한 흥미와 생동력을 갖도록 하라고 다음과 같이 조언을 한다.

> "(설교자는) 설교하는데 있어서 다양한 방법들이 있다는 것을 이해할 필요가 있다. '최상의 설교 형식'이란 존재하지 않는다. 설교는 다양한 형식들을 취할 수 있어야 한다. 하늘로부터 떨어진 설교 형식이란 없다."[21]

그렇다. 설교는 하나의 고정된 형식이 아니다. 복음의 본질은 변할 수 없으되 그 복음을 전하는 설교의 형식은 시대와 상황에 따라서 변화될 수 있어야 한다. 설교자들이 설교하는 사람이 아니라, 설교를 듣는 청중의 입장에서 생각을 해보라. 주일 낮이나 밤이나 똑같은 형식, 지난주나 오늘이나, 지난 달이나 이번 달이나, 심지어 십 년 전이나 지금이나 똑같이 "첫째는……, 둘째는……, 셋째는……" 하는 형식의 설교를 듣는다고 생각해 보라. 듣는 사람들이 반복되는 설교 형식에 지겨워하지는 않을까? 거기에 어떤 생동감이 있을 수 있을까?

물론 매번 설교의 형식을 바꾸라는 말은 아니다. 그러나 설교자는 적어도 설교의 다양한 형식들을 알고 그것들을 적절한 시간에 적절하게 적용할 수 있어야 한다. 그러기 위해서는 다양한 설교 형식들을 공부하고 이해하고 훈련하여 그것을 설교 현장에서 활용하는 능력을 갖추어야 한다.

다시 말하지만 설교는 하나의 고정된 형식이 아니다. 하나님의 말씀은 다양한 형식들을 통해서 보다 다양한 방법으로 오늘의 사람들에게 전달될 수 있어야 한다. 하나님 역시 여러 선지자들을 보내셔서 다양한 모양으로 말씀을 전하셨다는 사실을 설교자는 잊지 않아야 할 것이다.

"옛날 하나님께서는 예언자들을 통하여 여러 가지 방법으로(in many ways) 수없이 우리 조상들에게 말씀하셨습니다"(히 1:1, 현대인의 성경).

적 용 하 기

---

1. 설교에 있어서 서론의 중요성을 인식하고, 매번 설교할 때 얼마만큼 준비하고 있는가?
2. 결론의 의미를 알고 설교에서 결론이 충분히 살아나고 있는가?
3. 나의 설교 형식은 어떠한가? 일 년 동안 한 설교를 살펴보면서 어떤 형식으로 설교를 해왔는지 분석해 보라.
4. 그리고 최근 소개되는 많은 설교 형식들에 대해서 관심을 가지고, 책을 읽거나 강의를 들어보도록 하라.

5장 미주

1) Henry Grady Davis, *Design for Preaching* (Philadelphia: Fortress Press, 1958), p. 1.

2) David Buttrick, *Homiletics: Moves and Structures* (Philadelphia: Fortress Press, 1988), p. 83.

3) 참고로 과거 거의 모든 예배당이나 성당들을 보면 입구에서 건물까지 걸어갈 수 있는 얼마의 길이 있었다. 이런 물리적 거리를 통해서 사람들은 자신들의 마음을 준비할 수 있는 심리적 준비와 여유를 가질 수 있다.

4) Paul Scott Wilson, *The Practice of Preaching* (Nashville: Abingdon Press, 1995), p. 182.

5) J. Daniel Baumann, *An Introduction to Contemporary Preaching* (Grand Rapids: Baker Book House, 1990), pp. 137-38.

6) Ibid., pp. 139-42.

7) Ben Awbrey, *How Effective Sermons Begin* (Ross-shire: Mentor, 2008), p. 21.

8) John A. Broadus, *On the Preparation and Delivery of Sermons, 4th ed. revised by Vernon L. Stanfield* (New York: Harper San Francisco, 1979), p. 108.

9) 정장복, 『한국교회의 설교학 개론』 (서울: 예배와 설교 아카데미, 2005), pp. 231-34.

10) Ibid, pp. 234-40.

11) Merrill F. Unger, *Principles of Expository Preaching*, p. 33, John MacArthur and The Master's Seminary Faculty, *Preaching: How to Preach Biblically* (Nashville: Nelson Reference, 2005), p. 9에서 재인용.

12) John MacArthur and The Master's Seminary Faculty, *Preaching: How to Preach Biblically*, p. 10.

13) Ibid., p. 15.

14) 정장복, 『한국교회의 설교학 개론』, pp. 174-79 참조.

15) 신설교학 진영의 학자들은 설교의 형식은 본문의 형식에 따라 결정될 수 있어야 한다고 주장한다. 데이빗 랜돌프(David James Randolph)는 "좋은 설교의 구조(structure)는 본문의 형태(shape)에 충실하는 것이다"라고 언급하고 있다. David James Randolph, *The Renewal of Preaching: A New Homiletic Based on the New Hermeneutics* (Philadelphia: Fortress Press, 1969).

16) Charles Rice, *Interpretation and Imagination: The Preacher and Contemporary Literature*

(Philadelphia: Fortress Press, 1970), pp. 66-67.

17) 대표적으로는 프레드 크래독의 귀납법적 방법(Inductive Method), 유진 라우리(Eugine L. Lowry)
의 구성식 설교(the Homiletical Plot), 그리고 데이빗 버트릭(David Buttrick)의 장면 전개식 설교
(the Phenomenological Movement Sermon) 등이 있다.

18) Haddon W. Robinson and Torrey W. Robonson, *It's All in How You Tell It: Preaching First-Person Expository Messsages* (Grand Rapids: Baker Books, 2005), p. 13.

19) Ibid, pp. 52-54 참조. 일인칭 설교에 대한 구체적인 내용을 소개하고 있는 책 가운데 하나는 J. Kent
Edwrads, *Effective First-Person Biblical Preaching: The Steps from Text to Narrative Sermon*
(Grand Rapids: Zondervan, 2005)이 있다.

20) Haddon W. Robinson and Torrey W. Robonson, *It's All in How You Tell It: Preaching First-Person Expository Messsages*, p. 10.

21) Ibid,t

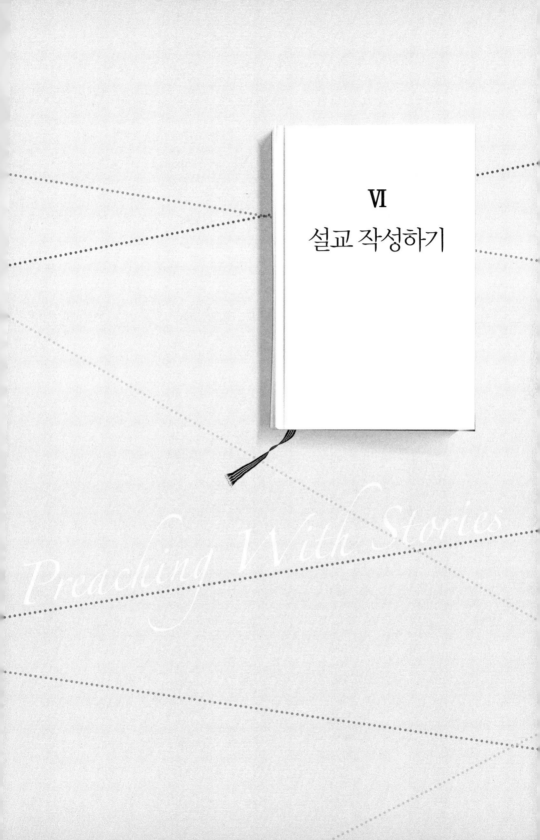

VI
설교 작성하기

VI

설교 작성하기

설교를 쓰기 위한 모든 준비가 끝났다. 설교자는 이제 준비된 자료들을 가지고 그것을 원고로 옮겨야 한다. 그러기 위해서는 먼저 설교의 윤곽을 잡아야 한다.

서론은 어떻게 시작하고 거기서 무엇을 말할 것인가? 본론은 어떤 형식으로 전개할 것인가? 대지 형식으로 할 것인가? 강해식으로 할 것인가? 아니면 이야기식으로 할 것인가? 설교의 결론은 어떻게 마무리할 것인가? 그리고 각 단계에서 무엇을 말하고, 어떻게 언어를 구사하고 표현할 것인가? 그 내용들을 적절히 설명하기 위해서는 어떤 예화나 자료들을 사용해야 할 것인가?

설교 원고를 쓰는 과정은 매우 중요하다. 설교자는 이미 이전 준비 단계에서 많은 것들을 준비하였지만, 원고를 쓰는 과정에서 새로운 아이디어를 얻기도 하고, 적절한 예화나 자료들을 구할 수도 있으며, 어떤 경우는 원고를 쓰는 과정에서 처음 구상과는 전혀 다른 방향으로 설교를 전개할 수도 있다. 그리고 무엇보다도 원고를 쓰면서 세심하고 의미 깊은 표현들을 생각해 내고 이것을 글로 표현할 수 있게 된다.

가끔 원고를 쓰지 않고 설교하는 사람들을 보게 된다. 그런 사람들의 공통된 특징은 설교의 깊이가 없다는 사실이다. 그리고 설교 시간마다 반복된 내용, 반복된 언어들을 사용하면서 듣는 사람들의 흥미를 감소시키고 만다.

원고를 쓰는 것은 다른 누구보다도 설교자 자신을 위해서 좋은 시간이다. 물론 글을 쓴다는 것이 많은 에너지와 시간과 수고를 요구하지만, 그 과정을 통해서 설교자는 발전하게 된다. 요즈음은 컴퓨터가 있기 때문에 그나마 글을 쓰는 것이 얼마나 편해졌는가? 또한 설교를 써놓고 다시 교정하거나 표현을 고칠 때 얼마나 손쉽게 할 수 있는가?

설교자는 수고롭지만 설교를 원고로 쓰는 일에 최선을 다해야 한다. 그런 노력을 계속하다 보면 언제부턴가 거기에 합당한 열매가 반드시 맺어지는 것을 느끼게 될 것이다.

1. 설교의 윤곽(outline)과 원고 쓰기

설교는 먼저 본문과 주제가 정해져야 한다. 그리고 본문이 정해졌으면 정해진 본문에 대한 석의 작업을 통해서 그 의미를 충분히 이해해야 한다. 이 작업을 통해서 설교자는 하나님께서 최초에 말씀을 주실 때 어떤 의미와 의도로 그 말씀을 인간들에게 주셨는가를 파악하게 된다. 석의 과정이 끝나면 설교자는 주해 작업을 통해서 과거에 주신 하나님의 말씀이 오늘 우리들에게 어떤 의미 또는 메시지를 주고 있는가를 찾아야 한다. 여기서는 설교자의 기도와 묵상이 필요하다. 그리고 설교자는 받은 메시지를 전하는 데 필요한 자료들을 수집하고, 그것이 끝나면 이제 설교자는 본격적으로 설교를 작성하는 과정으로 들어가야 한다.

설교자가 원고를 쓰기 전에 먼저 해야 할 일은 설교의 윤곽(또는 배열이나 구성이라고 표현할 수도 있겠다. arrangement, design)을 잡는 작업이다. 이때 설교자는 설교 전체의 윤곽을 한눈에 볼 수 있는 큰 종이를 사용하는 것이 좋다. 물론 작은 종이로도 할 수 있지만, 필자의 경험으로는 한눈에 설교의 서론과 본론과 결론의 내용을 요약하여 볼 수 있는 큰 종이를 사용하는 것이 편리하였다.

설교의 윤곽을 그리는 작업이 중요한 것은 무엇보다 그 동안 준비한 모든 내용들을 일목요연(一目瞭然)하게 정리할 수 있다는 점이다. 이 작업은 원고를 쓰기 위해서도 도움이 되지만 설교자가 머릿속으로 자신이 할 설교의 전체 윤곽을 그릴 수 있다는 점에서 매우 유용한 작업이 된다. 즉, 설교자가 설교 원고를 작성하는 과정에서 먼저 숲을 보고, 그 다음 나무를 보면서 설교를 쓸 수 있는 이점이 있다는 것이다.

그리고 아우트라인을 반드시 만들어야 할 이유는 설교자가 아우트라인을 가지고 원고를 쓸 때, 전체 흐름을 보면서 설교를 체계적이고 일관성 있게 쓸 수 있다는 사실이다. 만일 설교의 윤곽을 잡지 않고 원고를 쓰게 된다면 이런 일이 발생할 수 있다. 즉, 처음에는 설교의 방향을 A라는 방향으로 머릿속에 구상하였는데, 원고를 다 쓰고 나니 설교가 전혀 다른 방향 B로 흘러가 버린 것이다. 속된 표현을 빌리면 설교가 '삼천포로 빠져 버린 것'이다. 설교의 윤곽을 잡지 않고 설교를 작성하다 보면 이런 일이 종종 발생한다. 그러므로 설교자는 반드시 설교의 윤곽을 먼저 잡아서 설교의 큰 방향과 틀을 잡도록 해야 한다.

또한 설교자는 이 과정에서 설교 시간을 공간적으로 그려 보아야 한다. 즉, 자신의 설교에서 서론은 어느 정도, 본론은 어느 정도, 결론은 어느 정도의 시간과 길이로 배분할 것인가를 종이에다 자기가 생각하는 비율로 그려놓고 거기에다 아우트라인을 쓸 수 있다. 시간적 개념을 공간적으로 그려 보는 것은 설교의 시간을 배분하는 데 도움이 될 것이다. 그리고 설교 중에 사용되는 어떤 예화나 자료는 어느 정도 시간으로 배분할 것인가를 세밀하게 생각해야 한다. 아우트라인은 이와 같이 설교의 구성이나 시간을 배분하는 것을 위해서도 매우 필요한 작업이다.

또 하나 아우트라인 작업을 하면서 해야 할 일은 설교의 자료들을 적절한 곳에 배열하는 일이다. 만약 대지 설교라면 각각의 대지에 사용할 예화나 자료들을 어느 곳에 어떻게 배치할 것인가를 세밀하게 생각하고 배열하도록 한다.

아우트라인을 작성하게 될 때 또 하나의 이점은 그 다음에 진행될 설교 원고를 쓰는 시간을 대폭 절약하게 한다는 사실이다. 어떤 초년생 설교자가 하루 종일 설교 원고를 쓰면서 끙끙대고 있는 것을 보았다. 왜 그런가 했더니 설교 원고를 쓰면서 아우트라인 없이 그냥 컴퓨터에서 설교를 쓰고 있었다. 단순히 머릿속에 떠오르고 생각나는 것들을 컴퓨터에 옮겨 적고 있었다. 그래서 필자가 조언을 해주었다. "원고를 쓰는 시간을 줄이려면 먼저 설교의 아우트라인을 반드시 작성하라."

설교의 아우트라인이 없이 설교 원고를 쓰는 것은 마치 설계도면 없이 건물을 짓는 것과 마찬가지다. 그때 그때 생각나는 대로 집을 짓다 보면 집도 제대로 지어지지 않을 뿐만 아니라 시간도 훨씬 더 걸리게 된다.

설교자는 설교의 윤곽이 잘 잡힐 때만이 그 설교가 짜임새 있게 전개되고 작성될 수 있다는 사실을 다시 한 번 기억하고, 항상 이 작업에 정성을 기울여야 한다. 설교의 일관성은 그 윤곽이 분명할 때만이 가능하기 때문이다. "설교에서의 구성(design, 또는 outline)은 우리가 목적지를 향해 여행할 때 우리가 가야 할 곳을 보여 주고 적절한 길로 우리를 인도하는 길잡이(road map)와 같다."[1]

존 브로더스(John A. Broadus)는 설교의 윤곽이 주는 이점으로 설교가 전체적으로 일관성(unity)을 갖도록 하며, 설교 내용이 질서 정연하게 연결되도록 하고(order), 각 부분의 시간 또는 길이의 적절한 배분(proportion)을 할 수 있도록 하며, 설교가 자연스럽게 진행(progress)되도록 한다고 한다.[2]

이제 설교의 윤곽이 잡혔으면, 설교자는 그것을 가지고 원고를 쓰는 작업을 해야 한다. 원고를 쓰는 작업은 자신이 설교할 내용을 보다 세밀하고 완벽하게 하는 과정이다. 설교의 윤곽이 뼈대라면, 살을 붙이고 옷을 입히는 작업이 바로 원고를 쓰는 일이라고 하겠다. 여기서는 무엇보다 설교자의 문학적 표현과 내용의 깊이를 더할 수 있는 시간이다. 설교자는 하나님의 말씀을 자신의 언어적 감각 속에서 듣는 사람들에게 최선의 표현으로 전달하고자 하는 마음을 가지고 글을 써나가야 한다.

존 브로더스는 많은 설교자들이 원고를 쓰지 않고 소수의 설교자들만이 자신들의 원고를 쓰고 있다고 지적하면서, 원고를 쓰게 되면 몇 가지 유익이 있음을 말하고 있다.[3]

1. 원고를 쓰는 것은 설교를 준비하는 과정에서 주제에 보다 집중할 수 있도록 도와준다.
2. 원고를 쓰는 것은 설교에 대한 보다 철저한 준비를 하도록 한다.
3. 원고를 쓰는 것은 보다 좋은 설교 스타일의 향상을 가져다준다(문법의 정확성, 정교함, 문체의 간결함, 유연성, 수사학적 방법 등)

4. 설교를 출판하는 일 등에 있어서 설교자에게 도움이 된다.

원고를 쓰는 과정은 쉬운 일이 아니다. 필자 역시 설교의 석의와 주해 작업, 그리고 자료 수집과 아우트라인을 다 만든 후 원고를 쓰는데, 이 일은 보통 3~4시간 정도의 시간이 걸린다. 어떤 때는 원고를 쓰고 나면 마치 산고(產苦)를 겪듯이 지치고 기진(氣盡)하게 되는 것을 경험한다. '하나님의 말씀, 설교 한 편을 만드는 것이 이렇게 힘든 일인가?' 하는 생각을 하기도 한다.

어머니의 해산의 고통으로 인해서 한 생명이 이 세상에 태어나듯이 설교자의 이런 수고는 하나님의 말씀 한 편이 세상에 태어나도록 하는 일이다. 그렇다면 이것은 얼마나 값지고 보람된 일인가?

원고를 쓰면 그 과정을 통해서 설교자는 설교 전체의 내용을 더욱 세밀하게 다시 정리하면서 기억하게 되고, 아우트라인을 만들 때까지는 생각하지 못했던 아이디어들이 원고를 직접 쓰면서 떠올라 설교에 첨가할 수 있다. 그리고 지금까지 설교를 준비하면서 혹시 잘못 해석했거나 생각했던 부분들을 점검하면서 수정 보완할 수 있는 시간을 갖게 된다. 또한 설교자는 꾸준하게 설교 원고를 씀으로써 자신의 언어 감각이나 문학적 능력을 향상할 수 있는 이점도 있다

필자는 원고를 쓰기 전에 또 원고를 쓰면서 하나님께 몇 번 기도한다. 무엇보다 지금까지 준비한 모든 자료들을 이제 글로 잘 표현하여 하나님의 말씀을 듣는 사람들의 가슴에 보다 의미 깊게 잘 전달할 수 있도록 해달라고 말이다.

설교자가 1년, 3년, 5년, 10년 꾸준하게 원고를 쓰는 작업을 한다면 어느 때부턴가 자신도 몰라보게 언어 능력과 문학적 표현력이 향상되어 있음을 느끼게 될 것이다. 그래서 필자는 신학교에서 강의하면서 특별히 설교 초년생들은 반드시 원고를 쓰도록 강조하고 있다. 이런 설교자들은 얼마의 시

간이 지나면 자신이 시인이 되어 있다는 것을 발견할 수도 있을 것이다. 목회자들 중에 상당한 시인들이 나오게 된 배경은 바로 이런 것 때문이 아닌가 생각한다. 설교자가 시인이 되는 것, 이는 자신이 평생 해야 할 설교를 위해서도 매우 가치 있는 일이 될 것이다.

하나님은 말씀하시되 설교자라는 한 인간을 통해서 말씀하신다. 그러므로 설교자가 갖는 모든 신앙과 경험, 지식 등은 한 편의 설교를 위해서 사용된다. 글을 쓰고 표현하는 설교자의 문학적 능력 또한 마찬가지다. 하나님은 이것까지도 자신의 말씀을 전하도록 하기 위해서 사용하신다는 사실을 기억하고, 설교자는 자신의 문학적 능력을 향상시키기 위해서 노력해야 할 것이다. 특별히 이를 위해서 설교자들은 소설이나 에세이 등을 비롯해서 많은 독서를 할 것을 권하고 싶다. 무엇보다 시인들의 시를 읽고 음미해 보는 일은 설교자의 상상력과 문학적 표현에 많은 도움이 될 것이다.

최근 컴퓨터의 발달은 설교자에게도 많은 도움을 준다. 자신이 설교 원고를 다 쓴 후에도 다시 원고를 점검하고 읽고 그 내용을 묵상하면서, 수시로 그 내용을 보완하거나 수정할 수 있는 것은 얼마나 편리하고 도움이 되는지 모른다. 하나님의 말씀을 전하는 설교에 문명의 이기들을 잘 활용하는 것도 설교자의 지혜다.

원고를 쓰면서 한 가지 주의해야 할 점은 설교는 '들려지기 위해서' 쓰는 것이라는 사실이다. 즉, 청중들의 귀를 생각하면서 써야 한다는 말이다. 어떤 설교자들의 설교문을 읽어 보면 문학적 수준이나 표현이 매우 감동적인데, 실제 그것을 설교할 때 들어보면 별 감동을 주지 못하는 것을 보게 된다.

이런 것은 설교자가 지나치게 좋은 글을 쓰는 데만 치중한 결과다. 정선된 단어, 화려한 문장과 수식, 구구절절이 의미가 담긴 표현들은 차분히 글을 읽으면서 생각할 수 있는 사람들에게는 더욱 의미 있게 다가올 것이다.

그러나 설교는 들으면서 진행되는 것이기 때문에 듣는 사람 스스로가 오래 생각하거나 음미할 시간적 여유가 부족하다. 그러므로 설교자는 자신의 설교를 듣는 사람들의 입장에서 생각하면서 작성할 수 있어야 한다.

그래서 20세기 후반으로 들어서는 순간 현대 설교학의 변화를 주장하며, 그 전환의 계기를 제공한 헨리 그레이디 데이비스(Henry Grady Davis)는 좋은 글을 쓰는 것(good writing)과 좋은 말을 하는 것(good speech)은 분명히 다르다고 하면서, 설교자는 청중의 귀를 생각하면서 글을 써야 한다(writing for the ear)고 강조하고 있다.4) 따라서 설교의 원고는 문어체보다는 구어체를 지향하면서 표현하는 것이 좋다고 하겠다. 만일 원고가 문어체로 작성된 것이라면, 그것을 전달할 때는 구어체로 전환해서 표현하는 것이 듣는 사람들에게 유익할 것이다.

적 용 하 기

---

1. 설교자가 설교 전체를 구상하고 윤곽을 그리는 것은 설교 전체의 내용과 그 진행을 이해하고, 설교 원고를 작성하는 데 도움이 된다. 설교의 아우트라인을 작성함으로써 큰 틀에서 설교의 그림을 먼저 그리도록 하라.

2. 설교 원고를 쓰는 시간에 최선을 다하도록 한다. 그것은 설교자 자신의 사고 체계를 형성하고, 설교에서 문학적 표현을 향상하는 데 밑거름이 될 것이다.

3. 설교문을 점검하면서 "문장의 표현은 잘 되었는가?", "지나친 과장이나 저급한 표현 등은 없는가?" 등을 면밀히 살펴보도록 한다.

4. 마지막으로 청중의 입장에서 설교를 다시 보면서, 청중이 듣고 이해하기에 적절한 표현인지를 확인한다.

2. 설교 전개 시 고려할 점들

설교가 완성되면 설교자는 두 가지를 다시 확인해야 한다. 하나는 설교가 성경 본문에 충실히 근거하면서 본문과 충분한 관련성을 가지고 있는가를 살피는 것이요, 또 하나는 작성된 설교가 정해진 주제에 따라 일관성 있게 진행되고 있는가를 확인하는 것이다.

1) 본문과 함께하는 설교: 본문에 집중하라

어느 날 한 교회에 가서 설교를 듣게 되었다. 그날 설교자는 문학적인 수사 능력과 이야기를 전개하는 방식들이 모두 뛰어났다. 교인들은 그 설교를 재미있게 들었다. 그러나 그 설교를 듣고 난 후 필자의 가슴은 뭔가 비어 있다는 생각, 뭔가 채워지지 않았다는 공허감을 깊이 느꼈다. 그날 설교자는 성경 본문을 읽은 후 약 50분에 가까운 설교를 했다. 이런저런 이야기들을 많이 하고 여러 가지 지식을 나열하면서 청중의 흥미를 사로잡았다. 그러나 정작 그날 읽은 성경 본문에 대한 내용은 5분도 하지 않았다.

세상의 아무리 고상한 지식과 흥미로운 이야기로 사람들의 귀를 솔깃하게 하였을지라도 그것으로 사람들의 마음을 채워줄 수는 없다. 설교는 하나님의 말씀에 근거한 것이어야 하고, 설교자가 어떤 본문을 선택하였을 경우는 그 본문과 관련하여 메시지를 전하도록 해야 한다. 청중은 그날 설교를 통해서 하나님의 말씀을 들을 때 그 심령에 은혜를 받는 것이지 몇 가지 지식과 예화를 통해서 은혜를 받는 것이 아니다.

또 하나 생각해야 할 것은 설교가 그날의 본문에 보다 집중해야 한다는 사실이다. 어느 날 어떤 설교자의 설교를 듣게 되었다. 그날 성경 본문은 열왕기서에 나오는 한 왕에 관한 내용이었다. 설교자는 성경을 읽은 후 설교를 하기 시작하였다. 그런데 그의 설교는 창세기에서 시작하여, 아브라함부터 이스라엘 백성들이 이집트로 가서 노예 생활을 400년 동안 하게 된 과정을 이야기하였다. 그리고 다시 출애굽기로 넘어가 모세를 통해서 하나님이 이스라엘 백성들을 구원하시고 홍해를 건너 40년 광야 생활을 했다는 것을 설명하였다. 그리고는 사사기의 사사시대를 거쳐, 열왕기로 넘어와서 이스라엘의 초대 왕 사울, 2대 왕 다윗, 3대 왕 솔로몬에 관한 이야기를 하였다. 그리고 나서 겨우 본문에 등장한 왕으로 돌아왔는데, 그때쯤 이미 설교는 마쳐야 할 시간이 되어 있었다.

물론 본문의 배경이 되는 것을 청중이 이해할 필요가 있을 때는 설명해야 한다. 그러나 기억해야 할 것은 그 내용이 최소한의 것이어야 한다는 점이다. 배경을 너무 길게 설명하다가 정작 본문으로 선택한 내용을 설교하지 못한다면 어떻게 될까?

필자는 그날 설교를 들으면서, 광활한 바다에서 방향을 잃고 표류하는 조그만 배 한 척을 연상하였다. 설교는 성경의 전체 내용을 설교하는 것이 아니다. 그날의 본문을 중심으로 설교해야 한다. 그렇지 않다면 설교를 위한 성경 본문을 택할 이유가 무엇이겠는가?

다시 말하지만 설교자는 그날 자신이 선택한 본문에 최대한 집중해서 설교 해야한다. 그리고 나머지는 다음 시간에 설교하면 된다. 세상의 잡다한 이야기를 하다가 성경 본문에 대한 설교를 소홀히 한다거나, 본문을 놔두고 성경의 다른 이야기들을 하다가 시간을 다 보내버리는 것은 결코 훈련된 설교자의 모습이 아니다. 설교는 본문과 함께, 본문에 집중해서 해야 한다.

여기서 설교자들이 몇 가지 생각해야 할 것들이 있다.

(1) 본문이 설교를 지배하도록 하라

설교자는 자신이 원하는 것을 말하지 않고(Don't preach what I want), 본문이 말하고자 하는 것을 설교해야 한다(Preach what the text says.). 종교개혁가 존 칼빈(John Calvin)은 "내가 성경을 자세히 설명할 때, 나는 그 성경으로 말미암아 나 자신을 포위해 버리고 만다"[5]고 말하였다. 그는 설교를 할 때마다 인간 칼빈에 의해서 하나님의 말씀(성경)이 지배당하는 것이 아니라 하나님의 말씀(성경)에 의해서 그 자신이 완전히 지배당했음을 이렇게 표현하였다.[6]

필자가 신학교 설교학 시간에 설교 실습을 하면서 학생들에게서 자주 보는 일 중의 하나가 본문 따로, 설교 따로 하는 경우다. 어느 날 설교의 실제 시간에 이사야 53:4~6의 말씀을 설교 본문으로 주었다. 마침 사순절 기간이라서 의미가 있는 본문이었다. 대부분의 학생들은 주님의 고난과 십자가에 초점을 맞추어 설교를 잘 전개하였다. 그런데 한 학생은 이 본문을 가지고 인간의 고난에 초점을 맞추어서 설교하였다. 설교 평가를 하면서 많이 혼을 내고, 설교 내용을 다시 작성해서 제출하도록 하였다.

만일 우리가 인간의 고난에 초점을 맞춘다면 굳이 그 본문을 선택할 이유가 없을 것이다. 히브리서나 야고보서, 또는 욥기의 고난에 관한 내용을 가지고 얼마든지 설교할 수 있을 것이다. 그날 그 본문을 선택한 이유는 그 본문을 통해서 하나님이 무엇을 말씀하시고자 하는가를 찾아서 그것을 설교하기 위함이다.

다시 말하지만 설교자는 자기가 원하는 것을 설교해서는 안 된다. 그날의 본문이 말하고자 하는 것을 설교해야 한다. 이 말을 다른 말로 하면 설교자가 본문을 지배해서는 안 된다는 것이다. 본문이 설교를 지배하도록 해야 한다.

(2) 본문의 분위기를 따르라

다음으로 설교자는 본문의 내용뿐만 아니라 본문의 분위기를 반드시 파악해야 한다. 이사야 53:4~6의 본문을 가지고 설교한 날, 또 다른 학생 하나는 서론을 시작하면서 청중을 한바탕 웃기는 유머를 사용하고 설교를 진행하였다. 아마 일단 한번 사람들을 웃기고 설교를 하겠다는 의도에서 그렇게 한 것으로 보였다.

그러나 그날 주님의 수난을 설교해야 할 그 본문에서 그렇게 설교를 시작해야 했을까? 설교 평가를 하면서 "분위기 파악을 잘하라"고 지적을 하였다. 물론 우리가 어떤 설교에서는 청중의 관심과 흥미를 유발하기 위해서 유머를 사용할 수도 있다. 그러나 그것은 그날의 설교와 관련하여 적절하게 사용해야 한다. 분위기를 모르고 아무렇게나 유머를 사용하다가는 오히려 메시지의 분위기를 망쳐 버릴 수 있다.

다시 말하지만 설교자는 그날의 본문에 대한 내용을 철저히 파악해야 할 뿐만 아니라 말씀을 준비하면서 그 본문의 분위기를 깊이 생각할 수 있어야 한다. 그리고 그것을 설교의 분위기로 이어가야 한다. 기쁨과 승리의 분위기에 싸여 있는 본문은 설교에서도 그렇게 나타나도록 해야 한다. 고난과 슬픔이 있는 곳에서는 또한 그런 분위기가 메시지 속에 배어 있어야 한다. 이것을 보고 설교에서 적용할 수 있는 사람이 메시지를 제대로 살릴 수 있는 좋은 설교자가 될 것이다.

이를 위해서 설교자는 설교를 준비하면서 먼저 성경 본문이 말씀하고 있는 바가 무엇인가(What the text says.)를 철저히 이해(understanding)하고, 다음으로 성경 본문이 의미하는 바가 무엇인가(What the text means.)를 설명(explanation)할 수 있어야 한다.[7]

(3) 본문의 표현 형식을 따르라

현대 설교학자들, 특히 신설교학 계열의 학자들은 "본문의 형식이 설교의 형식이 되게 하라"는 말을 많이 한다. 본문이 이야기 형식으로 되어 있으면 설교도 이야기 형식으로 할 수 있다. 본문이 권면이나 교훈하는 형식으로 되어 있으면 설교 역시 그런 형식으로 할 수 있다.

이것은 설교 형식뿐만 아니라 설교를 표현하는 데 있어서도 마찬가지다. 이사야 53:4~6을 설교하는 날, 또 다른 한 학생은 본문의 내용과 분위기를 따라서 매우 설교를 잘하였다. 그런데 마지막 대지에서 "우리도 십자가를 지고 주님을 따라야 합니다"라고 하면서 명령형으로 설교하였다.

필자는 설교 평가를 하면서 이런 말을 했다. "오늘 설교는 내용이 매우 좋았다. 그러나 마지막에 가서 그 내용이 지금까지의 모든 것을 뒤엎어 버리는 것처럼 보인다. 오늘 본문은 주님의 수난을 보여 주는 내용으로 기술되어 있다. 그렇다면 설교 역시 우리 주님의 고난을 깊이 있게 묘사하는 것으로 청중들은 충분히 감동을 받고 은혜를 받게 될 것이다. 우리 주님이 왜 십자가를 지셔야 했는가, 그 십자가의 고통과 아픔은 어떤 것이었는가를 잘 묘사한다면, 청중들은 굳이 십자가를 지라고 말하지 않아도 말씀을 듣는 가운데 느끼고 스스로 결단하게 된다. 그런데 한국 설교자들은 꼭 어떻게 하라는 말을 덧붙여야 직성이 풀린다. 그래서 명령과 요구를 설교에 하고야 만다.

그러나 오늘 본문에는 어디에도 우리에게 어떻게 하라는 명령이나 요구가 없다. 단지 수난당하시는 주님의 모습을 하나님은 우리에게 보여 주고 있을 뿐이다. 본문이 그렇다면 설교자가 해야 할 일도 그 주님의 수난과 십자가의 고통을 설교 속에서 깊이 있게 그리고 보여 주면 된다. 그러면 청중은 자연히 주님의 수난을 자기와 연관시키면서 가슴 깊이 느낄 수 있다. 이것을 잘할 수 있는 설교자가 고차원적인 설교자다. 그렇지 못한 설교자는 언제나 무엇을 해야 한다고 요구한다. 그러나 이것은 한 단계 수준이 낮은 설교다. 청중은 굳이 하라고 해서 하는 것이 아니다. 말씀을 통해서 자신들이 느끼고 감동을 받으면 하라고 하지 않아도 스스로 하게 된다."

물론 교훈이나 권면의 형식으로 되어 있는 본문은 권면이나 명령형의 표현을 할 수 있을 것이다. 그러나 이것도 설교자의 명령이 되어서는 안 된다. 그것은 하나님께서 하시는 요구요 명령으로 말씀해야 한다.

설교자는 본문의 형식뿐만 아니라 그 본문이 표현되는 형식에도 주의를 갖고 대해야 한다. 그리고 설교를 통해서 그것을 그대로 반영할 수 있는 능력이 있어야 한다. 좋은 설교는 본문의 내용과 형식, 그리고 그 표현하는 방식이 제대로 살아날 때 얻을 수 있는 결과다. 본문과 함께하는 설교라는 것은 바로 이것을 의미하는 것이다.

2) 설교의 일관성

어느 날 한 교회의 오후 예배에 참석해서 설교를 듣게 되었다. 그날 설교자는 그 교회의 교육부서를 맡고 있는 한 젊은 전도사였다. 그날 그 전도사가 한 설교의 제목은 '오직 한길로'였다. 오직 신앙의 한 길로 가야 한다는 의도로 설교하려 한 것이었지만, 그날 설교를 들으면서 필자는 그가 무엇을 설교하려는지 알기가 어려웠다.

설교 제목은 '오직 한길로'였지만 정작 설교 내용을 전개하는 것은 한 길로 가지 않았던 것이다. 이 이야기 저 이야기로 왔다 갔다 하면서 듣는 사람들을 혼란스럽게 하였다. 그래서 청중은 그가 무엇을 설교하려 했는지 알기가 쉽지 않았다.

이것이 설교에서 주의해야 할 일관성(unity)의 문제다. 설령 설교 중에 우리는 이 이야기 저 이야기를 하면서 설교를 할 수 있다. 그러나 그 이야기들은 그날 설교의 주제와 일관성을 갖는 것이어야 한다. 이럴 때 설교는 전체적으로 통일성을 갖게 되고 듣는 사람들로 하여금 "아하, 오늘 우리 목사님께서 말씀하고자 하는 것이 이것이었구나" 하면서 쉽게 이해하게 된다. 아무 이야기나 갖다 붙이면 되는 것이 아니다. 서론 따로, 본론 따로, 결론 따로 되어서도 안 된다. 어떤 설교자들의 준비 안 된 설교를 들어보면 서론과 본론과 결론이 제 각각임을 쉽게 볼 수 있다.

한국 초기 교회 설교자로서 1907년 평양 대부흥 운동의 주역이었던 길선주 목사는 자신의 설교론에서 이런 말을 하고 있다.[8] 즉, 설교를 진행(進行)하는 데 있어서 세 가지 중요한 요소가 있는데, 그것은 합동(合同), 순서(順序), 전진(前進)이 그것이다. 여기서 합동(unity)은 설교의 일체성, 일관성, 또는 단일성을 의미하며, 순서(order)는 설교 내용을 차례로 배열하는 것을 말하고, 전진(movement)은 설교에서 어떤 주제를 일관성 있게 진행해 가는 것을 의미한다.[9]

여기서 길선주 목사는 설교의 일관성이 필요한 이유를 1) 일관성을 가질 때 설교 전체가 통일성을 가지며, 2) 듣는 교인들이 설교를 이해하는 데 유익하고, 3) 설교자 자신도 설교에 대해서 자신감을 가지고 전할 수 있다고 한다. 그러면서 설교의 일관성을 위해서는 1) 주장하는 주제가 하나여야 하며, 2) 설교의 목적도 하나이고, 3) 주제를 정하였으면 그 주제에서 벗어난 말은 하지 않도록 해야 한다고 한다.[10] 물론 길선주 목사는 설교학자는 아니고 현장의 설교자였다. 오늘날과 같은 체계적인 설교학 교육을 충분히 받은 것도 아니다. 그러나 그가 주장하는 내용은 오늘의 설교자들에게도 매우 중요한 것이라 여겨진다.

현대 설교학자인 프레드 크래독도 자신의 설교학 이론에서 '설교가 갖추어야 할 특성들' 중 첫 번째 요소로 설교의 일관성을 들고 있다. 그 역시 설교가 일관성이 있을 때, 설교자가 자신감을 가지고 설교할 수 있으며, 청중 역시 주의 깊게 듣고 이해할 수 있게 된다고 한다. 이를 위해서 그는 설교자가 자신의 설교를 간단한 하나의 문장(one simple sentence)으로 서술할 수 있어야 한다고 주장한다.[11] 설교자는 자신의 설교가 무엇을 말하고자 하는지 한 문장으로 표현할 수 있을 때, 자신의 메시지가 가장 잘 정리되었음을 언제나 확인해야 할 것이다.

설교의 일관성을 위해서 이런 점들을 고려해야 한다.

1) 설교의 주제를 분명하게 해야 한다. 한 편의 설교는 정해진 주제를 따라서 서론부터 본론, 그리고 결론까지 진행되기 때문이다. 오늘의 설교를 통해서 무엇을 말할 것인가를 생각하고 분명하게 하라.

2) 주제를 정하되 보다 구체적이고 명확하게 해야 한다. 예를 들어 '기도'라는 주제보다는 '하나님께서 들으시는 기도', '사랑'이라는 주제보다는 '진실된 사랑' 등 보다 구체적으로 정하는 것이 바람직하다.[12]

3) 자신의 설교 전체를 한 문장으로 정리해 보라. 오늘 내가 전하고자 하는 설교는 "이것이다"라고 하면서 한 문장으로 정리가 된다면 그 설교는 잘 작성된 것이다.

3) 설교의 간결성(simplicity)

"왜 간단한 것을 그렇게 복잡하게 말하세요?"

설교는 그날의 주제를 따라서 그 내용이 단순하고 간결해야 한다. 여러 사람들의 설교를 들어보면서 내린 결론은 설교의 초보자들일수록 설교 내용이 복잡하다는 점이다. 설교에 경험이 많은 사람들의 설교를 들어보면 내용은 그렇게 대단한 것 같지 않다는 생각이 드는 설교도 설교를 듣고 나면 무언가 분명한 것이 하나 남게 된다는 것을 느낀다.

필자가 목회 초년병 시절에 경험한 일이다. 마침 목회를 했던 교회 부근에 60대 후반의 할아버지 한 분이 계셔서, 그분을 전도하고자 가정을 자주 방문하기도 하고 교회에 초청하여 예배에 참석하시도록 하였다. 그분은 사회적 경험도 많았고, 매우 유머가 있는 분이었으며, 자신의 이야기를 솔직하게 하시는 분이었다.

어느 날 주일 예배에 초청해서 예배를 드린 뒤 주중에 그분 가정을 방문하게 되었다. 여러 가지 이야기를 하다가 마침 설교에 대한 이야기가 나왔다. 그분이 지난 주 내게서 들었던 설교에 대해서 말씀을 하셨다. 지난주 설교를 잘 들었다면서, 설교는 간단한 내용인데 그것을 목사님은 매우 복잡하게 이야기하더라는 것이었다. 그러면서 "예수 믿으라는 것이잖아요? 그런데 왜 그렇게 복잡하게 말씀하세요?"라고 하셨다.

아마 그 주일이 전도 주일이 아니었는가 싶다. 그래서 설교도 전도 설교를 하였던 것으로 기억된다. 그 분은 내가 설교에서 말하고자 하는 바를 정확하게 알고 있었다. 그런데 그 간단하고 단순한 내용을 설교 시간에 너무 복잡하게 말하더라는 것이다. 경험 부족한 초년병 설교자의 모습이었으리라 충분히 짐작이 된다.

그렇다. 설교는 그렇게 복잡한 것이 아니다. 그런데 오늘 우리 설교자들은 이 단순한 복음을 너무 복잡하고 어렵게 표현하고 있는지 모른다. 필자가 다른 사람들이나 교수들의 강의를 들어보면서 가끔 느낀 점이 있다. 서투른 강사나 교수일수록 쉬운 것을 어렵게, 간단한 것을 복잡하게 말한다. 그러나 경륜이 있는 교수나 강사들을 보면 어려운 것도 쉽게, 복잡한 것도 간단하게 말할 줄 안다.

예수님의 설교가 그러했듯이 오늘 우리 설교는 누구나 쉽게 그 내용을 알아들을 수 있어야 하고, 또한 말하고자 하는 내용 역시 단순해야 한다. 그러나 오늘의 설교자들의 지적 수준과 여러 가지 능력들은 간단한 복음을 너무 어렵고 복잡하게 전달하도록 만들고 있는지 모른다.

다시 말하지만 설교는 주어진 주제를 따라 간결하고 단순하게 전개되어야 한다. 그럴 때 전하는 사람도 그 내용을 쉽게 파악하고 잘 전달할 수 있으며, 그 설교를 듣는 회중들 역시 그 내용을 쉽게 파악하고 이해할 수 있다. 단순한 복음을 복잡하게 전하지 않도록 현대 기독교 설교자들은 깊이 생각해 볼 일이다.

적 용 하 기

---

1. 설교는 언제나 성경 본문에서 출발한다. 그리고 그 설교는 본문의 지배를 받아야 한다. 그러므로 설교자는 먼저 자신의 설교가 철저히 본문에 근거하여 준비되고 전개되는지를 점검해야 한다. 본문이 설교자를 지배하고 있는가? 아니면 설교자가 본문을 지배하고 있는가?
2. 설교자는 자신이 작성한 설교가 정한 주제에 따라 서론-본론-결론의 전 부분이 일관성 있게 연결되고 있는지를 확인해야 한다. 자신의 설교를 한 문장으로 "이 설교는 이것이다"라고 정리 해 보라.
3. 하나의 설교에서 지나치게 복잡한 이슈나 줄거리를 갖고 있지 않은지 확인해야 한다. 다른 주제의 설교는 다음번에 해도 된다. 설교자는 성경이나 신앙의 모든 주제를 그날 한 시간의 설교를 통해서 한꺼번에 다 하는 것이 아니다. 설교자는 그날 정해진 하나의 주제를 가지고 간단하면서도 명확하게 청중들이 이해하고 느낄 수 있도록 해야 한다.

3. 설교에서의 언어 구사

프레드 크래독(Fred B. Craddock)은 자신의 책 『설교』(*Preaching*)에서 인물이나 사건, 관계, 혹은 장소 등에 대한 묘사(description)가 없는 설교를 생각하기란 어렵다고 하면서, 어떤 사물이나 사건에 대한 생생한 묘사는 듣는 청중으로 하여금 그것을 생생하게 경험하도록 해준다고 말하고 있다.[13]

설교에서의 문학적 표현은 매우 중요하다. 같은 내용이지만 그것을 어떻게 표현하느냐에 따라서 말씀의 깊이와 청중의 감동이 달라진다. 하나님의 말씀과 함께 그것을 적절한 언어적 표현으로 섬세하게 구사하는 설교자들의 설교를 들을 때면 감동이 밀려옴을 느낀다. 복음의 보화가 아름다운 문학적 장식을 거쳐 더욱 빛을 발하기 때문일 것이다.

그러므로 설교자는 같은 메시지지만 그것을 어떻게 표현하고 전달할 것인가에 대해서 늘 관심을 가지고 노력해야 한다. 이를 위해서 시나 소설 등을 읽으면서 그들이 똑같은 사물이나 현상에 대해서도 어떻게 표현하고 묘사하는가를 주의 깊게 보고 배우도록 해야 한다. 똑 같은 나무요 꽃이지만 시인의 눈과 언어를 통해서 나올 때 그것은 예술이 된다. 설교자 역시 마찬가지다. 똑같은 본문이지만 어떤 설교자를 통해서 그 본문은 오늘 살아 있는 말씀으로 교인들에게 다가온다. 그러나 어떤 설교자는 똑같은 본문이지만 그것을 죽은 언어로 만들어 버리기도 한다. 설교자의 가슴과 입을 통해서 나오는 말이 그 같은 결과를 만들고 마는 것이다.

먼저 설교자가 생각해야 할 것은 자신의 상상력(imagination)과 함께 자신의 설교를 생생하게 살아나도록 묘사할 수 있어야 한다는 점이다. 예를 들어 선한 사마리아인의 비유에 나오는 제사장에 대해서 생각해 보자. 어떤 설교자는 그가 제사장으로서 무책임하고 사랑이 없는 사람이라고 비난하면서 설교를 진행할 수 있다. 그러나 어떤 설교자는 그 제사장이 강도 만난 사람을 두고 지나가면서, 그가 가졌을 마음을 읽으면서 이렇게 말할 수 있다. "강도를 만난 사람을 보고 그 제사장은 어떤 마음을 가졌을까요? 그 순간 그는 이웃을 사랑하라는 하나님의 말씀을 가슴에 떠올리지는 않았을까요? 하지만 제사장은 지금 한 시를 다투는 급한 일이 있어서 지체할 수 없었던 것은 아니었을까요? 아니면 자신이 도저히 빠져서는 안 될 중요한 종교 회의가 있어서 시간에 늦지 않게 급히 가야만 하는 상황은 아니었을까요? 강도 만난 자를 보고도 그대로 가야 하는 그의 마음은 어떠했을까요? 그 마음이 편안했을까요? 종교인으로서 자신의 위선적 모습을 보면서 자신의 모습에 실망하며 괴로워하지는 않았을까요?"

그러면서 설교자가 청중을 향하여 이렇게 설교를 이어갈 수 있다. "오늘 우리들이 그런 상황에 직면하게 된다면 우리는 어떻게 할 수 있겠습니까? 개인적인 일로 도저히 시간을 지체할 수 없는 상황에서 그런 일을 만난다면 우리는 그때 어떻게 하겠습니까? 우리 역시 자신의 바쁜 사정을 내세우면서 정작 도와야 할 사람을 외면해 버리지는 않았습니까?" 이런 설교를 들을 때 제사장은 2,000년 전 예수님 시대의 사람이 아니라 오늘 우리 자신과 생생하게 연관을 맺게 된다. 이와 같이 설교자는 자신의 설교를 통해서 하나님의 말씀을 보다 생생하게 전달할 수 있는 능력을 갖추어야 한다.

다음으로 설교자가 설교를 구사하는 데 있어서 주의할 점이 있다. 흔히 설교자들의 설교를 들어보면서 그들의 표현과 관련하여 두 가지 문제점을 느낀다. 어떤 설교자들은 그 표현이 너무나 평범하고 단순하며 빈약한 경우다. 그들은 청중들의 마음에 상상력을 불어넣지 못하고 청중들의 마음을 움직이지 못한다. 매주일 주제는 다르지만 설교의 표현 수준은 변함이 없다. 청중들은 그의 설교에 대해서 별로 매력을 느끼지 못한다. 그저 그러려니 하면서 앉아서 듣고 있는 정도다. 이런 설교자들은 자신의 언어 구사력의 향상을 위해서 부단히 노력해야 할 것이다.

그런가 하면 어떤 설교자들의 설교를 들어보면 문학적인 표현과 수사 능력이 매우 뛰어나다. 어떤 물건이나 사건에 대해서 묘사하는 것을 보면 정말 세밀하면서도 매혹적일 정도로 그 표현력이 수려하다는 것을 느낀다. 마치 한 편의 시나 에세이를 듣는 듯한 느낌을 받기도 한다. 그런데 설교를 듣고 나면 그런 기교들 때문에 하나님의 말씀은 잘 보이지 않는다. 지나친 수식이 하나님의 말씀을 가려 버린 것이다. 마치 화려한 포장이 내용물을 가려 버리듯이 말이다.

프레드 크래독은 이런 설교 표현에 대해서 다음과 같이 말하고 있다. "그런 웅장하고 상상력이 지나친 비약은 마치 굶주리고 목마른 사람들을 위해 바구니 안에 물을 나르는 것과 비슷하다. 전달할 때는 좋게 느껴지지만 막상 집에 오면 남은 것이 없다."[14]

그러면서 그는 이런 설교자들을 향하여 문학적 표현력은 보조적인 것이지 설교의 주(主)가 아니라는 것을 알고, 특별히 수식어인 형용사는 꼭 필요한 경우에만 사용할 것을 제안하고 있다.[15]

설교가 지나치게 문학적 표현에 집착하다 보면 설교가 아니라 언어의 유희(遊戲)가 될 수 있다. 설교자는 언제나 진리인 하나님의 말씀을 더 잘 전달하기 위해서 문학적인 표현을 사용하는 것이지 문학적 표현을 위해서 설교하는 것이 아니라는 점을 잊지 않아야 한다. 설교에서 문학적 묘사는 설교의 주인이 아니라 종으로서 기능할 때[16] 하나님의 말씀이 더욱 극대화될 수 있는 것이다.

우리 설교자들은 사도 바울의 말씀에 주목할 필요가 있다. "형제들아, 내가 너희에게 나아가 하나님의 증거를 전할 때 말과 지혜의 아름다운 것으로 아니하였나니, 내가 너희 중에서 예수 그리스도와 그의 십자가에 못 박히신 것 외에는 아무것도 알지 아니하기로 작정하였음이라"(고전 2:1-2). 사도 바울은 설교하며 복음을 전할 때 수준 높고 고상하며 화려한 인간의 지혜와 말의 수식보다는 예수 그리스도의 십자가 복음에 모든 초점을 맞추었다. 무엇을 설교해야 하는가가 분명할 때 어떻게 설교해야 하는가가 분명해질 것임을 보여 주는 좋은 예라고 하겠다.

특별히 최근 한국교회 예배에서 자주 느끼는 현상 가운데 하나는 교인들의 교육적 수준의 향상과 함께 기도나 설교의 표현 수준이 매우 높아졌다는 사실이다. 그러나 그런 기도나 설교를 들으면서 필자가 느끼는 생각 가운데 하나는 문학적으로는 그런 화려한 수식과 수준 높은 언어를 구사하는데, 과연 거기에 얼마나 진심이 담겨 있을까 하는 의구심이 들 때가 많다. 화려한 수식과 수준 높은 언어의 구사에 몰입하여 정작 기도자(또는 설교자) 자신의 진심이 없는 기도(설교)를 하게 된다면 그것이 기도(설교)일 수 있을까?

설교는 지나친 문학적 수사보다는 먼저 설교자의 진정이 담긴 언어, 즉 진실의 언어가 힘을 갖게 된다는 사실을 잊지 않았으면 한다. 그러면서 설교에서 사용하는 자신의 언어와 표현이 생생하게 살아 있도록 해야 한다. 무엇보다 지나친 미사여구나 문학적 수식으로 인해서 하나님의 말씀이 흐려지지 않도록 주의해야 한다. 여기에 언어의 경제성, 즉 말을 아끼고 필요한 말만 할 줄 아는 지혜가 필요하다.

특별히 설교에서 과장된 표현이나 성경적으로나 신앙적으로 적절치 못한 표현들은 주의해야 한다. 어떤 설교자들의 설교를 들으면 그야말로 과장과 뻥튀기를 해서 설교 내용과 함께 설교자를 신뢰하기 어렵게 만드는 경우도 있다. 그런가 하면 설교석상에서 적절치 못한 표현을 함으로써 하나님의 말씀을 손상시키기도 한다.

필자가 신학교를 다니던 때 어느 사순절 기간에 한 신학생이 예수님의 십자가에 관한 설교를 하는 것을 들었다. 그는 설교를 하다가 예수님께서 십자가에 못박혀 달리신 장면을 이렇게 표현을 했다. "정육점에 달린 고기처럼 십자가에 달리셔서……." 그 순간을 상상해 보라. 거룩하고 숭고해야 할 십자가를 그 설교자의 말 한마디가 완전히 무너뜨려버리는 것을 느꼈다. 표현의 신중함이 없는 경박한 그의 말은 주님의 고난을 오히려 천박하게 만들어 버리고 말았던 것이다.

설교자는 자신의 언어를 구사하는 데 있어서 신중함을 기해야 한다. 그리고 상황에 적절한 표현을 통해서 하나님께서 하시고자 하는 말씀의 뜻을 설교를 통해서 잘 살려 내도록 해야 한다. 그런 설교는 듣는 사람들의 가슴에서 살아나는 역사가 있을 것이다.

적 용 하 기

1. 설교자로서 자신의 문학적 수준과 언어 구사력의 향상을 위해서 얼마나 어떻게 노력하고 있는가?
2. 자신의 한 편의 설교문을 선택하여 다시 한 번 읽어 보면서, 자신의 표현과 구사력이 어떠한지 점검해 보라. 나의 언어가 생생히 살아서 청중에게 전달되고 있다고 생각하는가?
3. 어떤 경우 나의 설교는 지나치게 문학적 수식에 치중되어 있지는 않은지 살펴볼 일이다.
4. 과장이나 또는 지나치게 절제되지 않은 언어를 설교에서 사용하고 있지는 않은가? 나의 언어와 표현은 설교로서 적절한 표현들인가?

4. 설교 되돌아보기, 그리고 원고의 숙지

설교자들이 자신의 설교 원고를 다 작성한 순간 느끼는 희열은 아마 설교자가 아니면 아무도 그 마음을 모를 것이다. 필자의 경우 설교의 구성과 자료를 다 수집하고, 앉아서 원고를 쓰는 시간은 한 시간에서 많게는 서너 시간이 걸린다. 원고를 쓰면서도 새로운 생각이나 말씀이 떠오르면 그것을 기록하고, 원어의 의미를 찾아보기도 하고, 다른 성경 번역본들을 다시 비교하기도 한다. 또한 원고를 쓰면서 떠오르는 자료들을 찾아서 보충하는 작업을 한다. 그러면서 한 편의 원고가 완성되는데, 이는 한 생명을 낳은 산고와 같으리라.

필자는 설교 원고가 다 작성되면 그것으로 끝나지 않는다. 그 원고를 책상 위에 두고 산책하면서 다시 설교를 바라본다. 설교를 멀리서 다시 보는 것이다. 이때 먼저 해야 할 일이 내가 작성한 설교가 하나님께서 말씀하시고자 하는 메시지를 제대로 담고 있는가를 다시 한 번 확인하는 일이다. 물론 석의와 주해 과정 등을 거쳐서 설교 원고가 작성되었지만, 그래도 자칫 설교자 자신의 주관적인 생각이나 심지어 성경에서 벗어난 내용들은 없는지를 이때 점검해야 한다.

그리고 또 하나는 원고의 내용에 빠진 부분이나 보충할 자료는 없는지, 또 원고의 내용이 너무 길거나 불필요한 부분은 없는지를 확인한다. 만일 불필요한 내용이 들어가 있으면 그것을 과감하게 삭제하도록 한다. 자신이 이미 써놓은 원고를 삭제하는 것은 보기보다 쉬운 일이 아니다. 그래서 많은 설교자들이 불필요함에도 그것을 과감하게 버리지 못한다. 그 이유는 자신이 애써서 써놓은 것에 대한 미련과 집착 때문이다. 그러나 설교자는 여기서 분명한 결단을 해야 한다. 불필요한 내용이나 설교의 흐름과 맞지 않은 자료들, 또는 설교 시간을 지나치게 길게 하는 부분 등은 삭제하거나, 아니면 다음번 설교에서 적절하게 사용할 수 있도록 하는 것이 좋다. 자신의 글에 대한 애착이 하나님의 말씀에 장애가 된다면 그것을 과감하게 버리는 것도 설교자가 가져야 할 믿음이다.

여기서 또 하나 해야 할 일은 청중들의 입장에서 설교를 관찰하는 일이다. 그 설교를 들을 청중들이 이 말씀을 잘 이해할 수 있을까, 어느 부분의 표현은 청중들의 수준에 적절한가 아니면 다른 표현으로 바꾸어야 하는가 등 다시 한 번 설교를 살펴본다. 설교자의 시각이 아니라 설교를 듣는 청중의 시각으로, 내가 교회 의자에 앉아서 설교를 듣는 사람의 입장이 되어서 설교 내용을 점검해 보는 시간을 갖는다. 이 작업은 설교를 효과적으로 전달하는 데 매우 중요한 일이 될 것이다.

원고에 대한 최종 점검이 마무리되면 그때부터 설교자가 해야 할 일은 자신이 쓴 설교 내용을 숙지하는 것이다. 설교자는 몇 번 작성된 원고를 읽고 그것을 완전하게 숙지하는 것이 좋다. 자신의 원고를 몇 번이고 읽는 과정을 통해서 자신의 설교가 자기의 것이 되어야 한다. 즉, 하나님의 말씀이 먼저 설교자 자신 속에서 육화되어야 한다(incarnational preaching)는 것이다.[17] 그러면서 설교자는 자신이 준비한 말씀을 통해서 자신이 먼저 은혜를 받아야 한다. 많은 설교자들을 통해서 설교자 자신이 먼저 은혜를 받은 설교는 교인들도 은혜를 받더라는 경험담을 들었다. 매우 의미 있는 말이라 생각한다.

설교자는 자신의 원고를 읽는 과정을 통해서 그 내용을 숙지함과 동시에 전체 설교를 어떻게 전달할 것인가를 머릿속으로 그려 보아야 한다. 어느 부분에서는 어떤 분위기로, 어떤 음성과 자세로 전달할 것인가, 설교의 절정은 어디에서 이루어져야 할 것인가, 어떻게 시작하고 어떻게 마칠 것인가 등을 미리 그려 보면서, 설교자의 자세나 표정, 제스처 등을 연습해 보는 것도 좋다.

하나 생각할 것은 원고를 너무 완벽하게 암기하려고 하는 집착을 버려야 한다는 점이다. 물론 원고를 완벽하게 외워서 설교를 자유자재로 할 수 있다면 좋은 일이다. 그러나 어떤 설교자들을 보면 원고를 암기하는 것에 집착하여 설교를 전달하는 데 실패하는 것을 보게 된다. 특별히 신학교에서 설교의 실제 시간에 종종 볼 수 있는 일인데, 어떤 학생들은 설교 원고를 외우기 위해서 열심히 노력해서 강단에 서는데, 오히려 강단에서 원고를 외우는 것 때문에 자세가 부자연스럽거나 청중과의 시선 교환 등에 문제를 갖는 것을 보게 된다. 심지어 어떤 학생은 설교 내내 원고 내용을 생각하느라 고개를 하늘로 쳐들고 눈은 약간 감긴 듯한 자세로 원고만 생각하면서 설교를 하는 경우도 있다. 이런 때는 원고를 숙지한 후 그것을 메모해서 강단으로 가지고 올라가 중간 중간 보면서 하는 것이 더 효과적이다.

적 용 하 기

---

1. 설교는 본문을 통해서 하나님이 말씀하시고자 하는 바를 충분히 담고 있는가?

2. 설교자 자신이 전달하기에 그 내용이나 구성이 잘 되어 있는가?

3. 설교 내용이 청중들의 상황과 수준 등에 적절한가?

4. 준비한 설교 내용이 완전하게 설교자의 것이 되고, 그 말씀을 통해서 설교자가 은혜를 받았는가?

6장 미주

1) Jerry Vines and Jim Shaddix, *Power in the Pulpit: How to Prepare and Deliver Expository Sermons* (Chicago: Moody Press, 1999), pp. 148-49.

2) John A. Broadus, *On the Preparation and Delivery of Sermons, 4th ed. revised by Vernon L. Stanfield* (New York: Harper San Francisco, 1979), pp. 81-84.

3) Ibíd., pp. 217-18.

4) Henry Grady Davis, *Design for Preaching* (Philadelphia: Fortress Press, 1979), p. 265. 헨리 그레이디 데이비스의 책 *Design for Preaching* 은 최초 1958년에 출판되었으며, 그 책 15장에서 "Writing for the Ear"라는 제목으로 설교자들의 글쓰기에 대해서 기술하고 있다.

5) John Calvin, *The Mystery of Godliness and Other Selected Sermons* (Grand Rapids: Eerd Co. 1950), p. 133. 정성구 "칼빈의 설교 연구", 『신학지남』(1979. 3), p. 57에서 재인용.

6) 이현웅, 『21세기에 다시 본 존 칼빈의 설교와 예배』(서울: 이레서원, 2009), p. 32.

7) Paul Scott Wilson, *The Practice of Preaching* (Nashville: Abingdon Press, 1995), pp. 128-57.

8) 吉善宙, 『講臺寶鑑』(경성: 동명서관, 1926), pp. 238-46. 길선주 목사는 여기서 자신의 설교론을 "강도법"(講道法)이라고 하면서, 설교에 대한 자신의 이론을 소개하고 있다. 한국인 최초의 설교론이라는 점에서 의미가 있는 자료이다.

9) 이현웅, "길선주 목사의 설교론과 설교에 관한 분석 연구", 『한국 기독교 신학논총』, 제55호(2008, 1), p. 279.

10) 吉善宙, 『講臺寶鑑』, pp. 239-40.

11) Fred B. Craddock, *Preaching* (Nashville: Abingdon Press, 1985), pp. 155-57.

12) 설교학자 다니엘 바우만(J. Daniel Baumann)은 주제를 두 가지, 즉 일반적 주제(general subject)와 구체적 주제(specific subject)로 나누면서, 일반적 주제는 너무 폭이 넓어서(예: 기도, 구원, 윤리 등) 설교를 명확하게 하는 데 장애가 되기 때문에 설교를 준비할 때는 좀 더 구체적인 주제(특수 주제)를 잡는 것이 좋다고 한다(예: 기도의 정신, 구원은 하나님의 선물, 사업의 윤리 등). J. Daniel Baumann, *An Introduction to Contemporary Preaching* (Grand Rapids: Baker Book House, 1990), pp. 123-24.

13) Fred B. Craddock, *Preaching* (Nashville: Abingdon Press, 1985), pp. 200-201.

14) Ibid., p. 202.

15) Ibid.

16) Ibid.

17) 정장복, 『한국교회의 설교학 개론』(서울: 예배와 설교 아카데미, 2006), p. 304.

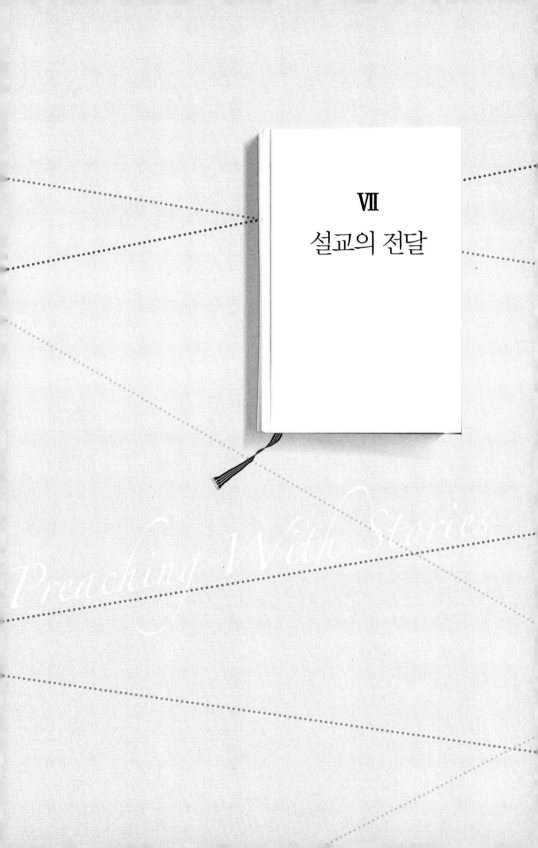

VII
설교의 전달

VII
설교의 전달

설교 원고가 다 작성되고, 그 내용들을 전달할 준비가 되었다. 이제 설교자에게는 다음 단계로서 그것을 강단에서 전달하는 일이 남아 있다. 설교는 원고의 내용과 함께 그것을 어떻게 전달하느냐가 중요하다. 어떻게 전달하느냐에 따라서 100 정도로 준비된 설교가 효과 면에 있어서 50이 될 수도 있고 100이 될 수도 있다. 그만큼 설교에 있어서 전달은 중요한 것이다.

따라서 설교자는 자신의 준비된 원고에 신경을 쓴 것만큼이나 그것을 어떻게 전달할 것인가에 신경을 쓰고 준비해야 한다. 아무리 설교 원고가 잘 준비되었어도 전달이 바로 되지 않으면 그날의 설교는 실패한다. 그러므로 설교자는 원고가 작성된 후 설교 전달을 위해서 최선을 다해야 한다. 설교자는 "전달되지 않은 메시지는 메시지가 아니다"라는 말을 여기서 기억할 필요가 있다.

본 장에서는 먼저 설교의 전달에 대한 이해를 위해서 커뮤니케이션 (communication)에 대한 간단한 언급과 함께 설교 전달(delivery)에 관한 몇 가지 필수적인 사항들을 말하도록 하겠다.

1. 커뮤니케이션에 대한 이해

설교학자인 피터즈(H. J. C. Pieterse)는 "교회는 일종의 커뮤니케이션 공동체"[1]라고 정의하고 있다. 즉, 교회의 모든 활동은 커뮤니케이션을 통해서 가능하며, 커뮤니케이션은 모든 교회 활동의 기초요, 수단이 된다는 의미다. 교회 안에서 이루어지는 설교를 비롯한 예배나 교육 등 교회의 모든 활동은 커뮤니케이션을 통해서 이루어진다. 그러므로 커뮤니케이션이 없는 교회란 사실 그 존재가 불가능하다고 해도 틀림이 없을 것이다.

이것은 비단 교회 안의 일만은 아니다. 인간이 사는 세상과 모든 영역에는 반드시 커뮤니케이션이 존재한다. 인간은 의식(意識)이 눈을 뜬 최초의 순간부터 잠시도 쉴 틈 없이 세계와 상호작용을 하며, 그 과정에서 끊임없이 다양한 의사소통, 즉 커뮤니케이션을 이루면서 사는 것이다.[2]

특별히 현대 사회는 커뮤니케이션의 사회(communication society)다. 문학, 예술, 과학 등 모든 분야에서 커뮤니케이션의 중요성이 강조되고 있다. 시와 소설은 작가와 독자 간의 커뮤니케이션이다. 음악과 미술 역시 작가와 감상자들 간의 커뮤니케이션이다. 현대 과학과 기술은 커뮤니케이션의 발달을 위하여 수많은 연구들을 하면서 인류에 기여를 하고 있다. 만일 오늘날 커뮤니케이션을 가능하도록 하는 도구들이 단절되거나 사라져 버린다면 현대 사회의 모든 기능은 거의 마비되어 버리고 말 것이다. 오늘의 사회를 지탱하고 우리 인간의 모든 관계를 지속시킬 수 있도록 하는 것은 커뮤니케이션이다.

신앙의 세계, 즉 하나님과 인간의 관계 역시 커뮤니케이션이 없이는 존재할 수 없다. 하나님은 자신을 말씀의 하나님으로 표현하신다. 즉, 하나님은 말씀을 통해서 인간과 상호소통하시는 분이라는 말이다. 말씀으로 천지를 창조하신 분은 그 말씀을 통해서 인간과 소통하신다. 그러므로 기독교 커뮤니케이션의 근거는 무엇보다 우리가 신앙의 대상으로 섬기는 하나님께 있다. 그래서 로버트 웨버(Robert E. Webber)는 "하나님이 커뮤니케이션의 궁극적 기초"가 되신다고 말하면서,[3] 하나님은 피조물과 소통하시고, 피조물을 통해서 소통하시는 분이라고 주장하고 있다.[4]

기독교 커뮤니케이션의 절정은 성육신 사건이라고 할 수 있다. 하늘에 계신 하나님이 하늘의 언어로 우리에게 말씀하시지 않고, 직접 인간의 몸을 입으시고 이 땅에 오셔서 우리 인간의 모습으로 인간의 언어를 통해서 인간과 소통하신 것이 바로 성육신 사건이다. 그 하나님께서 이제 우리 인간과 자신의 말씀의 소통을 위해서 설교자를 세우셨다. 그러므로 오늘의 설교자는 이 하나님의 말씀을 인간들에게 잘 소통해야 할 책임과 사명이 있다.

커뮤니케이션의 입장에서 보면 설교 역시 커뮤니케이션의 일종이다 (preaching as communication).[5] 거기에는 말하는 자(speaker; sender)가 있고, 듣는 자(listener; receiver)가 있으며, 메시지(sermon; message)의 내용이 있다. 즉, 커뮤니케이션의 3요소가 모두 설교에 존재하고 있는 것이다. 따라서 설교자가 자신의 메시지를 보다 잘 전달하고 청중과 효과적으로 소통하기 위해서는 커뮤니케이션에 대한 이해가 먼저 있어야 한다. 특별히 현대에 들어서면서 커뮤니케이션에 대한 부분은 그 이론과 방법에 있어서 놀라운 발전과 변화를 거듭하고 있다. 그러므로 오늘의 설교자들이 이에 대한 이해가 없다면 현대인들에게 설교를 효과적으로 하기는 불가능할 것이다. 그래서 많은 설교학자들도 커뮤니케이션의 중요성을 강조하고 있으며, 모든 설교학 교재에는 반드시 이를 포함하여 언급하고 있다. 설교자들이 커뮤니케이션에 관심을 가져야 할 이유가 여기에 있다.

필자는 설교학 시간에 커뮤니케이션의 중요성을 강조하기 위해서 이런 말을 한다. 하나님께서 하늘에서 하늘의 언어로 말씀하셨지만 우리 인간이 제대로 알아듣지를 못했다. 그래서 하나님께서 하도 답답하셔서 직접 인간의 몸을 입으시고 이 땅에 오셔서 인간의 언어로 말씀하신 것이 바로 성육신 사건이다. 그래서 성경은 "말씀이 육신이 되어 우리 가운데 거하시매……"(요 1:14)라고 기록하고 있지 않은가?[6]

인간의 범죄는 커뮤니케이션을 단절시켰다. 하나님과 인간 사이의 커뮤니케이션을 단절케 하고, 또한 인간과 인간 사이의 커뮤니케이션을 단절시켰다. 아담의 범죄로 인해서 하나님과 인간 사이의 근본적인 커뮤니케이션이 단절되었다. 바벨탑 사건은 우리 인간 사이의 커뮤니케이션을 단절시킨 대표적인 사건이다.

그러나 오순절 성령강림은 단절된 커뮤니케이션을 회복하는 놀라운 사건이었다. 따라서 오늘의 설교 역시 성령의 역사하심 속에서 온전한 커뮤니케이션이 이루어지도록 해야 한다. 그런 의미에서 커뮤니케이션이 되지 않는 설교는 성령의 역사하심이 없는 설교라고 해도 과언이 아닐 것이다. 하나님께서도 성령을 통해서 인간 사이의 소통을 회복하게 하셨다. 그렇다면 오늘의 설교자들이야말로 자신이 전하는 메시지가 성령님의 역사하심 속에서 진정으로 듣는 청중들과 소통되도록 더욱 노력해야 하지 않겠는가?

성령의 역사는 단절된 커뮤니케이션을 회복하게 하신다. 오늘날 설교 역시 성령의 역사 속에서 이루어지는 사건이다. 그러므로 설교자들은 마땅히 하나님의 말씀이 청중과 온전히 소통되도록 최선을 다해야 한다.

현대 설교자들이 커뮤니케이션과 관련하여 생각할 것은 설교 방법의 변화에 관한 것이다. 그동안 기독교 설교는 그 특성상 설교자 일방의 것이었다. 설교자는 일방적으로 말하고 교인들은 일방적으로 들어야만 하는 구조에서 설교가 진행되어 왔다. 그러다 보니 설교는 언제나 청중보다는 설교자의 입장에서 준비되고 전달되었다.

그러나 현대 설교학의 큰 변화는 그 중심이 설교자에서 청중으로 옮겨지고 있다는 사실이다. 물론 설교는 설교자가 하는 것이지만 그것을 듣는 청중을 우선적으로 고려하면서 설교해야 하고, 그들이 어떤 형태로든 설교에 능동적으로 참여할 수 있도록 해야 한다. 메시지 안에서 청중과 경험을 함께 나눔으로써 공감을 형성하도록 하고, 어떤 경우는 직접 대화로 설교에 참여하도록 함으로써, 설교가 일방적이지 않은 쌍방적, 독백적(monological)이지 않은 대화적(dialogical) 방식으로 진행될 수 있도록 해야 한다.

> "설교자는 청중에게 전하는 자신의 말을 신뢰할 뿐만 아니라 그들의 반응에 대하여 자신을 개방하여야 한다. 대화라고 하는 것은 한 사람에 의해서 일방적으로 이루어지는 것이 아니다. 하나님의 말씀의 사건은 반드시 듣는 귀를 필요로 한다."[7]

이를 위해서는 설교자의 커뮤니케이션에 대한 이해와 함께 의식의 전환이 필요하다. 청중은 이제 더 이상 설교를 들어주는 사람이 아니다. 이제 설교는 그들과 함께하는 것이다. 그러므로 설교자는 청중에게 '들려지는 설교'를 해야 한다.

어느 목회자들의 세미나에서 필자가 현대 설교의 변화에 대한 강의를 한 적이 있다. 오늘의 설교가 설교자 중심에서 청중 중심으로 전환되고 있다는 것, 그러므로 설교자 일방의 설교가 아니라 이제 설교는 청중들과 함께 하는 것이 되어야 한다는 점, 그리고 무엇보다 '듣든지 아니 듣든지' 일방적으로 하는 설교가 아니라, 청중들에게 '들려지는 설교'가 되어야 한다는 점을 강조하여 말하였다.

세미나에 참석한 목회자들이 모두 진지하게 경청을 하였다. 그리고 그들이 이런 변화에 대한 깊은 인식을 하게 되었는지, 세미나가 끝나고 나가면서 필자와 인사할 때 어떤 목회자들은 인사말을 하는 대신 '들려지는 설교' 하면서 악수를 청하였다.

'들려지는 설교'란 결국 커뮤니케이션이 되는 설교라는 의미다. 청중을 이해하고 그들에게 하나님의 말씀을 어떻게 효과적으로 전달할 것인가에 대해서 설교자는 끊임없이 연구함으로써 설교 현장에서 하나님의 말씀의 역사가 일어나도록 해야 한다. 다시 말하지만 들려지지 않는 메시지는 메시지가 아니다.

적 용 하 기

---

1. 설교자로서 커뮤니케이션에 대한 기본적 이해를 가지고 있는가? 커뮤니케이션과 관련된 몇 권의 서적들을 반드시 읽기를 추천한다.

2. 현재 내가 하는 설교가 청중들에게 어느 정도 잘 전달되고 있다고 생각하는가!? 만일 제대로 전달되지 않는다면 무엇 때문에 그런 문제가 발생된다고 생각하는가?

3. 내 설교 스타일은 설교자 일방으로 전하고 가르치는 식인가, 아니면 청중들을 이해하고 존중하면서 그들이 설교에 능동적으로 귀를 기울이고 참여하도록 하고 있는가?

2. 설교를 전달하는 세 가지 방법

설교에 있어서 커뮤니케이션은 주로 전달과 관계된다. 여기에는 설교 원고를 어떤 형태로 준비할 것인가, 설교할 때 설교자의 음성이나 자세, 태도 등은 어떠해야 할 것인가, 그리고 설교자의 언어는 어떻게 사용해야 할 것인가 등의 문제가 포함된다.

먼저 설교 원고와 관련된 문제를 생각해 보자. 설교자가 강단에 서서 준비된 설교를 전달하는 방법은 크게 세 가지로 나눌 수 있다. 첫째는 자신이 준비한 설교 원고를 그대로 강단으로 가지고 가서 설교하는 경우와, 다음으로는 설교 내용을 간단히 메모하여 그것을 가지고 강단에 서서 설교하는 경우, 그리고 마지막으로는 아예 원고 없이 강단에 서서 설교하는 경우다.

1) 원고 설교

설교를 전달하는 첫 번째 방법은 설교자가 충실하게 준비한 원고를 그대로 강단에 가져가서 설교하는 경우다. 이런 설교 방식이 갖는 장점은 설교자가 준비한 설교의 내용을 보다 섬세하고 세밀하게 표현하고 전달할 수 있다는 것이다.

필자의 경우를 예로 들면 주로 원고를 쓴 후 전달할 때는 그 내용을 성경책 크기 정도의 독서 카드에 메모해서 하고 있다. 그러나 특별한 경우 원고를 가지고 설교해야 되겠다고 느껴질 때는 원고를 그대로 가지고 강단에서 설교한다. 그럴 때 기대 이상으로 청중이 말씀에 은혜와 감동을 받는 것을 경험하기도 하였다.

담임 목사가 은퇴한 어느 교회에서 몇 개월 동안 설교한 적이 있다. 그때 필자는 늘 하던 대로 설교 원고를 작성한 후 강단에서 설교할 때는 메모를 하여 설교하였다. 그러나 마지막 주일에는 원고를 그대로 가지고 가서 설교 해야겠다는 생각이 들어서 그렇게 했다. 마지막 설교이기에 원고에 있는 대로 좀 더 세밀하고 의미 깊은 내용들을 전해야겠다는 의도에서였다.

그날 설교를 들은 어느 장로님으로부터 오후에 한 통의 전화를 받았다. "목사님, 오늘 설교를 듣고 얼마나 감동을 받았는지 전화를 드리지 않고는 견딜 수가 없어서 전화를 드립니다. 감사합니다" 하면서 거듭 감사를 표하셨다. 아마 설교 원고를 통해서 전개되는 세밀하고 의미 깊은 표현들이 그분께 더욱 감동과 은혜를 준 것이 아닌가 생각한다. 필자가 느끼기에 그날 설교를 들은 대부분의 교인들이 그분처럼 하나님의 말씀을 통해 깊은 감동과 은혜를 받은 것으로 보였다. 심지어 어떤 교인들은 그날 들었던 설교에서 자신이 감동받았던 문장을 몇 개월이 지난 후에도 잊지 않고 필자에게 말하는 것을 볼 수 있었다. 원고를 가지고 하는 설교는 이와 같이 보다 섬세하고 의미 깊은 표현들을 할 수 있다는 점에서 좋은 면이 있다.

그러나 단점은 설교를 전달하는 데 있어서 청중과의 커뮤니케이션 문제가 발생할 수 있다는 점이다. 즉, 설교자가 충분히 준비가 안 될 경우 원고에 얽매여 설교하기가 쉽다. 청중을 보면서, 시선과 제스처 등에서 자유로워야 하는데 그렇지 못하다는 것이다. 그래서 청중을 보면서 청중에게 설교해야 하는데, 원고를 보면서 원고에게 설교하게 된다. 이런 모습은 가끔 학자들이나 지적 수준이 높은 사람들에게서 볼 수 있는데, 듣는 사람들은 설교 시간 내내 답답함을 느끼고, 설교자가 회중을 보지 않으니 회중의 시선 역시 설교자에게 주목하지 않게 된다. 로이드 존스(D. Martyn Lloyd-Jones)는 이런 식의 설교는 청중의 주의력을 잃게 만들기 때문에 설교자 자신이나 듣는 사람들 모두에게 나쁜 것이라고 말하고 있다. 그러면서 그는 "설교는 결코 학문의 강의가 아니라는 사실을 기억해야 한다"고 한다.[8]

그러므로 원고 설교를 할 경우 설교자는 원고에서 자유로울 만큼 충분히 원고를 읽고 숙지한 후에 설교할 때 자신이 섬세하게 준비한 내용들을 효과적으로 전달할 수 있다는 사실을 잊지 않아야 할 것이다.

2) 메모 설교

메모 설교에는 두 가지 방법이 있다. 첫째는 이미 작성된 설교 원고를 간단히 요약해서 강단에 가지고 가서 설교하는 방법이요, 둘째는 아예 처음부터 원고 작성을 하지 않고 메모를 해서 설교하는 방법이다. 둘 다 원고로부터 자유로울 수 있다는 측면에서는 장점을 가진다고 하겠다. 원고에 얽매이지 않고 청중과 적당히 시선 교환을 하면서 제스처 등을 활용할 수 있다. 그러나 설교 내용을 표현하는 데 있어서 보다 세밀하거나 정교한 표현이 원고 설교에 비해서 떨어질 수 있다.

두 가지 방식을 비교해 보면 먼저 원고를 작성한 후 메모 설교할 경우는 메모만을 가지고 설교를 하는 경우보다 깊이 있는 내용으로 설교할 수 있다. 그래서 표현이라든가 설교의 깊이가 더 낫다. 후자의 경우는 설교자가 설교 윤곽을 보다 간결하고 쉽게 파악할 수 있으며, 자신의 논리나 설교 내용을 단순하게 논리적으로 전개할 수 있다. 그러나 필자의 견해로는 그렇게 바람직한 방법은 아니라고 본다. 이렇게 설교를 계속하게 될 경우 얼마 지나지 않으면 그 사람은 설교 준비를 대충하고자 하는 유혹과 태만의 위험에 빠지게 되기 쉽다.

메모 설교를 하되 특별한 경우가 아니면 먼저 원고를 작성하고 그것을 요약한 메모를 가지고 강단에서 설교하는 것이 보다 바람직한 방법이라고 생각한다.

3) 원고 없는 설교

설교자가 원고 없이 강단에 서서 설교를 할 수 있다. 이런 설교가 갖는 장점은 설교자가 원고에 얽매이지 않고 자유롭고 보다 효과적으로 전달할 수 있다는 점이다. 『원고 없는 설교』라는 책을 쓴 콜러(Charles W. Koller)는 설교자들이 강단에서 원고 없이 설교할 때 보다 효과적이 된다는 사실을 설문 조사나 설교자들의 경험, 그리고 실험을 통해서 증명하고 있다.9)

원고 없이 설교했던 대표적인 인물을 들라고 하면 종교개혁가 존 칼빈(John Calvin)을 들 수 있다. 그가 남긴 대부분의 설교는 그 자신이 원고로 쓴 것이 아니라 그의 설교를 들었던 사람들이 메모를 한 것이거나 속기사들에 의해서 기록된 것들이다.10)

그러면 칼빈에게 원고 없는 설교가 어떻게 가능했을까? 먼저 그가 이미 성경과 신학에 대한 많은 지식이 축적되어 있었기 때문에 그것이 가능했다. 우리가 잘 알다시피 칼빈은 신구약 성경에 대한 대부분의 주석을 썼으며, 신학적으로는 기독교 신학을 집대성했다고 할 수 있는 『기독교강요』(Institutio Christianae Religionis)를 쓴 인물이다. 이런 지식이 있었기 때문에 칼빈의 설교는 가능했다. 그리고 다음으로 칼빈이 원고 없는 설교를 할 수 있었던 것은 그에게 그만큼 성경적, 신학적 지식과 함께 뛰어난 기억력이 있었기 때문이다.

여기에서 분명히 해야 할 것은 칼빈이 원고 없는 설교를 했다는 것이 준비 없는 설교를 했다는 것을 의미하지는 않는다는 점이다. 그는 설교를 준비하기 위해서 교부들이나 여러 학자들이 쓴 많은 책들을 읽었고, 성경 본문이 주는 교훈을 깊이 탐구하였으며, 그 설교를 어떻게 쉽고 명확하게 전달하고 회중의 삶에 적용할 것인가를 언제나 연구하였다.[11]

원고 없이 하는 설교는 두 가지 경우가 있는데, 하나는 원고를 쓰되 그 작성한 원고를 강단에는 가지고 가지 않는 경우와 또 하나는 아예 원고를 작성하지 않는 경우를 들 수 있다. 원고를 작성한 경우는 설교자가 그 내용을 충분히 읽고 암기하거나 설교의 윤곽을 가지고 있기에 준비된 설교를 원고를 보지 않고 하는 정도라고 하겠다. 그러나 이런 방법은 원고를 가지고 설교하는 경우보다 훨씬 많은 노력이 필요하다. 원고를 머릿속에 완전히 암기해야 하기 때문이다. 원고가 완전히 암기되었을 때의 장점은 설교단에서 설교자가 원고에 얽매임 없이 자유자재로 전달할 수 있는 여유를 가질 수 있다는 점이다.

여기에 비해서 후자의 경우는 별로 바람직하지 않다고 본다. 자칫 준비 없는 설교가 되기 때문이다. 오래 전 어떤 분이 설교에 대한 이야기를 하다가 자기는 설교를 준비할 필요가 없다고 하면서, 기도하고 강단에 서면 성령님께서 하실 말씀을 다 주신다는 말을 들은 적이 있다. 물론 열심히 기도해서 특별한 경우 그런 일이 일어날 수 있겠지만, 매주일 그런 일이 일어나서는 안 될 것이다. 그것은 자기 태만으로 귀결될 수 있기 때문이다. 이렇게 원고 없이 설교하는 경우는 설교의 내용이 매주일 비슷하고 새로운 것이 없게 된다. 들을 것이 별로 없고, 같은 말, 같은 내용을 자주 반복하기 쉽다. 그래서 청중은 설교를 듣기도 전에 오늘 목사가 무엇을 설교할 것인지를 짐작하고, 설교 시간에 아예 귀를 닫아 버리거나 졸기 쉽다.

원고 없이 하는 설교가 가장 쉬울 것 같지만 사실은 가장 어려운 일이다.

필자의 생각으로는 설교자가 설교의 원고를 성실하게 작성하고, 강단에 설 때는 그것을 간단하게 메모 해서 설교하는 것이 가장 바람직하다고 본다. 그럴 때 원고의 내용에도 충실할 수 있고, 전달하는 데 있어서도 비교적 자유로울 수 있기 때문이다. 그러나 특별한 경우는 메모만을 해서 설교하는 것도 가능하다고 본다. 그러나 이것은 아주 특별한 경우가 되어야 할 것이다.

3. 설교자의 음성과 음성 외적 요소들

1) 설교자의 음성

설교는 대표적인 음성 커뮤니케이션(verbal communication)의 하나다. 설교는 원고를 작성하는 것으로 끝나지 않고 그것을 말을 통해 전달함으로써 완성된다. 그러므로 설교에서 설교자의 음성은 매우 중요하다. 아무리 좋은 내용의 설교라도 설교자의 음성에 문제가 있으면 그만큼 설교의 효과는 감소하게 된다.

설교를 함에 있어서 첫째로 중요한 것은 정확한 발음이다. 설교를 듣다 보면 어떤 설교자들은 발음이 매우 분명하여 전달하는 내용이 잘 들어오지만, 어떤 설교자들은 발음이 정확하지 못해 설교를 들으면서 조금 답답한 경우들이 있다. 이것은 설교자가 선천적으로 문제를 가져서 그런 경우도 있지만 어떤 경우는 습관 때문에, 또 어떤 경우는 너무 긴장하거나 준비가 부족해서 당황할 때 이런 현상들이 발생하기도 한다.

그래서 설교자는 설교에 임할 때 언제나 침착하게 임해야 한다. 설교를 하기 전에 설교문을 몇 번이고 읽으면서 발음하기에 어렵거나 조금 어색한 부분이 있으면 정확히 표현하도록 연습해야 한다. 무엇보다 평소에 발음 연습을 해두는 것이 좋다. 특별히 설교자들은 어떤 성경 본문을 소리 내어 읽거나 또는 암송을 하면 발성 연습에 큰 도움이 될 것이다. 아니면 자신이 설교하게 될 본문을 묵상도 하면서 그것을 소리 내어 몇 번씩 읽도록 한다면 일거양득(一擧兩得)이 될 것이다.

필자가 미국 신학교에서 잠깐 공부를 하는 동안 설교 전달에 관해 전문가이신 설교학 교수가 학생들로 하여금 미리 성경 한 장씩을 읽어오게 한후 수업 시간이면 앞에 나와서 그것을 읽도록 하는 것을 보았다.12) 성경은 우리 영혼의 양식일 뿐만 아니라 설교자의 발성을 위해서도 유익한 책이다. 성경에는 낭독 부분도 있고 대화 부분도 있고 다양한 형식의 문장들이 나오기 때문에 그것을 가지고 연습 한다면 많은 도움이 될 것이다.

단어에 대한 정확한 발음 다음으로 중요한 것이 음성의 강약(强弱)과 고저(高低), 그리고 말의 빠르고 느림, 즉 속도의 완급(緩急)이다. 이런 경우를 상상해 보자. 아주 좋은 목소리를 가진 아나운서가 있는데, 그가 뉴스를 보도하면서 아무런 음성의 변화 없이 단조롭게 한 시간 동안 진행했다고 가정해 보자. 청취자들은 그의 음성이 아무리 좋다고 해도 몇 분이 지나면 지루함을 느끼기 시작할 것이다. 말하는 사람의 음성에는 변화가 있어야 한다. 그래서 뉴스를 진행할 때 그 내용에 따라서 아나운서 자신도 음성에 변화를 주어야 할 뿐만 아니라 어떤 뉴스든 자세히 살펴보면 뉴스를 진행하는 주 아나운서, 즉 앵커(anchor)가 있고, 그가 사건의 개요를 간단히 언급한 후 방송기자들이 그 내용에 대해서 자세하게 설명하는 형식을 취하고 있다. 그리고 주요한 뉴스 시간은 앵커도 한 사람이 아니라 남녀가 함께 함으로써 변화를 주고 있음을 볼 수 있다. 이런 것들은 단순히 어떤 구색을 맞추기 위한 것이 아니다. 등장하는 사람들과 함께 음성적인 측면에서의 변화를 동시에 고려하고 있는 것이다. 그럴 때 듣는 사람들은 긴장과 함께 흥미를 가지고 계속 그 내용을 듣게 되기 때문이다.

사람이 이야기를 하거나 강의하거나 설교하거나 뉴스를 전하거나 말을 사용하는 경우에는 반드시 음성의 변화가 필요하다. 그 내용을 강조하기 위해서 목소리를 높이기도 하고 낮추기도 하며, 긴박감을 주기 위해서 빨리 하기도 하고 천천히 하기도 하며, 우뢰와 같이 큰소리로 외치기도 하고 때로는 잔잔하게 말하기도 한다. 이 모든 것은 자신이 말해야 할 내용이 어떤 것이냐와 관련이 있다. 만일 설교자가 긴박하게 말해야 할 내용을 너무 느리게 말하고 있다거나 또는 잔잔하게 말해야 할 부분에서 너무 큰소리로 외친다면 얼마나 분위기에 어긋나게 되겠는가?

우리 모두가 아나운서처럼 수려한 목소리를 가질 필요는 없다. 그러나 설교자는 적어도 그 설교의 내용이 어떤 것이냐에 따라 거기에 맞는 적절한 음성으로 표현할 수는 있어야 한다. 때로는 기쁨도 표현이 되고, 슬픔의 분위기도 표현되어야 한다. 활기찬 내용은 활기차게, 잠잠해야 할 부분은 잠잠하게 말할 수 있어야 한다. 대화의 내용은 대화체로 표현할 수 있어야 하고, 이야기 부분은 이야기처럼 묘사할 수 있어야 한다.

이를 위해서 설교자들은 책을 읽으면서 훈련해 보거나, 아니면 어떤 사람들의 음성, 즉 드라마 배우들의 대사 또는 어떤 모델이 될 만한 연사들이나 설교자들의 음성 표현을 따라하면서 연습할 수 있을 것이다. 그리고 이를 자신이 준비한 설교문을 읽으면서 연습하고 적용해 본다면 도움이 될 것이다. 참고로 설교문을 읽으면서 어떤 부분은 빠르게, 어떤 부분은 느리게, 어떤 부분은 큰소리로, 어떤 부분은 낮은 소리로 발성하도록 표시를 한 후 그것을 연습해 보는 것도 좋을 것이다.

설교자가 설교 시 음성의 사용과 관련하여 또 하나 고려할 것이 분위기의 문제다. 필자가 어느 주일 한 교회를 방문하여 예배를 드린 적이 있다. 예배당 규모도 별로 크지 않았고, 아침 9시 예배였기 때문에 모인 사람들도 100명이 되지 않았다. 이른 아침 시간이었기 때문에 사람들도 심리적으로 매우 조용하고 차분한 분위기였다. 설교 시간이 되어 젊은 목사가 강단에 서서 설교하기 시작하였다. 그런데 설교가 시작되면서부터 서서히 음성이 높아지더니 갈수록 얼마나 큰소리로 외쳐대는지 앉아 있기가 힘들 정도였다. 미안하지만 소리를 질러댄다고 열정적인 설교가 되는 것은 아니다. 비록 필자가 목사이지만, 예배 시간이 아니고 설교 시간이 아니라면 나가 버리고 싶다는 마음이 들 정도였으니 그 분위기를 여러분이 상상해 보시기 바란다. 물론 그 목사는 자기가 열심을 가지고 했다고 생각했을지 모른다. 그러나 듣는 사람들에게 그것은 고통이었다.

설교자는 분위기에 민감해야 한다. 공간적인 면과 시간적인 면, 그리고 사람들의 심리적인 면까지도 세심하게 고려해야 한다. 그 교회같이 그렇게 큰 공간이 아니라면 목사의 음성이나 제스처 등도 거기에 맞추는 것이 나을 것이다. 시간적으로도 이른 아침이므로 그 시간 사람들의 심리적 상태도 고려하면서 설교해야 한다. 성경에서도 이런 말이 있지 않는가? "이른 아침에 큰소리로 그 이웃을 축복하면 도리어 저주같이 여기게 되리라"(잠 27:14). 분위기를 파악하라는 말이다.

가끔 새벽 기도에서도 큰 소리와 과도한 제스처를 사용하면서 설교하는 사람들을 보는데, 뭔가 어색하고 분위기 파악을 못하는 사람처럼 보일 때가 많다. 새벽은 얼마나 고요한 시간인가? 사람들이 잠을 깨어 하루를 준비하는 시간이다. 이럴 때는 보다 조용하면서 차분한 음성으로 메시지를 전한다면 듣는 사람들의 가슴에 훨씬 깊이 새겨질 수 있지 않을까?

설교를 하는 데 있어서 설교자의 음성은 그 설교 내용과 함께 분위기에 맞도록 해야 한다는 것을 잊지 않도록 하자. 다시 강조하지만 '설교는 청중과 함께하는 여행'이다. 거기에는 설교자가 설교를 진행하면서 청중과 심리적으로도 같이 가야 한다는 의미도 포함하고 있다. 설교자 혼자 흥분되어 앞서가지 않도록 하자. 청중도 설교자와 함께 가야 하지만, 설교자 역시 청중과 함께 가야 한다. 그럴 때 설교는 청중의 가슴에 좋은 씨앗으로 뿌려져 열매를 맺게 될 것이다.

또 하나 설교자의 음성과 관련하여 깊이 고려해야 할 것이 강단에 서서 설교하는 설교자의 어투(語套, 말투)다. 어떤 설교자들의 어투를 들어보면 매우 비판조요, 논쟁조요, 훈계조요, 명령조로 설교하는 것을 보게 된다. 무엇을 따지듯이, 남을 비난하는 투로, 그리고 듣는 사람들을 훈계하고 명령하는 투로 하는 설교는 듣는 사람들을 매우 불쾌하게 만들 뿐 아니라 설교에 대한 저항감을 조성하게 한다. 그것은 하나님의 말씀 때문이 아니라 설교자의 어투 때문에 일어나는 현상이다.

어느 날 새벽 기도회에 참석하였는데, 젊은 목사가 설교를 하면서 회중을 매우 책망하며 훈계하는 투로 설교하였다. 자기의 설교 내용은 제대로 준비도 되지 않은 것 같았는데, 말하는 투는 회중을 무시하며 훈계하고 따지는 식이었다. 회중석에 앉아서 설교를 듣는 내 자신도 고통스러웠고 별로 그 설교를 듣고 싶지 않았다. 그가 전하는 내용이 과연 하나님의 말씀이고, 하나님께서 저런 투로 회중들에게 설교를 하라고 하실까?

설교자들이 좋은 설교를 하고도 때로는 회중의 마음의 문을 닫아 버리도록 만들고 마는데, 이런 현상은 그의 설교 내용 때문이 아니라 그가 하는 말투 때문에 발생하는 경우가 많다. 물론 어떤 때는 책망하는 내용의 설교를 책망하는 투로 할 수 있다. 어떤 때는 가르치는 내용을 훈계하는 투로 할 수 있다. 그러나 언제나 설교자가 그런 투로 설교를 해서는 안 된다.

설교자의 어투는 다른 사람들에게 미치는 영향이 크다. 심지어 어떤 설교학자는 설교자의 어투가 곧 교인들의 어투를 만들게 된다고 한다. 설교자의 어투가 논쟁적이면 교인들 역시 논쟁적으로 닮아간다고 한다. 설교자의 말하는 투가 훈계조이면 교인들 역시 말하는 투가 훈계조로 바뀐다고 한다. 충분히 그럴 수 있는 일이라고 본다.

설교자가 강단에 서서 어떤 투로 말하느냐 하는 것은 매우 중요하다. 설교자는 교인들을 사랑하고, 그들에게 하나님의 말씀을 전달하고자 하는 간절한 열망과 함께, 그들을 존중하는 자세를 가지고 말할 수 있어야 한다.

혹시라도 설교자 자신의 교만으로 인해서 마치 회중을 훈계하고, 책망하고, 명령하는 투의 설교를 하고 있다면 속히 그런 자세를 삼가기 바란다. 그것은 자신을 설교자로 세운 하나님도 기뻐하실 일이 아니다. 좋은 설교를 적합하고 좋은 말투로 전하라. 그것이 은쟁반 위에 놓인 사과와 같은 것이다.

다음으로 설교자의 음성과 관련하여 언급하고 싶은 것은 설교자가 강단에서 자신의 자연스러운 음성으로 설교하라는 것이다. 얼마 전 기독교 학자들이 모인 모임에서 예배를 드린 적이 있었다. 그날 예배 인도자는 여성 목회자로서 그 음성이 마치 아나운서와 같이 아름답고 정갈하였다. 그러나 그날 필자는 뭔가 자연스럽지 못하고 인위적인 느낌을 예배 중에 강하게 받았다. 자연스럽지 않은 인도자의 음성이 오히려 예배를 인위적인 분위기로 이끌고 있다는 것을 발견하였다.

어떤 설교자들은 강단에 서기만 하면 전혀 다른 사람이 되어 버린다. 목에다 힘을 주고 인위적인 목소리나 자세 등 너무 어색하기만한 설교자들이 있다. 목에 힘이 들어간 권위적이고 위엄을 갖추려는 목소리, 평소와는 너무 다른 낯선 목소리 등은 한번쯤 생각해 보아야 한다. 물론 자신의 개성을 드러내고자 지나치게 절제되지 않은 음성이나 함부로 하는 어투, 예배와 설교 분위기에 맞지 않는 경박스런 언어 자세 등도 문제가 있기는 마찬가지이다.

따라서 설교자는 예배라는 분위기 속에서 그 분위기를 고려하면서, 하나님께서 자신에게 주신 음성으로 자연스럽게 설교해야 한다. 그럴 때 듣는 사람도 편안하고, 설교자의 개성도 살아나게 될 것이다.

끝으로 생각할 것은 설교자가 강단에서 설교할 때는 표준어와 억양을 사용해야 한다는 점이다. 간혹 어떤 설교자들의 설교를 들어보면 지나치게 사투리를 사용하여 듣는 청중들을 난처하게 하거나 심지어 거부감을 갖도록 하는 경우를 본다. 이것은 바람직한 것이 아니다. 설교자는 설교자이면서 한 사람의 공인이다. 그러므로 그가 강단에서 설교할 때는 표준어를 쓰도록 하는 것이 좋다.

한번 상상해 보라. 방송국 뉴스 시간에 아나운서가 사투리로 뉴스를 진행한다면 어떻게 될까? 설교자가 설교 시간에 사투리로 설교하는 것 역시 이와 마찬가지이다. 설교자는 어느 지역, 어느 교회에서 설교하든지 표준어를 사용하도록 훈련하고 준비해야 할 것이다.

2) 음성 외적(non-verbal) 요소들: 표정, 자세, 시선, 제스처 등

필자가 최근 남해안을 여행하면서 겪었던 일이다. 마침 거제도에서 해금강과 외도라고 하는 아름다운 섬을 구경할 수 있는 기회가 있었다. 해금강과 외도를 가기 위해서는 거기를 오고 가는 유람선을 타야 했다.

그날 그 유람선에는 나이가 60세 정도 돼 보이는 한 남자가 안내를 하였다. 그는 배를 타고 가는 동안 바다와 주변의 섬들에 대해서 마이크를 잡고 자세하게 설명해 주었다. 그런데 그날 그 안내자를 보면서 여행하는 시간 내내 얼마나 웃었는지 모른다. 왜냐하면 약 세 시간 정도 유람을 하면서 설명하는 동안 거의 얼굴 표정의 변화가 없었기 때문이다. 양복을 입기는 했지만 뭔가 어색한 외모에다 입술 위로는 전혀 표정의 변화가 없으면서 단지 입술만 움직이면서 말하는 장면을 상상해 보라. 한편으로는 웃음이 나오기도 하지만 한편으로는 얼마나 답답할 노릇인가?

커뮤니케이션의 이론을 보면 음성 언어를 통한 효과는 30~40%에 불과하며, 나머지 60~70%는 음성 외적인 요소를 통하여 이루어진다고 한다. 말하는 사람의 용모, 표정, 시선 접촉, 제스처 등이 커뮤니케이션에 훨씬 많은 영향을 미친다는 사실이다.

이것은 설교에도 그대로 적용되는 원리다. 성탄절 설교에서 기쁘게 전해야 할 복음을 매우 우울하고 굳어진 표정으로 설교자가 전한다면 그날의 메시지는 어떤 결과를 가져올까? 설교를 듣는 청중과 서로 눈을 마주치고 교감을 나누면서 설교해야 할 설교자가 청중을 보지 않고 천정만을 보면서 설교한다면 설교를 듣는 청중들의 반응은 어떻게 나타날까? 설교자는 설교 원고 내용 이상으로 그 자신이 어떤 모습으로 어떻게 설교를 전달해야 하는가에 관심을 가져야 한다.

설교자가 설교를 전달하는 데 있어서 가장 먼저 생각해야 할 것은 설교자의 얼굴 표정이다. 설교자는 음성 못지않게 표정이 중요하다. 설교자의 표정은 기본적으로 밝고 확신에 찬 모습이 좋다. 설교자가 "항상 기뻐하라"고 설교하면서, 그 자신의 얼굴에는 전혀 기쁨이 없다면 말로 하는 그의 설교가 무슨 의미가 있겠는가? 설교는 근본적으로 기쁜 소식, 즉 복음을 전하는 것이다. 그러므로 설교자 역시 기쁘고 확신이 있어야 한다.

가끔 강단에서 초췌한 모습으로 심각하거나 우울한 표정을 가지고 설교를 하는 사람들이 있다. 물론 설교자 개인적인 삶의 문제로 인해서 설교자들 역시 어려운 순간이 있다. 그러나 그럼에도 불구하고 설교자는 하나님의 말씀을 전한다는 사명을 생각하면서 개인적인 문제나 환경을 넘어설 수 있어야 한다. 설교자가 너무 심각하거나 우울하다면 교인들을 걱정하도록 만든다. 그래서 필자는 이런 말을 한다. "설교하는 목회자가 교인들을 걱정해야 할 텐데 오히려 설교를 듣는 교인들이 설교하는 목사를 걱정하도록 만들면 어떻게 되겠는가?"

위대한 설교자들 역시 어려움과 문제가 없었던 것은 아니다. 그들 역시 자신의 건강 문제로, 가정 문제로, 교회 문제로 고민했으며, 어떤 경우는 세상의 박해와 조롱을 받기도 했다. 그러나 그들은 그것을 극복하고 강단에서서 하나님의 살아 계심을 담대하게 선포했다. 이것이 그들로 하여금 위대한 설교자가 될 수 있도록 만들었다. 자신은 비록 약하지만 하나님의 강함을 믿고 그들 모두는 확신 있게 복음을 설교했다. 오늘의 설교자들은 『강단의 거성들』을 쓴 도날드 디머레이가 말한 내용을 귀 기울여 들을 필요가 있다.

> "모든 고명한 설교자들은 큰 기쁨을 지니고 있었다. 그들은 자기들의 힘이 되시는 주님의 기쁨으로 충만하고, 행복하고, 건강한 삶을 살았다. 그들은 주님을 의뢰하여 광채가 나는 것을 배웠다. 채드윅은 '유쾌한 목회'에 대해서 말하였으며, 마샬은 만찬을 즐겨했고, 그래함은 사람들을 웃기기를 잘 하였다. 강단의 거성들 중에 불평하는 사람이나 염세가들은 없었다."13)

표정과 관련하여 또 하나 생각할 것은 그날의 메시지와의 관계다. 설교자의 얼굴 표정은 그날의 설교(메시지) 분위기와 맞도록 해야 한다. 수난 주일의 설교라면 조용하면서도 엄숙한 표정으로 예배를 인도하고 설교해야 할 것이다. 그러나 성탄절이나 부활절, 또는 추수감사절 같은 절기의 설교에서는 기쁨과 승리와 감사가 넘치는 모습으로 설교를 할 수 있어야 할 것이다.

이미 언급했지만 기뻐야 할 성탄절 설교에서 설교자의 표정이 어둡고 우울하다거나, 엄숙해야 할 수난주간 예배에서 즐거운 표정으로 설교를 한다면 어떻게 되겠는가? 설교자의 표정은 기본적으로 밝고 확신에 찬 모습이되, 메시지의 내용에 따라서 조화된 표정을 지니도록 해야 한다는 점을 늘 잊지 않도록 해야 한다.

둘째로 생각해야 할 것은 설교자가 강단에 서서 설교하는 자세(posture)이다. 설교자의 자세는 매우 중요하다. 설교자가 몸의 균형을 잡지 못하고 자세가 불안정할 때, 그것을 보면서 설교를 듣는 청중 역시 불안하기 마련이다.

가끔 어떤 설교자들을 보면 설교하면서 너무 몸을 앞으로 숙인다든지, 또는 너무 몸을 뒤로 젖히는 자세로 설교하는 것을 보게 된다. 그런가 하면 어떤 경우는 몸을 옆으로 비스듬히 하거나 고개를 한쪽으로 기우뚱한 자세로 계속 설교하는 것을 본다. 설교자가 너무 몸을 앞으로 숙일 경우 회중을 주시하기가 어렵다. 너무 몸을 뒤로 젖힐 경우 거만하게 보인다. 옆으로 비스듬하게 서서 설교할 경우 뭔가 불안하고 자신감이 없어 보인다.

설교자가 강단에 설 때 먼저 안정감 있는 자세를 취해야 하는 것은 자기 자신을 위해서이다. 설교자의 자세가 안정감이 없을 경우 설교하는 당사자가 그 시간 내내 불안하고 어색하게 된다. 그리고 이런 모습을 보면서 설교를 듣는 사람들 역시 불안하고 어색하기는 마찬가지다.

설교자가 안정감 있는 자세를 취하기 위해서는 먼저 두 손을 강대에 가볍게 얹고 말하는 것이 좋다. 발은 어깨 넓이만큼 벌리는 것이 몸의 좌우 균형을 유지하기 위해서 바람직하다. 그리고 두 발은 왼발이 약간 앞으로 나오게 하고, 오른발은 왼발보다 10~15cm 정도 뒤에 두도록 한다. 이것은 설교자로 하여금 몸의 앞뒤 균형을 유지하는 데 도움이 된다.

설교자가 강단에서 어떤 자세를 취할 것인가? 설교자는 여기서 두 가지를 언제나 잊지 않아야 한다. 설교자 자신을 위해서 안정감 있는 자세가 필요하다는 것과, 설교자가 설교를 듣는 회중에게 예의를 갖춘 자세여야 한다는 점이다. 안정감 있는 자세를 취할 때 설교자의 설교도 안정감이 있게 진행된다. 그리고 회중에 대한 예의를 갖출 때 듣는 회중 역시 설교자에 대하여 듣는 자로서의 예의를 갖추게 되는 것이다.

셋째는 설교자의 용모와 복장의 문제다. 대부분의 설교자들은 매우 단정한 옷차림과 용모를 갖추고 설교한다. 그러나 어떤 설교자들을 보면 머리가 제대로 빗질을 하지 않아 헝클어져 있으며, 어떤 경우는 속된 말로 기생 오라비 같은 머리와 복장을 하고 설교하는 사람들을 본다. 하얀 양복에 하얀 구두, 그리고 새빨간 넥타이 등 설교자라고 보기에는 어울리지 않는 모습이다.

설교자는 설교자로서의 용모와 복장을 갖추고 설교해야 한다. 무엇보다도 단정한 용모와 복장을 갖추는 것이 필요하다. 설교학자인 정장복은 "선명하고 단정한 인상은 메시지의 전달을 원활하게 하는 소리 없는 첫 번째 언어"[14]라고 강조하고 있다. 설교자가 뭐라고 말하기 전에 회중은 먼저 그의 용모를 통해서 어떤 느낌을 전달받게 된다는 사실이다. 회중은 설교자의 말을 듣기 전에 먼저 설교자의 용모를 본다는 사실을 늘 기억해야 한다.

설교자의 복장과 관련하여 생각할 것은 강단에서 설교자가 어떤 복장을 할 것이냐는 문제다. 설교자가 가운을 입어야 하는가? 정장차림으로 설교하는 것이 좋은가? 아니면 보다 편안한 복장으로 설교하는 것이 좋은가?

물론 설교자의 복장은 설교뿐만 아니라 예배와 관련되어 있다. 일반적으로 예전 중심의 예배를 드리는 교회들(가톨릭교회, 동방정교회, 성공회 등)은 가운(제의)을 착용하고 있으며, 말씀을 중심으로 하는 교회들(장로교회를 비롯한 대부분의 개신교회들) 역시 간단한 가운을 착용하고 있다. 그러나 예배의 형식이 보다 자유스러운 경향을 갖는 교회들(오순절 계통 등)은 가운 대신 정장 차림을 하고 있으며, 최근 개신교 내에서 일어나는 열린 예배 등에서는 보다 편안한 복장을 입기도 한다.

필자의 견해로는 가능하면 예전적 예배에서는 가운을 착용하는 것이 좋다고 본다. 특별히 주일 대예배 같은 경우는 교회가 드리는 여러 예배들 가운데서 예배적인 분위기가 더욱 살아나야 한다고 생각한다. 그러므로 이때 예배를 인도하는 사람이나 설교하는 사람(대부분 교회들은 동일한 사람이지만)은 예배에 적절한 가운을 착용하는 것이 바람직하다고 본다. 그 외의 예배는 정장 차림이나 단정한 복장을 갖추는 것이 무방하다고 생각한다. 청년들이나 청소년, 또는 아동 집회의 경우는 그 분위기에 맞는 복장도 가능할 것이다.

특별히 가운을 입을 경우 우리는 가운의 의미를 다시 한 번 생각해야 한다. 가운을 입는 이유는 먼저 "성별되었다"는 의미가 있다. 그래서 하나님께 예배를 인도하도록 부름 받은 제사장들은 제의를 입었다. 그리고 가운은 그것을 입은 사람의 "인간적인 모습을 감춘다"는 의미를 갖는다. 그러므로 설교자는 예배를 인도하고 하나님의 말씀을 전하는 자로서 자신의 직임을 생각하고 가운을 입어야 한다.

어떤 경우 가운을 구별이나 감춤의 의미보다는 자기 과시의 수단으로 생각하는 사람들이 있다. 화려한 박사 가운을 걸치고 자신의 존재를 과시하기 위해서라면 그것은 설교자가 가운을 입어야 하는 이유 자체도 모르는 행위이다. 다시 한 번 말하지만 그것은 설교자가 가운을 입는 것은 자신을 드러내기 위함이 아니라 자신을 감추기 위함이라는 것을 잊지 않아야 한다.

개신교에서 설교자가 현재의 가운(검정 가운)을 입는 전통은 종교개혁기에 스트라스부르크에서 개혁을 했던 마틴 부처(Martin Bucer)로부터 시작되었고 그 전통이 오늘에 이르고 있다. 그전까지는 성직자들이 가운 대신 제의(vestment)를 착용했지만, 마틴 부처 이후로 개신교회에서는 검정 가운을 입는 변화가 오게 되었다.

설교자가 복장과 관련하여 고려해야 할 사항은 다음과 같다.

1. 예배에서 설교를 하는 사람으로서의 복장에 적절한가?
2. 설교를 듣는 회중들에 대한 예의를 갖춘 모습인가?
3. 예배가 아닌 집회 등에서는 그 분위기에 적절하게 하는 것 등이다.

넷째로 설교를 전달하는데 있어서 고려할 것은 설교자의 시선(eye contact)이다. "사랑은 눈으로 말해요"라는 노래가 있다. 남녀가 사랑하고 그것을 표현하는 것은 굳이 말로 하지 않아도 알 수 있다. 우리는 사랑하게 될 때 첫눈에 반하고, 그것을 표현할 때 눈으로 표현한다. 눈은 그 사람의 마음의 모든 것을 표현하는 채널이 된다.

설교 역시 마찬가지다. 설교는 입으로만 하는 것이 아니다. 설교는 눈으로 하는 것이다. 말을 하되 그것은 설교자와 청중 간의 눈으로 표현되고 전달될 수 있어야 한다. 거기서 설교자와 청중 간의 교감이 형성된다.

내가 신학교를 다닐 때 한 교수가 있었다. 기독교 교육을 강의하셨지만 강의 방법은 교육적이지 못했다. 수업 시간에 학생들을 주시하면서 강의해야 하는데, 그분은 언제나 천정을 보면서 강의하셨다. 듣기로는 과거 여자고등학교에서 교사로 근무할 때 여고에서는 가능하면 선생이 학생들을 직접 눈으로 보지 않고 강의를 하는 것이 좋다고 했다는 말을 들은 적이 있다. 잘못하다가는 학생들로부터 오해 내지는 질투를 받을 수 있기 때문이었다고 한다. 그러나 그것은 교육 효과를 위해서는 결코 바람직한 방법이 아니다.

설교 시간에 설교자가 회중을 보지 않으면 회중 역시 설교자를 보지 않는다. 피차 볼 필요가 없는 것이다. 설교자는 천정이나 창밖을 보고 설교하고, 회중 역시 고개를 숙이거나 창밖을 보면서 설교를 듣게 된다. 이런 설교 전달을 한다면 그날의 설교는 어떤 결과를 가져오게 될까?

설교자가 회중을 보지 않는 데는 두 가지 원인이 있다. 하나는 설교자가 자신의 설교 원고에 대한 숙지가 부족하기 때문이다. 그렇기 때문에 원고에 의존하게 되고, 원고에 의존하다 보니까 회중을 볼 겨를이 없다. 필자가 학생들에게 설교학을 가르치면서도 가끔 이런 학생들을 보게 된다. 그럴 때는 그 학생에게 "왜 사람에게 설교하지 않고 원고에다가 설교를 하느냐"고 야단을 치기도 한다. 설교는 듣는 사람을 향하여 하는 것이지 결코 원고에다 하는 것이 아니다.

두 번째로 설교자가 회중을 보지 못하는 경우는 설교에 대한 자신감의 결여 때문이다. 설교에 대한 준비가 부족하기 때문에 회중을 볼 자신감이 없다. 그러니 회중의 눈을 피해서 다른 곳을 보며 설교하게 된다.

필자가 설교 실습 시간에 학생들을 관찰해 보면 상당수의 학생들이 교수를 똑바로 보지 못하고 눈을 피한다. 시험을 보는 학생들의 긴장과 부담감 때문이라는 것을 이해한다. 그러나 설교를 잘 준비한 학생들은 시선을 보다 자유롭게 하면서 설교를 잘 하는 것을 볼 수 있다.

우리가 사람을 만날 때 자신감이 없으면 상대의 눈을 피하게 된다. 그러나 자신감을 가지면 상대의 눈을 주시하면서 대화하게 된다. 설교 역시 설교자가 잘 준비를 하였으면 자신감이 생기고, 그런 자신감이 있을 때 회중을 여유 있게 바라보면서 설교를 할 수 있게 된다.

다섯째로 고려해야 할 것은 제스처(gesture)다. 설교하는 사람들을 유심히 보면 어떤 사람은 설교 중에 전혀 제스처를 사용하지 않는 경우를 보게 된다. 그런가 하면 어떤 사람은 설교를 시작하자마자 손을 들어 올리더니 설교가 끝날 때까지 내려오지 않는다.

필자가 신학교를 다닐 때 설교학 시간이었다. 어떤 학생이 설교를 시작하자마자 손을 들어 올리더니 설교가 끝날 때까지 계속 손짓을 하는 것이었다. 설교학 교수님께서 평가를 하시면서 이런 말씀을 하셨다. "망치를 좀 가져오라. 저 손에다 못을 좀 박아두게……."

제스처는 너무 자주 사용하는 것도 문제요, 전혀 사용하지 않는 것도 문제다. 설교자는 설교의 내용에 맞게 적절히 제스처를 사용할 수 있어야 한다. 그럴 때 설교의 효과를 더욱 높일 수 있게 된다.

설교자가 제스처를 사용할 때 생각해야 할 것은 "제스처는 자연스럽게 나와야 한다"는 점이다. 어색한 제스처는 사용하지 않음만 못하다. 제스처가 자연스럽게 되기 위해서 설교자에게는 수많은 연습이 필요하다.

탤런트들을 보라. 그들은 심지어 남의 이야기도 얼마나 자신의 것처럼 실감 있게 표현을 하는가. 그러나 우리가 기억해야 할 것은 그들이 그렇게 자연스러운 표정과 동작으로 연기를 할 수 있게 되기까지는 수많은 연습이 있었다는 사실이다. 자연스러움은 바로 거기서 나온다. 설교자들 역시 잊지 않아야 한다. '설교에서 자연스러움 역시 수많은 연습을 통해서 나오는 것'이라는 점을 말이다. 탤런트들은 가공된 이야기를 가지고도 그렇게 실감 있게 표현하는데, 하나님의 진리의 말씀을 전하는 설교자들이야말로 얼마나 더 실감 있게 표현할 수 있어야 하겠는가? 이것은 비단 제스처뿐만 아니라 설교자의 표정과 자세 등에서도 모두 마찬가지다. 설교자가 제스처와 관련하여 생각할 것들은 다음과 같다.

1. 제스처는 설교자의 열정의 표현이다. 열정이 없는 설교자는 제스처가 없다.
2. 제스처는 자연스러워야 한다. 그러기 위해서는 자연스럽게 될 때까지 연습해야 한다.
3. 제스처는 손의 움직임과 함께 시선도 따라가야 한다. 설교자의 시선과 손의 움직임이 정반대 방향이 되어서는 안 된다.

4. 설교자의 언어

설교학자인 폴 스캇 윌슨(Paul Scott Wilson)은 설교는 하나님의 사건(God's Event)이면서 동시에 언어의 사건(Oral Event)이라고 말한다.[15] 즉, 설교는 단순한 언어의 전달이 아니라 말씀을 통해서 사람들이 변화를 받고 회개하고 구원받는 사건이 일어나는 현장이다. 그러나 이 하나님의 사건은 또한 인간의 말을 통해서 이루어지기 때문에 설교는 언어의 사건이 된다는 것이다.

설교에서 사용하는 설교자의 언어는 아무리 강조해도 지나치지 않을 것이다. 폴 스캇 윌슨은 그러므로 "우리들이 사용하는 언어에 의해서 사람들의 믿음이 더욱 굳건해지기도 하고 없어지기도 한다"[16]는 사실을 설교자들은 반드시 기억해야 한다고 강조하고 있다.

언어는 인간의 의사소통을 위한 가장 기본적이고 필수적인 요소다. 우리는 말을 통해서 자신의 감정을 표현하고, 언어를 통해서 정보를 나누며, 그 언어와 함께 관계를 만들어 간다. 만약 인간의 세계에 언어가 없다면 그것은 죽은 사회나 다름이 없을 것이다.

설교 역시 언어를 통해서 전달된다. 그러므로 설교자가 언어에 대해서 관심을 갖는 것은 매우 중요하다. 보다 의미 있는 표현, 사람들의 가슴을 감동시키는 언어의 사용은 듣는 사람들에게 하나님의 말씀을 보다 은혜롭고 감동 있게 할 것이다. 그러나 의미를 제대로 담지 못하는 말, 풍부하지 못한 언어의 사용, 끊임없이 사용되는 단어의 반복 등은 설교의 내용을 약화시키는 결과를 가져올 것이다. 설교자는 자신이 설교에서 사용하는 언어에 대해서 관심을 가지고 깊이 생각해야 한다. 그리고 보다 풍성한 언어의 사용을 위해서 노력해야 한다. 그럴 때 은쟁반에 담긴 금사과(잠 25:11)처럼 그 가치는 더욱 빛나게 될 것이다.

1) 설교자의 언어에서 고려할 사항

설교를 전달하는 설교자의 언어는 매우 중요하다. 어떤 경우 설교자의 확신에 찬 언어를 들으면서 마음에 더 큰 확신이 들기도 한다. 그러나 어떤 경우는 똑같은 설교 내용을 들으면서도 설교자의 확신 없는 말소리 때문에 오히려 있는 믿음까지도 사라지려 할 때도 있다.

또 어떤 경우는 설교자의 어투가 너무 고압적이고 훈계식이면서 명령적일 때 회중은 설교 내용에 앞서서 설교자에 대한 반감을 먼저 갖게 된다. 심지어 설교단에서 회중을 향해 반말을 하거나, 상식에 벗어난 표현(심할 경우 욕설까지)들을 거침없이 하기도 한다. 그러나 이것은 하나님의 말씀을 전해야 할 설교자의 바람직한 자세가 아니다. 설교자는 자신이 지금 하나님의 말씀을 전하기 위해서 섰다는 사실을 기억하면서, 거기에 맞는 자세와 언어를 사용하도록 해야 한다.

한편 설교를 하면서 많은 설교자들이 '축원합니다' '기원합니다' 등 기도 용어를 설교에서 사용하고 있는데, 이것은 삼가도록 해야 한다. 설교는 기도가 아니다. 특별히 아멘을 유도하거나, 강요하기 위한 방법으로 사용하는 것은 더욱 조심해야 한다. 아멘은 회중이 설교를 들으면서 마음의 감동을 받고 자발적으로 나오도록 해야 한다.

어떤 설교자들은 회중의 아멘을 유도하면서 심지어는 "아멘 하는 사람만 복을 받으라"고 말을 하기도 한다. 물론 말씀을 듣는 자세를 훈련하기 위해서 하는 것은 나무랄 일은 아니다. 그러나 근본적으로 아멘은 말씀을 듣는 사람들의 가슴에서 우러나오는 것이어야 한다는 점을 잊지 않아야 한다.

어느 날 필자에게 한 전도사로부터 전화가 왔다. 그는 전화 하면서, "교수님, 전도사가 설교를 하면서 '축원합니다'라는 말을 해야 합니까? 안 해야 합니까?"라고 물었다. 아마 그의 질문은 "목사는 '축원합니다'라는 말을 해도 되지만, 전도사는 해서는 안 되는 것이 아닌가"라는 것을 묻고 싶었던 듯했다. 그래서 필자는 왜 '축원합니다'라는 말을 설교에서 사용해서는 안 되는지를 설명한 후, "목사도 전도사도 그 말을 사용해서는 안 된다"고 하면서 전화를 끊었다.

'축원합니다'라는 말을 사용하지 않고도 우리는 얼마든지 설교를 잘할 수 있다. 물론 어떤 특별한 경우라면 예배의 분위기 등과 관련하여 이 말을 사용할 수 있겠으나, 설교에서 일반적으로 이 말을 사용해서는 안 된다.

설교자가 조금만 관심을 가지고 적절한 말들을 찾아본다면 설교에서 더욱 의미 있고 격식 있는 표현들을 얼마든지 찾을 수 있을 것이다. 그러면 설교자는 어떻게 하면 설교에서 사용하는 언어를 보다 신선하고 의미가 있도록 할 수 있을까? 거기는 설교자의 노력과 연습이 필요할 것이다. 다음은 설교학자 프레드 크래독이 설교자들의 언어 훈련을 위해서 제안하는 방법을 소개한다.[17]

1) 말의 힘과 중요성에 대해서 가르쳐 주고 있는 작가들의 글을 읽도록 한다.

2) 설교자로서 자신의 일을 생각할 때 일반적으로 쓰는 말, 즉 '말하기', '설교하기' 같은 표현보다는 보다 상상력이 담기고 힘이 있는 표현들을 사용하라. 예를 들면 강단에 올라가면서, '내 말을 주러' 또는 '침묵을 깨뜨리러' 올라간다고 생각해 보라.

3) 매일 아침 식사 전이나 저녁 자기 전에 15분 내지 20분 정도씩 우수한 작가들의 에세이나 희곡, 간단한 이야기, 시, 소설 등을 읽어보라. 이것은 유용한 자료를 찾거나 모방을 하라는 것이 아니고, 언어의 대가들 (masters of the language) 사이에 앉아서 들어보라는 말이다.

4) 친구나 친척들에게 개인적인 편지를 쓰라.

5) 5주 또는 6주마다 자신의 설교를 검토해 보고, 너무 자주 사용되는 단어나 구절들이 없는지 살펴보라.

6) 사람들이 서로 하는 이야기를 들어보라. 공항, 버스, 비행기, 공원의 벤치, 식당 등 공공장소에서 사람들이 하는 말들은 설교자의 일상적인 언어의 범위를 풍부하게 해줄 것이다.

7) 영어를 배우려는 사람들과 이야기할 기회를 가져라. 그러면 그들에게 적절한 단어들이 무엇인지를 고르고 선택하면서, 자신의 언어를 더욱 새롭게 보게 될 것이다.

8) 3~5세 정도의 어린아이들과 이야기를 해보라. 그러면 그들이 처음으로 발음하는 단어들과 새로운 패턴으로 짜 맞춘 문장들을 들으면서, 낡은 언어에 빠져 있는 설교자에게 언어의 신선함을 느끼게 할 것이다.

9) 자신의 설교에서 새 신자들이 받아들이기 어려운 개념이나 사상이 어떤 것들인지 정규적으로 확인하라. 그리고 그것들을 인간의 오관(伍官)

의 하나에 호소하는 방법으로 표현을 해보라. 그러면 청중이 쉽게 이해하거나 느끼거나 경험하는 방법을 알게 될 것이다.

10) 단어놀이를 해보라. 여행 중에 이런 놀이를 한다면 여행의 지루함을 덜어 줄 것이며, 여기서 사용한 단어들이 다음번 설교에 새로운 맛을 가지고 사용될 수도 있을 것이다.

설교자의 풍부한 언어는 그가 전하는 메시지의 내용을 풍부하게 하며, 그것을 듣는 사람들의 영혼을 풍성하게 할 것이다. 일생 설교자의 길을 가면서 우리는 하나님의 말씀을 어떤 언어들을 사용해서 사람들에게 감동 있게 전달해야 할까를 깊이 생각해 볼 일이다.

크래독의 말을 다시 한 번 들어보도록 하자.

"설교자들 대부분은 은퇴하기 전까지 수많은 말들과 함께 길을 가야 하는데, 벌써부터 우리가 사용하는 말의 명사들이 장중함(dignity)을 잃고, 동사들이 무력해지며(listless), 분사들이 흔들거린다면(dangling), 설교의 여정을 함께하는 동반자(교인)들이 그 얼마나 따분하며 지루해할 것인가?"[18]

2) 원어 및 외국어 사용

설교에서 원어는 성경이 쓰일 때의 본래 의미를 전해 주기 때문에 설교자가 설교를 준비하면서 필수적으로 살펴야 할 부분이다. 언어라고 하는 것은 그 속성상 시대를 따라서 그 의미가 변화되기 때문이다. 설교자는 원어에 대한 해독 과정을 통해서 성경 당시의 의미를 알 수 있을 뿐만 아니라 자신이 미처 알지 못했던 새로운 의미도 발견할 수 있는 기회를 가진다. 그러므로 설교 본문에 대한 원어의 의미를 파악하는 것은 설교에 있어서 매우 중요한 작업이다.

그러나 설교를 준비하는 과정에서는 원어에 대한 이해를 충분히 하되, 설교를 전달하는 데 있어서는 주의해야 한다. 자칫 잘못할 경우 설교자의 지식을 자랑하는 수단으로 설교자가 유혹을 받을 수 있고, 아니면 회중이 그렇게 생각할 수 있다. 그러므로 설교에서 원어를 사용하는 것은 그것이 반드시 필요한 경우로 제한하도록 해야 한다. 왜냐하면 원어를 많이 말한다고 할지라도 그것을 듣는 회중의 귀에는 그것이 들어오지 않기 때문이다. 물론 회중의 수준에 따라서 원어 사용의 빈도를 조절할 수 있겠지만, 일반적으로는 최소화하는 것이 바람직하다.

어떤 설교자들, 특별히 지적 수준이 있다고 하는 설교자들의 설교를 들으면 외국어를 지나칠 정도로 많이 사용하는 경우를 보게 된다. 물론 필요한 경우 외국어를 사용하는 것은 무방하다. 필자의 경우도 설교를 준비하면서 영어 성경의 번역본들을 비교하여 읽으면서, 거기서 더욱 풍부하고 다양한 의미들을 발견하면서 놀랄 때가 많다. 우리 말 성경에서 알 수 없었던 의미를 발견하면 설교에 큰 도움이 된다.

그러나 설교를 전달할 때 이를 사용하는 것은 주의할 필요가 있다. 성경의 영어뿐만 아니라 일반적인 외국어 역시 반드시 필요한 경우에만 사용하도록 해야 한다. 그것이 설교자의 지적 과시를 위한 것이 되어서는 안 된다. 그렇게 느껴질 경우 회중은 설교에 대한 거부감을 갖게 되기 때문이다.

적 용 하 기

---

1. 설교자 자신의 원고를 다시 보면서 자신이 사용하는 언어의 수준과 적절성, 그리고 어휘의 풍부함이 어느 정도인지를 확인해 보라.

2. 설교가 녹음(녹화)된 테이프를 보거나 들으면서 자신의 어투가 어떠한지, 설교자로서 적절한 언어를 구사하고 있는지 등을 체크하도록 한다.

3. 설교 언어의 향상을 위해서 어떤 일들을 할 수 있는지를 생각하고, 계획을 세워서 실천해 보도록 한다.

5. 설교에서의 유머 사용

우리 학교 채플에 캐나다 한 대학의 학장이 와서 설교하였다. 그는 인사와 함께 이런 말을 하면서 설교를 시작하였다. "제가 30년 전 처음 한국에 왔을 때 한국 교인들의 성경을 읽는 모습이 매우 특별하였습니다. 영어로 된 우리나라 성경은 왼쪽에서 오른쪽으로 읽습니다. 그래서 사람들이 하나님의 말씀을 읽으면서 고개를 좌우로 흔들게 됩니다. 성경을 읽으면서 계속 'No, No'라고 하는 것입니다. 그런데 한국 성경은 위에서 아래로 읽도록 되어 있었습니다. 그래서 한국 교인들은 성경을 읽으면서 고개를 위에서 아래로 끄덕끄덕하였습니다. 성경을 읽으면서 계속 'Yes, Yes'하는 것입니다. 저는 한국 교인들이 이렇게 하나님의 말씀에 순종하는 모습을 가지고 살았기에 오늘 한국교회가 이렇게 부흥한 줄로 확신합니다."

그 시간 자리에 함께한 모든 사람들이 이 유머를 들으면서 웃을 수 있었고, 비록 외국인 설교자였지만 마음을 열고 친근감을 가지면서 설교를 경청할 수 있었다. 필자는 그 유머를 들으면서 이런 생각을 했다. 요즘은 한국도 성경이 좌에서 우로 읽도록 되어서, 우리들도 이제는 'No, No' 하면서 읽고 있다고, 그래서 지금 한국교회도 많은 문제를 안고 성장하지 못하는 것 같다고…….

이렇게 유머는 사람의 마음을 열게 만드는 촉매제가 된다. 특별히 설교에서는 설교자와 청중 사이의 거리를 좁히고 친근하게 만들어 주는 것이 바로 유머다. 누구나 설교를 듣는 자리에 있게 되면 엄숙해지려 한다. 그러나 때로는 이 엄숙함이 오히려 설교 듣는 것을 거북하게 만들고, 그 분위기를 경직되게 하기도 한다. 그래서 청중은 자신의 마음을 열지 못하고 그저 앉아 듣는 정도로 마치기 쉽다.

어떤 설교자는 설교를 시작하면서, 또는 설교 중간에 간단한 유머를 통해서 청중의 마음을 열도록 하고, 설교를 진행하는 것을 보게 된다. 한번 웃고 난 청중은 그 메시지를 보다 쉽게 수용하고 설교에 적극 참여하게 되는 것을 보게 된다. 그러므로 설교자는 설교를 통해서 적절한 유머를 구사할 수 있어야 한다. 그것은 설교를 듣는 사람들의 마음을 움직이는 청량제와 같은 구실을 하게 된다. 설교의 경험이 많은 한 목사는 설교자가 설교를 할 때 적어도 몇 번은 청중을 웃게 할 수 있어야 한다고 말하는 것을 들었다. 대부분 뛰어난 연설가나 설교가들은 유머 감각이 있었고, 그들이 말하는 가운데서 그것을 적절히 활용할 줄 아는 사람들이었다. 사람들을 웃게 할 수 있는 사람이 사람들을 울게 할 수도 있다. 청중의 정서적 반응에 민감하면서 거기에 적절히 대처할 수 있는 능력은 설교자들에게 필요한 하나의 재능이라고 본다.

그러나 설교에서 유머를 사용하되 몇 가지 주의해야 할 것이 있다. 너무 저속한 유머는 삼가야 한다. 이런 것들은 오히려 하나님의 말씀의 가치를 약화시키고 설교자의 이미지를 추락시키기 때문이다. 특별히 성적인 농담 같은 것은 강단에서 주의해야 할 부분이다. 간혹 이런 농담으로 인해서 구설수에 오르는 목회자들도 있음을 기억해야 한다. 그런 측면에서 로이드 존스 같은 설교가는 설교에서 유머의 사용은 인정하지만, 지나친 유머에 대해서는 반대하는 입장을 취하고 있다.[19]

특별히 설교에서 사용하는 유머는 그날의 설교 내용과 연관된 것이어야 한다. 괜히 사람들을 한번 웃겨 보고자 그날의 설교와 아무런 상관이 없는 유머를 사용하는 것은 바람직하지 못하다.

필자가 어느 날 설교를 하면서 이런 유머를 사용한 기억이 있다. 그날 설교 본문은 누가복음 5:1~11로 갈릴리 호수에서 베드로가 예수님을 만난 장면이었다. 그날 필자는 설교를 시작하면서 다음과 같은 유머를 사용했다. "미국 최고의 유머작가요, 『톰 소여의 모험』이라는 책을 쓴 마크 트웨인(Mark Twain, 1835-1910)이 지금으로부터 100여 년 전 성지 순례를 하게 되었습니다. 마침 갈릴리 바다에 도착하여 그는 배를 타보고 싶은 마음이 간절했습니다. 그래서 뱃사공들에게 가서 배 삯을 물어보았더니 너무나 비싸게 부르는 것이었습니다. 뱃사공들은 모두 아랍 사람들이었습니다. 그는 자기가 가진 돈으로 배를 타는 것이 너무나 부담스러워서 포기하기로 했습니다. 그리고 이렇게 한마디를 했습니다. '왜 예수님께서 갈릴리 바다에서 배를 타지 않으시고 물 위로 걸어가셨는지 이제야 알 것 같소.'"

그리고는 이어서 "갈릴리 바다에는 많은 사연이 깃들어 있습니다……." 하면서 설교를 이어나갔다. 성경 본문의 배경이 갈릴리 바다였기 때문에 그날 설교에서 그곳과 관련된 유머를 찾아 사용했다. 교인들은 한바탕 웃고 나서 열심히 설교에 경청하는 모습이었다. 이와 같이 설교에서 유머를 사용하되 가능하면 그날의 설교와 관련된 것을 사용할 때 효과적이라는 사실을 기억해야 한다.

또 하나 유머를 사용하면서 고려해야 할 것은 예배의 분위기다. 예배 시간이나 분위기에 적합하지 않으면 유머의 효과가 별로 없다. 필자가 설교하면서 가끔 주일 아침 9시 예배와 11시 예배에서 회중의 분위기가 다름을 느낀다. 똑같은 유머인데 이른 아침에 예배를 드리는 사람들은 무덤덤하면서 별로 반응이 없을 때가 많다. 그런데 11시 예배에서는 모든 교인들이 마음을 열고 함께 웃는다.

무엇의 차이일까? 필자는 이른 아침과 11시 사이, 즉 시간의 차이에서 오는 사람들의 심리적 상태 때문이라고 생각한다. 이른 아침 시간에는 사람들이 비교적 차분하고 조용하면서 마음이 다 열리지 않는 상태다. 그렇기 때문에 즉각 웃고 자신의 감정을 표현하면서 반응하기가 쉽지 않을 것이다. 그러나 11시에는 사람들이 좀 더 활기가 있다. 그래서 반응도 즉각 나타난다.

이런 예배의 시간적인 면과 함께 유머는 회중의 수준에 적합하게 표현되어야 한다. 어린아이들에게는 아이들에게 맞게, 청소년들에게는 청소년들에게 맞게, 그리고 노년들에게는 노년에 맞게 표현해야 한다. 어떤 경우 설교자가 설교에서 유머를 사용하면서 교인들로부터 어떤 반응이 올 것이라고 기대했는데, 그렇지 않았을 때 무척 당황한 경험들이 있을 것이다. 그런 경우는 대부분 설교자의 표현이 뭔가 서툴고 적합하지 않았거나, 아니면 듣는 청중의 수준과 맞지 않았을 때 발생한다. 유머는 그것을 듣는 사람들의 수준과 맞게 표현될 때, 기대 효과가 발생하게 된다는 것을 잊지 않아야 할 것이다.

지금은 유머에 대한 많은 자료와 책들이 나와 있다. 기독교 신앙이나 성경과 관련된 유머들도 많이 있다. 설교자들은 가끔 이런 자료들을 찾아 읽어보고, 외워도 보고, 사람들에게 활용하는 것을 연습하는 것도 필요하다.

무엇보다도 중요한 것은 설교자가 설교하면서 즐거워야 한다는 사실이다. 아무리 재미있는 이야기라도 그것을 전하는 사람의 표정이 어둡고 딱딱해 있다면 그것을 듣는 사람들 역시 그렇게 된다. 함께 기쁘게 웃어야 할 유머를 하면서 설교자의 얼굴은 우울하거나 굳어져 있는 것을 상상해 보라. 그때 사용하는 유머는 오히려 분위기만을 어색하게 하고 말 것이다. 유머를 사용하기 전에 먼저 설교자 스스로가 즐겁도록 노력하는 것이 유머보다 더욱 중요하다는 점을 기억했으면 한다.

6. 설교 시간과 공간

1) 설교 시간

"제발 우리를 지루하게 하지 마세요."

목회를 하다가 신학교 교수가 된 이후로 주일이나 예배 시간이면 회중석에 앉아서 다른 사람들의 설교를 들을 때가 많다. 그러면서 한 가지 느낀 것은 과거에 필자가 목회를 하면서 설교할 때 회중의 입장을 너무 생각하지 않고 설교자의 일방적인 생각과 방법으로 설교하지 않았는가 하는 것이었다.

어떤 교회에 가 보면 설교자의 설교 시간이 너무 길다는 느낌이 든다. 물론 설교 시간이 언제나 똑같아야 한다는 법은 없다. 특별한 경우는 짧게 할 수도 있고, 어떤 경우는 길게 할 수도 있다. 그러나 그것은 특별한 경우고 일반적으로 설교자는 정해진 시간을 준수하는 것이 좋다.

가끔 설교를 길게 하는 목사들을 보면 회중은 빨리 끝냈으면 하는데, 그 분위기를 파악하지 못하고 혼자 설교에 도취되어 한 시간씩 설교를 계속한다. 그러면서 설교를 짧게 하는 것은 잘못된 것으로 매도하면서, 자신이 설교를 길게 하는 것이 마치 설교의 탁월한 능력을 갖고 있어서 그런 것처럼 주장한다. 그러나 과신하거나 착각해서는 안 된다. 설교를 길게 함으로써 오히려 하나님의 말씀의 권위를 떨어뜨리고 그 의미를 감소시키는 경우가 많기 때문이다. 교인들은 지루해 죽겠는데 목사 혼자 신나서 떠들고 있다면 어떻게 되겠는가?

어떤 설교자들은 "칼빈도 설교할 때 한 시간씩 하였다"고 하면서, 자기도 반드시 한 시간씩 설교를 하겠다고 한다. 그러면서 자기가 설교를 듣는 교인들을 지루하게 만들고 있다는 것은 생각하지 않고, 오히려 지루하게 느끼는 교인들이 잘못되었다고 야단을 치기도 한다. 그 사람의 설교 내용과 방법이 탁월하여 한 시간을 설교해도 지루하지 않을 정도라면 뭐라 하지 않는다. 회중이 집중하여 들을 수 있는 경우라면 시간이 허락하는 대로 두 시간, 세 시간을 설교해도 무방할 것이다. 그러나 십 분만 들어도 지루해 죽겠는데 그런 설교를 한 시간씩 한다고 생각해 보라. 듣는 사람들은 어떠하겠는가? 필자는 그런 사람들을 향하여 한마디 한다. "저가 칼빈인가?"

설교를 언제나 인위적으로 길게 하고자 하면 설교자도 힘들고 듣는 청중도 힘들다. 설교자는 정해진 시간을 맞추기 위해서 힘든 준비를 해야 하고, 어떤 경우는 시간을 때우기 위해서 설교해야 하는 경우도 있다. 그럴 때는 했던 말을 또 하거나 설교 주제에 맞지도 않는 불필요한 말들을 여기저기서 주워다가 중언부언하게 된다. 청중 역시 했던 말을 다시 듣기를 반복하면서 지루하거나 짜증이 날 수밖에 없다. 피차간에 힘든 일이다. 꼭 필요한 경우가 아니라면 설교자는 설교 내용을 보다 집중적이고 집약적으로 전개함으로써 메시지의 내용도 분명하게 전달되도록 하고, 설교 시간도 정확하게 지키도록 해야 한다.

필자가 설교학 시간에 "설교 시간을 준수하라"는 강의를 할 때면 한 가지 예를 든다. 가끔 설교가 지루하고 긴 목사들의 설교를 들어보면, "끝으로……" 해서 끝날 줄 알았는데, 바로 "다시 말해서……" 하면서 또 반복을 한다. 여기서 끝나지 않고 "결론적으로……" 또다시 이어 나간다. 설교가 아니라 듣는 사람들을 고문하고 있다는 느낌을 받을 때도 있다.

설교가 길면서 청중을 지루하게 만드는 사람들의 분명한 특징 하나는 "설교가 제대로 준비되지 않았다"는 점이다. 어떤 사람들은 강단에 섰더니 성령님께서 이렇게 말씀하라고 하셨다면서 엉뚱한 설교를 하는 경우도 있다. 물론 특별한 경우는 설교하는 도중에 성령님께서 설교자를 감동하셔서 말씀을 하실 수도 있을 것이다. 그러나 그것은 일반적인 것이 아니다. 그래서 필자는 그럴 때 이런 말을 한다. "강단에 섰을 때 성령님께서 감동해서 말씀하지 않고, 설교를 준비할 때 성령님께서 감동하셔서 말씀하시도록 설교를 충분히 준비하라."

한편 정해진 시간도 중요하지만, 내용과 방법도 중요하다. 어떤 설교는 한 시간을 들어도 지루하지 않지만, 어떤 설교는 10분만 들어도 지루하다. 설교의 시간을 지키되, 시간적으로 긴 설교를 할 경우는 그만큼 내용이 충실하고 회중이 관심을 가지고 들을 수 있는 좋은 방법과 내용이어야 한다는 것을 잊지 말도록 하자.

하나님의 생동감 있는 복음을 지루하게 만드는 것은 죄악이다. 설교자는 생동감 있는 하나님의 말씀이 생동감 있게 전달되도록 하기 위해서, 설교의 내용과 방법과 시간을 언제나 신중하게 고려하고 최선을 다해서 준비해야 할 것이다. 다시 한 번 말하지만 하나님의 복음이 사람들에게 지루하게 들려지지 않도록 하라. 제발 하나님의 귀중한 말씀이 설교자로 인해서 잔소리가 되지 않도록 하라.

2) 설교 공간

설교는 어떤 공간 안에서 이루어진다. 일정한 건물 안에서 뿐만 아니라 때로는 천막에서, 때로는 들이나 산에서 이루어지기도 한다. 이 모든 곳들 역시 공간에 해당하는 것은 분명한 사실이다. 그러므로 설교자는 어떤 공간 분위기에서 설교하게 되는가를 언제나 신경을 써야 하며, 거기에 적절한 방법으로 설교해야 한다.

설교단이 잘 준비된 교회 안에서 설교할 때와 야외에서 설교할 때, 적은 사람들이 모인 공간과 몇 천 명이 모인 공간에서 설교할 때는 분명히 차이가 있어야 한다. 따라서 공간적 개념이 분명할 때 설교자는 거기에 적절한 설교를 할 수 있게 된다.

여기서는 설교가 이루어지는 건물을 중심으로 몇 가지 생각해 보고자 한다. 얼마 전 필자가 어느 교회의 초청을 받고 말씀을 전한 적이 있다. 그 날 강단에 서서 말씀을 전하는 동안 필자는 계속 뭔가 부자연스러움을 느꼈다. 성가대는 강단을 보도록 배치가 된 것이 아니라 회중석을 바라보도록 배치가 되어 있어서, 설교자와 성가대와는 아예 시선 접촉(eye contact)이 불가능했다. 성전 내부가 부채꼴형으로 만들어졌고, 성가대의 위치가 앞쪽에 있어서 성가대는 회중석을 볼 수밖에 없는 구조였기 때문이다. 또한 교회 규모에 비해 앞뒤 길이가 너무 짧아서 강단에서 앞을 내려다보며 회중과 시선을 교환하는 것도 어색하기 그지없었다. 공간이 설교자에게 어떤 악영향(?)을 줄 수 있는가를 경험했던 순간이었으며, 설교자들이 말씀을 전하는 공간으로서 교회 내부 구조에 대한 관심을 필히 가져야 한다는 절실함을 느낀 시간이었다.

현대 교회에서 설교가 이루어지는 공간을 먼저 생각해 보면, 교회들의 입장에 따라서 몇 가지 개념적 차이를 볼 수 있다. 어떤 교회들은 제단(altar)으로, 어떤 교회들은 강단(pulpit)으로, 어떤 교회들은 무대(stage)의 개념으로 설교하는 공간을 생각하고 또한 그렇게 부르기도 한다.

예전 중심적인 로마 가톨릭교회나 동방정교회, 성공회 등은 제단의 개념으로 이해한다. 이들은 설교보다는 예전에 더 비중을 두는 교회들이다. 그런가 하면 말씀 중심의 교회들, 즉 장로교회와 대부분의 개신교회들은 강단의 개념으로 이해하고 또한 그렇게 부르고 있다. 최근 개신교 안에서 일어나는 열린 예배 등은 제단이나 강단보다는 회중의 친근감을 높이기 위해서 무대의 개념으로 이해하고, 예배 역시 그렇게 진행한다. 예배와 설교를 어떻게 이해하느냐에 따라서 설교 공간에 대한 배열과 장식 등을 달리하고 있는 것이다. 그러나 교회들이 어떤 개념으로 이해를 하든 중요한 것은 그것이 하나님의 말씀을 전하는 공간으로서 인식되고 있으며, 충분한 분위기를 갖추고 있느냐는 것이다.

설교자들의 설교가 이루어지는 공간과 관련하여 몇 가지 고려해야 할 것은 먼저 예배당 안의 분위기다. 예배하는 장소로서 적절한 분위기와 장식, 그리고 상징물들이 갖추어질 때 모이는 회중들 역시 분위기에 따라 반응하게 된다. 또한 말씀을 전하는 강단(설교대)의 위치, 전체 공간에 어울리는 적절한 크기, 그리고 모양 등은 어떻게 해야 할 것인가 세심하게 생각해야 한다. 전체 공간에 어울리지 않는 강단(설교대)의 크기나 위치, 모양 등은 말씀을 전하는 설교자와 듣는 회중 모두에게 심리적 불편함을 줄 수가 있기 때문이다.

어떤 교회를 가면 말씀의 권위를 강조하기 위해서인지는 모르겠지만 너무 강단을 높이 두어서 보는 사람들이 매우 불편한 경우가 있다. 예배당 규모에 비해서 강대상이 너무 크거나 아니면 너무 작아서 조화를 이루지 못한 교회들도 있다. 목회자들은 설교 공간이 전체 예배당 분위기와 조화를 잘 이루도록 배열해야 함을 잊지 않아야 한다.

다음으로 설교하는 공간에서 고려해야 할 것이 음향이다. 최근에는 기술의 발달로 인해서 음향 시설들의 성능도 크게 향상되었다. 현대 설교자들은 이런 것들을 적절히 활용함으로써 설교를 보다 효과적으로 할 수 있도록 도움을 받아야 한다. 그리고 전문가일 필요까지는 없겠지만 음향에 관한 기본적인 지식을 가지고 있어야 한다.

주의 깊게 들어본 설교자들은 알겠지만 음향 시설은 공간의 크기, 모인 사람의 숫자, 설교자의 음성, 심지어는 온도와 습도 등에 이르기까지 민감하게 반응한다. 그러므로 이에 적절히 대처할 수 있는 감각을 가지고 있어야 한다. 물론 대형 교회들은 전문가가 있어서 도와주고 있지만 그렇지 못한 교회들은 설교자가 어느 정도 이를 조절할 수 있어야 한다.

특별히 음향과 관련하여 적절한 내부 방음 시설도 필요하다. 방음 시설이 미비하여 소리가 너무 크게 울리거나, 아니면 지나치게 하여 소리가 흡수되어 죽지 않도록 해야 한다. 예배당 시설은 설교자의 설교와 함께 찬송 등 음악이 함께하므로, 설교와 음악을 하기에 적절한 내부 방음 시설을 해야 한다.

또 하나 설교 공간에서 생각해야 할 문제는 냉난방 시설에 관한 것이다. 요즈음에는 많이 개선되었지만, 냉난방 시설로 인한 소음, 냄새, 건조함 등은 설교자의 설교에 장애요, 고통이 된다.

1990년대 필자가 목회할 때의 경험이다. 당시 우리 교회는 이층 건물을 임대하여 예배당으로 사용하고 있었다. 그때는 대부분의 교회들이 석유를 태워 공간을 덥히는 전기식 히터를 사용했는데, 소음과 함께 석유 냄새 등으로 인해서 설교할 때마다 너무나 힘이 들었다. 어떻게 개선할 수 없을까 고민하다가 마침 전기 라디에이터가 수입되어 있다는 사실을 알고 – 당시 국내에서는 생산하지 못함 – 비싸지만 이것을 몇 개 구입해서 사용했다. 그러고 나니 소음과 석유 냄새 등이 모두 해결되어서 설교하기가 얼마나 편했는지 모른다.

설교자는 설교의 내용뿐만 아니라 그것을 전달하는 공간에 대해서도 민감하게 생각해야 한다. 모든 공간의 구조나 배치, 시설 등이 설교하는 데 방해가 되지 않고, 설교를 위한 최적의 공간이 되도록 지혜를 발휘해야 한다.

7. 설교에 대한 평가

설교자가 설교를 마치고 강단에서 내려오는 것으로 모든 것이 끝난 것은 아니다. 설교자는 자신이 한 설교에 대해서 다시 한 번 돌아보는 시간을 가져야 한다. 그날 설교를 잘했는가, 또는 못했는가는 누구보다 설교자 자신이 가장 잘 안다. 자신이 만족할 만큼 설교를 했을 때 그가 느끼는 희열은 설교자가 아니면 아무도 모른다. 그러나 자신이 기대했던 것만큼 설교하지 못했을 때 느끼는 안타까움과 실망감 또한 설교자가 아니면 알 수 없다.

어느 도시의 목사님께서 그런 말씀을 하시는 것을 들었다. 자기가 기대했던 것만큼 설교가 되지 않았을 때, 마음이 너무 괴로워 교회를 혼자 나서서 도시 거리를 헤매고 다닌다는 것이었다. 누가 이 마음을 알겠는가? 설교자만이 이 마음을 알리라.

설교자는 자신의 설교를 평가해 보아야 한다. 그 방법으로는 세 가지를 들 수 있는데, 첫째는 자신의 설교를 녹음하거나 녹화해서 스스로 그것을 보면서 평가하는 방법이다. 요즈음에는 교회마다 설교를 녹음하거나 녹화할 시설들이 거의 갖추어져 있다. 그러므로 가끔 자신의 설교를 녹음하거나 녹화해서 그것을 다시 보면서 자신의 설교를 평가해 보아야 한다. 여기서는 설교학적인 이론을 기초로 해서 설교의 내용과 전달 방법 등을 자세히 살펴볼 수 있을 것이다.

둘째로 설교를 평가하는 방법은 그날 설교를 들은 청중의 반응을 듣는 것이다. 교회 안에 자신의 설교를 듣고 진정으로 이야기해 줄 수 있는 몇 사람을 정해서 주기적으로 그들의 의견을 듣는다면 청중의 반응을 이해하는 데 도움이 될 것이다. 여기서 또 하나의 방법은 교인 전체에게 자신의 설교에 대한 설문을 실시하는 것이다. 필요한 몇 가지 항목을 만들어서 교인들로 하여금 무기명으로 자유롭게 쓸 수 있도록 한다면 그들이 목사의 설교에 대하여 어떤 생각을 갖고 있는지 쉽게 알 수 있을 것이다. 그러나 아직 한국 상황에서는 하나님의 말씀인 설교에 대하여 평가한다는 것이 분위기상 어려움도 있으므로, 설교자가 지혜롭게 하는 것이 좋으리라 본다.

셋째는 설교자 자신이 설교학에 대한 강좌에 참여하거나 또는 설교 클리닉 센터 등을 통해서 전문가로부터 평가와 조언을 얻는 방법이 있다. 한 사람이 한 강단에서 오래 설교를 하다 보면 자신도 모르게 매너리즘 (mannerism)에 빠져서 구태의연해지거나, 자신의 단점을 스스로 깨닫지 못하고 계속하는 일들이 많다. 그러므로 설교 전문가들을 만나서 그것들을 함께 찾고 고쳐 나가는 것은 자신의 미래 설교를 위해서 좋은 기회가 된다.

자신의 설교를 평가받는다는 것이 썩 내키는 일은 아니지만, 그럼에도 불구하고 이런 일들을 용기 있게 할 수 있는 사람만이 설교의 긴 여정을 아름답게 마무리할 수 있을 것이다.

8. 설교자들이여, 당신 자신의 설교를 하라

몇 년 전 오순절 계통 교단에 소속된 목사들이 필자의 강의를 들은 적이 있다. 어느 날 수업 시간에 그 분들에게 발표를 하도록 했는데, 그들의 말소리를 들으면서 깜짝 놀라지 않을 수 없었다. 소위 세계에서 가장 크다고 하는 그 교단 교회 목사의 목소리를 그들은 그대로 흉내를 내고 있었던 것이다. '성령께서……' 하면 될 것을 '셩령께서……' 라고 발음을 할 뿐만 아니라 억양까지도 비슷하게 하면서 말을 하였다.

왜 이런 현상이 일어날까? 그리고 왜 그들은 이렇게 하려고 할까? 그렇게 하면 설교가 더 잘 되고, 교회가 더 부흥을 할까? 어떤 사람들은 이런 현상을 보면서, 그와 같이 흉내를 내는 사람들에게 그 큰 교회 목사의 성을 빌려 "리틀(little) 조"라고 부르기도 하였다.

설교는 모방이 아니다. 궁극적으로는 자기의 것이 나와야 한다. 물론 처음 설교를 배우는 사람들이야 남의 것으로부터 배울 수밖에 없다. 많은 학자들에 의해서 연구된 설교학에 관한 이론들을 배워야 하고 방법론을 훈련하고 터득해야 한다. 그리고 훌륭한 설교자들의 설교를 보고 들으면서 그들이 갖는 장점과 우수한 면들을 배워야 한다. 그러나 거기서 끝나서는 안된다. 설교자는 그런 배움의 과정을 통해서 궁극적으로는 자기의 설교가 나와야 하기 때문이다.

그러면 설교자가 자신의 설교를 하기 위해서는 어떻게 해야 할까?

먼저 하나님의 말씀이 설교자에게서 '나의 말씀'이 되어야 한다. 설교는 하나님의 말씀이다. 그러나 그 하나님의 말씀은 결국 설교자를 통해서 전해진다. 그러므로 하나님의 말씀을 전하는 통로(channel)로서 설교자가 그날 주신 말씀을 통해서 하나님의 음성을 듣고 은혜를 받는 것은 매우 중요한 일이다. 하나님의 말씀이 설교자의 가슴에서 자신에게 주시는 말씀으로 확신이 되며 믿어질 때, 그는 그 말씀에 대한 확신을 가지고 듣는 사람들에게 담대히 선포할 수 있을 것이다. 그러므로 설교자는 하나님의 말씀을 다른 사람들에게 설교하기 전에 먼저 그 말씀이 자신의 말씀이 되도록 해야 한다. 이것이 보이지 않는 하나님의 말씀이 보이는 설교자 안에서 성육신하는 것이다. 이런 과정을 통해서 설교자는 자신 안에서 성육신한 하나님의 말씀을 온전한 하나님의 말씀으로 전할 수 있게 된다. 이것을 우리는 성육신한 설교(incarnational preaching)라고 부른다.

다음으로 설교자는 하나님의 말씀을 '나의 언어'로 전할 수 있어야 한다. 다시 말하지만 하나님께서는 자신의 말씀을 전하시되 자신이 직접 오셔서 하시지 않고 설교자를 통해서 전하도록 하셨다. 그러므로 하나님께서는 설교자가 가진 모든 것들을 사용하셔서 그 말씀을 전하도록 하신다는 것을 우리는 기억해야 한다. 하나님은 이사야와 예레미야, 호세아와 아모스, 세례 요한, 사도 베드로와 요한, 사도 바울 등 성경 속에 등장하는 수많은 설교자들을 사용하셔서, 그 시대 사람들에게 전하고자 하시는 하나님의 말씀을 설교하도록 하셨다. 하나님은 단순히 그들의 입에 하나님의 말씀만을 들려주신 것이 아니라, 그들이 가진 신앙과 지식, 성품 등까지도 모두 사용하셔서 말씀을 전하도록 하셨다.

이것은 오늘의 설교자들에게도 마찬가지다. 하나님은 하나님의 말씀만 설교자들의 입을 통해서 전달하시는 것이 아니라 그들이 가진 모든 것들을 사용하셔서 하나님의 말씀을 전하도록 하신다. 여기에는 설교자 자신의 성경에 대한 이해와 해석, 그의 신앙과 신학, 인격과 지식, 그리고 심지어는 그가 가진 음성까지도 포함된다.

우리는 여기서 설교자는 남의 설교가 아니라 '나의 설교'를 해야 한다는 사실을 기억할 필요가 있다. 물론 나의 설교라고 하니까 나의 말을 하라는 뜻으로 오해해서는 안 된다. 이 말은 하나님의 말씀이 나를 통해서 나의 언어로 전달되게 하라는 의미다. 그렇게 하기 위해서 우리는 먼저 설교의 내용을 남이 받아 전하는 것이 아니라 내가 받아서 전하는 것이 되도록 해야 한다. 내가 기도하면서, 내가 성경을 읽고 묵상하면서, 내가 성경을 연구하고 해석하면서 하나님으로부터 받은 그 메시지를 전할 수 있어야 한다. 그런데 만일 우리가 이런 일을 게을리 하면서 남이 받아 전한 메시지를 그대로 가져다가 전하게 된다면 어떻게 되겠는가? 그것은 마치 남이 먹다 남은 식은 밥을 자신의 교인들에게 다시 먹이는 것과 같지 아니할까?

또 하나 설교자들이 생각할 것은 설교의 내용이 나의 설교가 되어야 할 뿐만 아니라 설교하는 방법 역시 나의 설교가 되도록 해야 한다는 사실이다. 말소리나 제스처 등 남의 설교 방법을 그대로 흉내나 내는 설교자가 아니라 스스로 연구하고 훈련을 계속하면서 자신의 방법으로 설교할 수 있도록 해야 한다. 물론 이것은 금방 되는 일이 아니다. 수많은 훈련과 시행착오를 거치면서 얻어질 수 있는 결과다. 마치 국악에서 창을 하는 사람이 피나는 노력 끝에 득음(得音)을 하는 순간이 오는 것과 같이 설교자가 자기의 것을 얻을 수 있는 순간 역시 수많은 노력 끝에 얻을 수 있는 선물이다. 이것은 몇 년 또는 몇 십 년 동안 자신의 쉼 없는 노력과 착실한 훈련에 의해서만 오직 가능한 일이다. (참고로 여기서 언급한 '자신의 방법'이라는 것은 훈련되지 않은 채 설교 시간에 자기 멋대로 말하거나 행동하는 것을 말하는 것이 아니다.)

또한 설교를 전달하는 설교자의 음성 역시 생각해 볼 일이다. 하나님께서는 모든 설교자들의 음성을 동일하게 만들지 않으셨다. 목소리에도 각자 특색을 부여하셔서 자기 나름대로 개성을 가지고 사용하도록 하신 것이다. 그런데 남의 목소리를 흉내 내거나, 아니면 지나치게 인위적인 목소리를 내면서 설교하는 것은 이런 창조주 하나님께 대한 모독이 아닐까? 설교자들이 할 일은 모방이 아니라 하나님께서 자신에게 주신 개성 있는 목소리를 보다 잘 살리고 개발하여 설교에서 이를 잘 활용하는 것이 아닐까 생각한다.

다시 말하지만 설교자는 하나님께서 다른 사람이 아니라 바로 '나'를 통해서 하나님의 말씀을 전하도록 강단에 세우셨다는 사실을 잊지 않아야 한다. 그러므로 설교자는 나의 신앙과 지식과 인격을 통해서 빚어진 하나님의 말씀(설교)이 언제나 나의 자연스러운 목소리와 태도를 통해서 회중들에게 전해지도록 해야 한다. 자연스러움은 수많은 훈련과 연습의 결과임도 잊지 않으면서……

설교자들이여, 당신의 강단에서 남의 언어가 아니라 '나의 언어'로 고귀한 하나님의 말씀을 전달하도록 하라. 그리고 그 이전에 하나님의 말씀이 당신 안에서 '나의 말씀'이 되도록 하라. 그럴 때 당신의 입을 통해서 나오는 하나님의 말씀은 더욱 능력과 빛을 발하게 될 것이다.

7장 미주

1) H. J. C. Pieterse, Communicative Preaching, 정창균 역, 『설교의 커뮤니케이션』(수원: 합동신학대학 원출판부, 2002), p. 50.

2) 윤석민, 『커뮤니케이션의 이해』(서울: 커뮤니케이션북스, 2007), p. 3.

3) Robert E. Webber, God Still Speaks, 정장복 역, 『그리스도교 커뮤니케이션』(서울: 대한기독교서회, 1991), pp. 63-67.

4) Ibid, p. 71, p. 72.

5) Myron Raymond Chartier, Preaching As Communication: An Interpersonal Perspective (Nashville: Abingdon Press, 1981).

6) 물론 요한복음에서 기록한 말씀이라는 것은 성경 말씀을 의미하는 것은 아니다. 당시 헬라 문화권의 사람들이 가지고 있었던 메시아와 같은 존재가 바로 로고스(λ yo , Logos)인데, 한글 성경에서는 이 로고스를 '말씀'으로 번역하였다. 물론 요한복음에서 기록한 말씀이라는 것은 성경 말씀을 의미하는 것은 아니다. 당시 헬라 문화권의 사람들이 가지고 있었던 메시아와 같은 존재가 바로 로고스(λ yo , Logos)인데, 한글 성경에서는 이 로고스를 '말씀'으로 번역하였다. 그러나 우리 성경 '말씀이 육신이 되어'라는 표현은 설교학적 관점에서 해석을 해도 중요한 의미가 있다고 본다. 하나님 자신이 인간의 몸을 입었다는 사실과 함께, 하나님 자신이 말씀으로 오셨다는 의미로 설명을 할 수도 있겠고(하나님 은 오늘 우리 가운데도 말씀으로 임하신다.), 그 말씀이 우리 안에서 함께해야 한다는 의미로 설명할 수도 있겠다. 하나님의 말씀은 먼저 그 말씀을 전하는 설교자 안에서 성육화되어야 하고, 또한 그 말 씀은 듣는 청중의 삶 속에서도 성육화되어야 한다. 그럴 때 '말씀이 우리 가운데 거하시는' 진정으로 성육화된 말씀(incarnational preaching)의 역사가 일어날 것이기 때문이다.

7) Fred B. Craddock, As One without Authority (Missouri: St. Louis, 2001), p. 26.

8) D. Martyn Lloyd-Jones, Preaching and Preachers (Grand Rapids: Zondervan Publishing House, 1972), p. 227.

9) Charles W. Koller, How to Preach without Notes (Grand Rapids: Baker Books, 2005), pp. 34-40.

10) T. H. L. Parker, Calvin's Preaching, 김남준 역, 『칼빈과 설교』(서울: 도서출판 솔로몬, 2003), pp. 95-107.

11) T. H. L. Parker, The Oracles of God: An Introduction to the Preaching of John Calvin

(Cambridge: James Clarke & Co., 2002), p. 69.

12) 미국 텍사스 포트워스(Fort Worth, Texas)에 있는 사우스웨스턴 신학교(Southwestern Baptist Theological Seminary) 알 페이솔(Al Fasol) 교수로서 현재는 은퇴를 하였다. Al Fasol, *A Complete Guide to Sermon Delivery* (Nashville: Broadman & Holman Publishers), 1996.

13.) Donald Demaray, *Pulpit Giants: What Made Them Great*, 나용화 역, 『강단의 거성들』 (서울: 생명의 말씀사, 2002), pp. 195-96. 사무엘 채드윅(Samuel Chadwick, 1860-1932)은 영국 감리교회의 뛰어난 설교자였으며, 피터 마샬(Peter Marshall, 1902-49)은 스코틀랜드 출신으로 미국으로 이민하여 목사가 되었고 미국 상원의회 목사로서 설교를 통해 큰 영향력을 미쳤으며, 빌리 그래함(Billy Graham, 1918-)은 20세기 최고의 복음 설교자다.

14) 정장복, 『한국교회의 설교학 개론』(서울: 예배와 설교 아카데미, 2005), p. 308.

15) Paul Scott Wilson, *The Practice of Preaching* (Nashville: Abingdon Press, 1995), p. 37.

16) Ibid., p. 38.

17) Fred B. Craddock, *Preaching* (Nashville: Abingdon Press, 1985), pp. 198-200.

18) Ibid., p. 200.

19) D. Martyn Lloyd-Jones, *Preaching and Preachers*, p. 241.

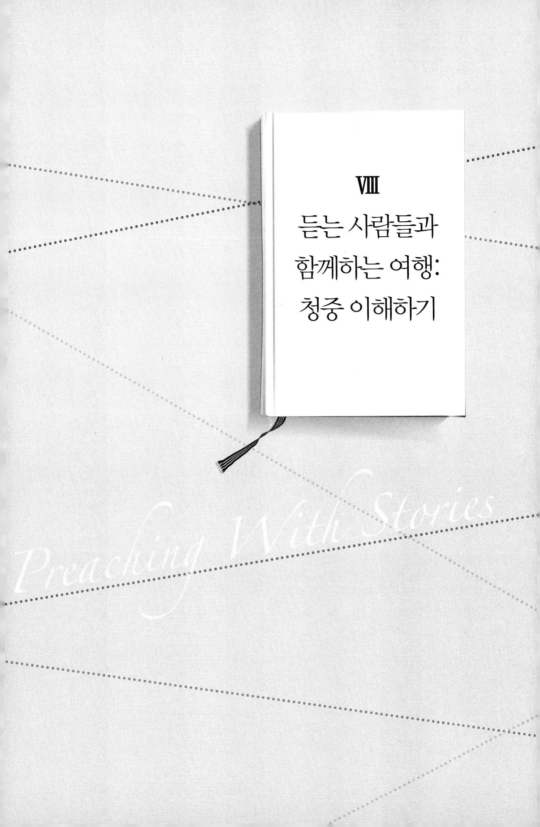

VIII

듣는 사람들과
함께하는 여행:
청중 이해하기

Preaching With Stories

VIII
듣는 사람들과 함께하는 여행:
청중 이해하기

　어느 예배에 참석했을 때의 일이다. 그날은 마침 청소년들이 찬양을 인도하면서 장년들과 함께 예배를 드리는 날이었다. 그들은 열심을 다해서 찬양을 부르고 인도했다. 그러나 정작 그 청소년들이 찬양을 인도하는 동안 장년들은 그들의 노래를 따라가지 못했다. 가사 내용이나 박자 등이 모두 장년들이 부르기에는 맞지 않는 곡들이었다. 그래서 대부분의 반응은 억지로 따라하는 흉내를 내고 있거나, 아니면 찬양 시간이 빨리 끝났으면 하는 눈치들이었다.

　그날 그들은 장년들과 함께 예배를 드리면서 찬양을 인도했지만, 장년과 함께하는 노래가 아니라 자기들만의 노래를 부른 것이었다. 그 노래를 함께 불러야 할 사람들을 전혀 고려하지 않고 이해하려 하지 않았던 것이다. 그래서 찬양은 하고 있지만 물과 기름처럼 따로따로 놀게 된 것이다.

이것이 비록 어린 청소년들만의 문제일까? 나는 그 현장에서 오늘의 설교자들을 생각해 보았다. 설교자들이 강단에서 열심을 다해 외치고 있지만, 정작 그 설교를 듣는 청중들을 얼마나 이해하고 그들과 함께 호흡하면서 설교하고 있는지, 아니면 물과 기름처럼 설교자와 청중이 따로 가고 있지는 않은지…….

1. 무례한 설교자

설교는 하나님의 말씀을 전하는 설교자와 그 말씀을 듣는 청중 사이에서 이루어지는 하나의 사건이다. 그러므로 말씀을 듣는 청중이 설교자에 대해서 예의를 갖추어야 하는 것만큼 말씀을 전하는 설교자 역시 청중에 대해서 예의를 갖추어야 한다.

어떤 설교 현장을 보면 마음대로 청중을 무시하면서, 마치 강단의 독재자처럼 군림하는 설교자들을 보면서 서글픈 생각이 들 때가 있다. 심지어는 강단에서 욕설을 섞어가면서 설교하는 무례하기 그지없는 설교자들도 있다. 하나님께서 저들에게 저런 모습으로 거룩하신 하나님의 말씀을 전하라고 강단에 세우셨을까 생각하면 가슴이 아프다.

설교자는 하나님의 말씀을 전하는 사람으로서 하나님 앞에서 뿐만 아니라 사람들 앞에서도 갖추어야 할 예의가 있다. 자신의 몸단장을 하는 것에서부터 강단에서의 자세, 그리고 말을 하는 태도 등에 이르기까지 언제나 세심한 주의를 기울여야 한다.

설교자는 모든 것을 아는 사람이 아니다

재미난 이야기를 읽은 적이 있다. 미국의 어느 학자가 이런 이야기를 하였다. "미국에서 박사 학위를 받은 많은 사람들 가운데 이런 현상이 나타나고 있다. 즉 박사 학위를 받고 나면 그 다음부터 그들은 어떤 분야든 간에 자기가 모른다는 말을 하지 않는다." 사람들이 박사 학위를 받고 나면 자기가 모든 것을 다 아는 사람으로 착각을 한다는 것이다.

필자는 이 글을 읽으면서 소위 지식인이라고 하는 사람들의 어리석은 자만을 통렬히 비판하는 음성을 들을 수 있었다. 필자 역시 교수로서 살아가고 있지만 내 주변에서도 이런 사람들을 많이 본다. 어떤 분야든 모르는 것이 없다. 자기가 다 안다고 착각을 한다. 심지어 필자의 전공인 예배나 설교에 대해서 함께 이야기를 하면, 자기가 전공한 사람보다 더 잘 아는 체를 한다. 그런 교만을 볼 때마다 실로 가소롭다는 생각을 할 때가 많다. 그러면서 어떻게 인간이 저렇게 교만할 수 있는가를 생각해 보게 된다.

비단 이런 현상은 지식인들만의 문제가 아니다. 오늘의 설교자들에게서도 이런 현상들을 수없이 보게 된다. 어떤 설교자들은 강단에 서기만 하면 마치 자신이 모든 것을 다 아는 사람으로 스스로를 착각하고 있다. 자기는 모든 것을 다 아는 선생이요, 듣는 사람들은 배워야만 하는 학생쯤으로 여기면서 설교를 통해 훈계를 한다.

그러나 우리는 깊이 생각해야 한다. 설교자는 모든 것을 다 아는 사람이 아니다. 어떤 분야는 설교를 듣고 앉아 있는 청중들 가운데 그 분야에 대해서 훨씬 더 깊은 지식과 조예(造詣)를 가지고 있는 사람들이 있다. 그런데도 자기가 모든 것을 다 아는 전문가인양 설교자가 떠들어댄다면 듣는 그 사람들은 어떤 생각을 하게 될까? 설교자는 '자신이 모든 것을 다 아는 사람'

이라는 착각을 버리고 청중들 앞에 보다 겸손할 수 있어야 한다.

가르치려 하지 말라

어떤 설교자는 입만 열면 남을 가르치려 한다. 강단에서뿐만 아니라 심지어는 일상의 대화 중에서도 언제나 남을 가르치려 하는 버릇을 버리지 못한다. 필자 역시 어떤 목회자들과 대화를 하다 보면 불쾌함을 느낄 때가 있다. 말투가 언제나 남을 가르치려 들기 때문이다. 그런 사람들은 말로 남을 가르치려 하는 것이 습관이 되어 버린 것이다.

교회 강단에서도 가끔 이런 현상을 보게 된다. 이제 갓 30~40대의 젊은 설교자가 60~70대의 어른들을 앉혀 놓고 훈계조로 가르치려 든다. 어느 날 새벽에 어떤 교회 새벽기도회를 참석하여 설교를 듣게 되었다. 젊은 여성 부교역자가 그날 설교를 하였다. 그런데 그 새벽 시간에 얼마나 큰소리로 앉아 있는 사람들에게 훈계를 하는지 정말 앉아 있기가 거북스러웠다. 주위를 둘러보니 새벽기도회를 나와 앉아 있는 대부분의 교인들은 장년과 노년의 사람들이었다. 그들도 설교자에 대한 거부감을 느끼는지 거의 모두가 고개를 숙이고 별로 들으려고 하지 않는 모습들이었다. 필자 역시 설교하는 목사가 청중을 무시하고 있다는 느낌을 받으면서 별로 기분이 좋지를 않았다. 참으로 같은 목사로서 민망스럽기 그지없었다. 생각 같아서는 설교 그만 두고 빨리 내려오라고 하고 싶은 심정이었다. 이런 상황과 필자가 느끼는 심정이 상상이 되고 이해가 되는가? 그 설교자는 너무 무례하였다. 너무 무엇을 모르는 것 같았다. 아니 인간에 대한 기본적 예의가 되어 있지 않다는 생각을 하였다.

필자는 설교학 교수로서 신학생들에게 가끔 이런 이야기를 한다. "목사들이 강단에 서기만 하면 스스로 선생으로 착각을 한다. 그래서 강단에 서기만 하면 전혀 다른 사람이 되어서 큰소리를 치고 남을 가르치려고만 든다."

물론 설교는 교훈적인 측면이 있다. 그래서 성경의 진리를 설교를 통해서 가르쳐야 한다. 그러나 필자가 여기서 말하고자 하는 것은 내용이 아니라 그것을 전달하는 방법과 자세를 말하는 것이다. 똑같은 내용도 청중을 존중하면서 얼마든지 은혜롭게 설교를 할 수 있다. 그러나 설교하는 사람이 마치 자기는 청중 위에 군림하는 자세로 청중들을 내려다보면서 훈계하고 가르치려든다면 아무리 좋은 내용이라도 청중들은 먼저 귀를 닫아 버리고 말 것이다.

과거 계몽주의 이후 근대 사회는 교육이 매우 중요시 되었다. 그러다보니 교회의 설교 역시 가르치는 경향이 강하게 자리를 잡게 되었고, 설교자들 역시 하나님의 말씀을 가르치는 '교사'로서의 설교자상에 매우 익숙해 있었다. 그러나 이제 세상은 변화되었다. 청중들의 교육이나 의식 수준이 변했고, 사회의 분위기 역시 민주적으로 바뀌었다. 이런 상황에서 설교자는 청중들에 대한 이해와 함께, 그들을 진실로 존중하면서 하나님의 진리를 그들이 기쁨으로 받아들일 수 있도록 하는 노력을 해야 할 것이다.

수직적 상위(上位)의 위치에 서서 청중을 일방적으로 가르치고 훈계하려 드는 식의 설교는 이제 그만 두어야 한다. 그런 식의 설교는 이제 사람들로 하여금 오히려 설교를 듣지 않도록 만들고, 듣는 자들에게 거부감을 더 할 뿐이다. 설교자로서 지금 나는 어떤 자세로 청중들 앞에 서고 있으며, 어떤 어투로 설교하고 있는지 심각하게 생각해 볼 문제다.

자신의 마음속에서 자신을 스스로 높이는 자는 그의 말투에서도 반드시 그것이 드러나게 된다. 스스로 권위 의식에 사로잡힌 자는 그의 말투 역시 권위주의적이요, 스스로 우월 의식에 빠져 있는 자는 그의 말투에서 남을 무시하는 것이 역력히 드러나게 된다.

하나님의 말씀을 전하는 설교자가 진심으로 설교를 듣는 청중들을 사랑하고 존중할 때, 그가 강단에 서서 전하는 설교의 어조는 달라지게 될 것이다.

영적 권위가 사람들에 대한 무례(無禮)를 의미하는 것은 아니다

어떤 설교자들은 설교자의 영적 권위를 늘 강조하면서 자기는 마음대로 행동을 하는 사람들이 있다. 무조건 순종하고 무조건 따라서 하라고 하는데, 그 자신의 언행을 보면 실로 비인격적이요 무례하기 그지없는 사람들이 있다. 그러면서 심지어 자신의 무례함까지도 영적 권위를 내세워 합리화한다.

그러나 알아야 할 것은 하나님께서 설교자에게 영적 권위를 부여하신 것은 설교자가 마음대로 하라는 의미가 아니다. 설교자는 하나님으로부터 영적 권위를 부여받은 것으로 끝나는 것이 아니라 사람들로부터 그 권위를 인정받을 수 있을 때 그 권위는 온전한 것이 된다. 자신이 권위를 내세운다고 해서 권위가 있어지는 것은 결코 아니라는 말이다.

설교자는 그가 전하는 말씀이 진정한 하나님의 말씀이 되기 위해서 최선을 다해 준비해야 한다. 뿐만 아니라 설교자는 설교하는 자세를 포함하여 자신의 모든 언행에 있어서도 신중하고 사람들에게 본이 되며 예의에 벗어나지 않도록 해야 한다. 그럴 때 사람들은 그 말씀을 들으면서 말씀의 권위와 함께 설교자의 권위를 인정하고 존중하게 될 것이다.

영적 권위라는 것은 설교자가 억지로 주장하거나 강요한다고 해서 세워지는 것이 아니다. 설교자 스스로가 그 권위를 인정받을 수 있도록 처신하고 노력할 때 사람들은 그 권위를 인정하고 존중하게 되는 것이다.

오늘 한국 교회 설교자들 중에는 설교자로서 자신의 준비는 소홀히 하면서 교인들에게는 영적 권위를 주장하는 위선적인 사람들이 없지 않다. 설교 시간마다 명령하고 훈계하고 심지어는 영적 권위를 앞세워 협박을 하기까지 하는 설교자들이 있다. 심히 무례하기 그지없는 사람들이다. 그들은 스스로를 속이지 않아야 한다. 그것은 하나님의 이름으로 하나님의 이름을 만홀(漫忽)히 여기는 짓이기 때문이다.

하나님은 무례한 사람으로 설교하도록 설교자를 부르지 않으셨다. 그리고 무례하게 행동하라고 영적 권위를 부여하지도 않으셨다. 질서 속에 천지를 창조하시고 지금도 그 질서 속에 우주만물을 운행하고 계시는 하나님은 자신의 말씀을 전하는 설교자들이 가장 예의를 지키는 사람들이 되기를 원하신다.

한국 교회가 1970, 80년대 군사 독재 시대를 지내면서, 교회 안에서도 마치 독재자처럼 군림하고 지배하려는 목회자들이 많았다. 헛된 권위 의식에 사로잡혀 교인들을 마치 자신의 종처럼 명령하고 부리기도 하며, 목사가 교회를 출입할 때 교역자들이나 교인들이 도열을 해서 맞이하는 군대 같은 장면들을 당연하듯 연출하기도 하였다. 강단에서 설교를 하면서 자기 말을 마치 하나님의 말씀인양 포장하여 명령하고 복종을 강요하기도 하였다. 그러나 이제 우리가 사는 시대는 변하였다. 사회가 민주화되었듯이 교인들의 의식 역시 변하였다. 과거 독재자처럼 군림하려는 목회자는 이제 어디에서도 서기 어려운 시대가 되었다. 성경 역시 어디에서도 목사가 군림하는 자가 되라고 말씀하지 않는다.

강단에서 할 말과 해서는 안 될 말을 가리지 않고 절제 없이 지껄여대는 설교자, 강단이 마치 자기 무대인양 함부로 행동하는 설교자, 그리고 사람들에 대하여 말하는 자세나 행동이 무례하기 그지없는 설교자들은 기억해야 한다. 무례한 설교자는 무례한 교인들을 만들게 된다는 것을.

다시 한 번 강조하지만 설교자로 인해서 고귀한 하나님의 말씀이 듣는 사람들에게 '무례한 복음'으로 들려지지 않도록 하라. 듣는 청중들에 대한 설교자의 사려 깊은 예의는 듣는 사람들에게 복음의 가치를 더욱 빛내도록 할 것이다.

2. 청중의 삶 이해하기: 청중을 사랑하고 존중하라

설교자는 성경을 이해하는 것만큼이나 설교를 듣는 청중들을 이해해야 한다. 왜냐하면 설교는 하나님의 말씀을 오늘의 사람들에게 전달하는 것이기 때문이다. 그러나 많은 설교자들이 성경을 연구하고 해석하는 데는 시간과 노력을 아끼지 않는데, 정작 자신이 설교해야 하고 그 설교를 들어야하는 청중들에 대해서는 연구하지 않는다.

그래서 필자는 "포스트모던 시대에서의 설교를 위한 방법론적 모색"이라는 논문에서 "오늘의 많은 설교자들이 설교에서 실패하는 분명한 원인 가운데 하나는 그들의 성경에 대한 지식의 결여라기보다는 오히려 청중에 대한 이해의 부족에서 오는 것이라 생각한다"[1]고 주장한바 있다.

그렇다. 지금 한국교회 설교자들의 학문적 수준은 그 어느 때보다도 높아진 것이 사실이다. 한국교회 설교자들의 성경에 대한 연구와 신학적 지식은 부족함이 없다고 본다. 설교학적인 교육이나 훈련 역시 설교를 하기에 충분할 정도로 갖추어져 있다. 그런데 설교가 많은 사람들의 호응을 얻지 못하고, 속된 말로 죽을 쑤는 경우들이 많다.

성서적, 신학적 지식들을 총동원하여 열심히 설교를 준비했건만 듣는 청중들의 반응은 싸늘하기만 하다. 감동도 별로요, 변화도 없다. 이 어찌된 일인가? 설교자들은 이런 현상을 보면서 답답해질 수밖에 없을 것이다.

성서적, 신학적 지식과 설교학적 훈련은 중요하다. 이를 기반으로 하여 작성된 설교의 내용 역시 중요하다. 그러나 이 모든 것들은 누구를 위해서 존재하는가? 설교자 자신인가? 아니면 청중인가? 설교자가 성서적, 신학적, 설교학적으로 자신을 준비하고 이런 과정을 통해서 만들어진 설교는 궁극적으로 그 설교를 듣는 사람들을 위해서 존재한다. 그런 의미에서 보면 설교자 자신도 자신을 위해서가 아니라 설교를 듣는 청중들을 위해서 존재하는 것이요, 그가 가진 지식이나 신학 역시 청중들을 위한 것이다.

다시 말하지만 설교자가 "설교는 누구를 위해서 하는 것인가?", "설교자는 누구를 위해서 존재하는가?"를 스스로에게 물을 때, 자신이 해야 할 오늘의 설교가 어떠해야 할 것인가에 대한 답이 나올 것이다. 설교는 설교를 듣는 청중을 위해서 하는 것이다. 그러므로 그 설교가 진정한 설교가 되기 위해서는 그 설교를 듣는 사람들과 관련을 맺어야만 한다. 그들을 이해하고 그들의 상황을 알 때, 과거에 기록된 하나님의 말씀이 어떻게 그들에게 오늘의 언어로 들려질 수 있는가를 알게 된다.

여기서 필요한 것이 청중의 삶에 대한 이해다. 그들이 사는 사회적, 문화적 환경을 이해해야 하며, 그들의 육체적, 정신적, 영적 문제를 이해할 때, 설교자는 그들에게 필요한 메시지를 찾을 수 있을 것이다.

설교자는 스스로 자신의 세계에 갇혀 있거나 성경의 세계 속에 한정되어 있어서는 안 된다. 그는 자신의 세계와 성경의 세계를 연결하고, 그것을 오늘의 사람들의 세계로 확장할 수 있어야 한다. 그럴 때 그의 가슴에서, 머리에서, 입에서 나오는 언어가 달라지게 될 것이다.

하나님의 말씀이 오늘의 사람들에게 하나님의 말씀이 되기 위해서 설교자는 하나님의 말씀을 듣는 청중에 대한 관심과 함께 그들을 이해하기 위해 부단한 노력해야 한다. 그리고 성경에서 메시지를 찾듯이 사람들로부터도 메시지를 찾을 수 있어야 한다. 성경 역시 하나님의 언어가 인간의 세계를 배경으로 하여 기록되었다. 그렇다면 설교 역시 하나님의 말씀이 이 세상 인간의 삶과 만나야 하지 않겠는가? 설교자들이여, 성경을 이해하듯이 사람을 이해하기 위해서 힘쓰라.

필자는 신학교에서 강의 하면서 특별히 목회를 위해 훈련받는 신학대학원 학생들에게 목회를 잘하기 위해서 두 가지를 강조한다. 하나는 주님 사랑, 하나는 교인 사랑이다. 이 두 가지를 잘하면 목회는 바로 될 것이라고 말한다.

교인을 사랑하지 않는 목회자가 목회를 바로 하기란 어려운 일이다. 심지어 교인을 원수처럼 생각하면서 목회가 잘 되기를 바라는 것은 어리석은 일이다. 설교 역시 마찬가지다. 설교자는 그날 설교를 듣는 사람들을 사랑하는 마음을 가져야 한다. 물론 그 중에는 교회 안에서 문제를 일으키며, 목회자를 힘들게 하는 교인도 앉아 있을 것이다. 그러나 설교자는 그런 사람들까지도 사랑하는 마음을 가지고 설교해야 한다. 그럴 때 진정한 하나님의 말씀을 전하게 되고, 청중들은 그날 설교를 통해서 하나님의 음성을 듣게 될 것이다.

미워하는 마음을 가지고 강단에 선 설교자의 입에서 나올 메시지가 무엇일지는 충분히 짐작할 수 있다. 비판적이고 냉소적이며 날카로운 언어들이 그 입에서 나갈 것이고, 사실 그 비판의 칼날은 결국 자기 자신에게 돌아와, 교인도 설교를 들으며 상처를 입고, 설교자 자신이 더 큰 상처를 입게 된다.

설교자는 자신의 설교를 듣는 사람들에게 설교하려 하기 전에 먼저 그들을 사랑해야 한다. 그럴 때 하나님께서 그들에게 주시고자 하시는 말씀이 무엇인지 설교자가 그 음성을 먼저 들을 수 있고, 그것을 또한 청중들에게 전할 수 있을 것이다.

필자가 한 후배 목사가 시무하는 지방의 교회에 방문하여 설교한 후 함께 대화를 나눈 적이 있다. 필자의 목회 경험을 말하면서 이런 이야기를 했다. 비록 교인들 가운데는 목사를 힘들게 하고 교회를 어지럽히는 원수 같은 자들이 있을지라도 그런 사람들까지도 긍휼히 여길 수 있을 때, 거기서 진정한 목양의 관계가 형성되지 않을까?

예수님 자신도 사람들에게 설교하시기 전에 먼저 그들을 긍휼히 여기는 마음(compassion)을 가지셨음을 잊지 않아야 한다. 예수님은 당시 "목자 없는 양과 같이 고생하며 유리하는" 이스라엘 백성들을 보시며 안타깝고 불쌍히 여기는 마음을 가지고서 그들에게 말씀을 전하셨고 목회 사역을 하셨다(마 9:35-36). 설교자는 사람들에게 설교하기 전에 먼저 그들을 긍휼히 여기고 사랑하는 마음을 가져야 한다는 것을 언제나 가슴에 새기고 살아야 할 것이다. 칼 바르트는 설교자가 청중을 사랑해야 할 것에 대해서 다음과 같이 말하고 있다.

"설교자들은 자신의 회중(congregations)을 사랑해야 한다. 설교자가 회중과 함께 있지 않으려 하면 안 된다. 설교자는 자신 역시 회중의 일부로서 하나님으로부터 받은 것을 그들과 함께 나누려 한다는 사실을 잊지 않아야 한다. 이런 사랑이 없다면 어떤 인간의 말이나 천사의 방언을 해도 아무런 소용이 없을 것이다."[2]

또 하나 설교자가 생각할 것이 있다. 이미 앞에서도 언급한 것이지만 설교자가 강단에서 모든 것의 전문가인 것처럼 행동하면서 교인들을 가르치려고 해서는 안 된다는 것을 기억해야 한다. 가끔 설교를 들으면서 조금 민망할 때가 있다. 어느 날 저녁 예배에 참석해서 있었던 일이다. 그날 설교 주제는 '결혼 생활'에 관한 것이었다. 설교자는 3~4년 정도 결혼 생활을 했을 것으로 보이는 젊은 부목사였다.

아내로서, 남편으로서 부부가 어떻게 생활해야 할 것인가를 가지고 성경을 읽은 후 가르치는 식으로 설교를 했다. 거기는 물론 자신의 경험담도 함께 포함되었다. 필자는 그의 설교를 들으면서 회중석을 둘러보았다. 그날 회중석에 앉아 있는 사람들 가운데는 30~40년의 결혼 생활을 이미 하고 있는 사람들이 많았다. 그런데 불과 3~4년 정도 결혼 생활을 했을 사람이 그런 사람들에게 모든 것을 아는 척 훈계하는 식으로 설교하는 것을 보면서 뭔가 어색하다는 느낌을 많이 받았다.

물론 젊은 목사라고 해서 결혼 생활에 관한 설교를 하지 말라는 법은 없다. 하나님의 말씀을 전하는 일에 나이를 제한할 필요는 없기 때문이다. 그러나 설교자가 한 가지 주의해야 할 것이 있다. 특별히 인생과 관련된 내용들에 대해서 설교할 때는 다시 한 번 생각하면서, 내가 이 설교를 하기에 적합한가를 물어야 한다. 인생은 그렇게 단순한 것이 아니기 때문이다. 회중석에 앉아서 설교를 듣고 있는 사람들은 설교자보다 훨씬 많은 인생의 경험을 가지고 있는 사람들이 많다. 그런데 그런 사람들을 두고 마치 자기가 인생을 모두 아는 것처럼 행동하는 것은 그야말로 공자 앞에서 문자 쓰는 것처럼 보일 수 있다.

필자가 생각하기에 그날 저녁은 군이 결혼 생활에 관한 설교를 해야 할 이유도 없는 날이었다. 그저 평범한 날이었기 때문이다. 그런데 군이 왜 그날 그 설교를 해야 했는지 알 수 없다. 다른 본문과 주제를 가지고 얼마든지 좋은 설교를 할 수 있었을 텐데 말이다.

설교자가 빠지기 쉬운 함정 가운데 하나가 강단에 서게 되면 마치 자기가 모든 것을 아는 사람으로 스스로 착각할 수 있다는 점이다. 듣는 사람들을 학생처럼 생각하면서 자기는 모든 것을 가르쳐야 할 선생쯤으로 생각하는데 이것은 커다란 오산이다. 어떤 분야에 대해서는 설교자보다 훨씬 많이 아는 전문가들이 회중석에 앉아서 설교를 듣고 있다는 사실을 잊지 않아야 한다. 그리고 섣부른 지식이나 경험을 함부로 이야기하는 것도 매우 주의해야 한다.

언젠가 필자의 아내가 들려준 경험담이 지금도 생각난다. 결혼하기 전 아내가 출석하던 교회에서 한 부목사가 설교를 했다고 한다. 그날 설교 가운데서 그는 프로이드(Sigmund Freud)의 정신분석학에 관한 내용을 언급하면서 설교를 하더라는 것이다. 그런데 아내가 듣기에 그가 프로이드에 관해서 말한 내용은 전혀 틀린 것이더라고 하였다. 참고로 필자의 아내는 대학과 대학원에서 심리학을 전공한 사람이다.

상상을 해보라. 설교자가 어떤 부분에 대해서 설교를 하고 있는데, 거기에 대해서 아는 전문가가 그것을 들을 때 완전히 틀린 내용이었다면, 설교자에 대한 신뢰도가 어떻게 되겠는가?

설교자는 물론 성경과 신학에서는 타의 추종을 불허하는 전문가가 되어야 한다. 그러나 겸손해야 할 것은 설교자가 모든 것에 전문가는 아니라는 사실이다. 특별히 현대는 지식과 정보의 발달로 인해서 수많은 전문가들이 양산되고 있다. 그러므로 일반 학문 분야나 전문 분야들에 대해서 언급할 필요가 있을 때는 거기에 대해서 그만큼 알아보고 준비해야 한다. 그리고 교인들 가운데 그 분야에 전문가가 있을 때에는 전화를 하거나 만나서 거기에 대한 내용들을 들어보고 알아보는 것이 좋다.

언젠가 필자가 한 교회로부터 설교를 부탁받았다. 그날은 그 교회가 운영하는 복지재단에 관계된 분들이 헌신 예배를 드리는 시간이라서, 거기에 적합한 설교를 준비해야 했다. 복지라는 것이 모든 인간들로 하여금 '보다 행복한 삶'을 실현하기 위한 것이라서, 행복에 관한 설교를 하려고 했다. 그래서 본문은 시편 1:1~6을 택하고, 설교 제목은 '참 행복은 어디에'로 정했다. 설교의 요지는 우리 인간이 행복한 삶을 추구하지만 진정한 행복은 하나님으로부터 주어지는 것임을 전하고자 함이었다.

그동안 필자는 복지(福祉)라는 말을 많이 들었고 또한 사용했지만 정작 설교를 준비하면서 생각하니 복지라는 말의 정확한 뜻을 알지 못하고 있었다. 한자를 찾아보니 복지라는 말이 '복 福'자와 '복 祉'자라고 되어 있었다. 복이라는 말이 두 개가 들어가 있었다.

그래서 설교를 시작하면서, "저는 이번 복지재단 헌신 예배 설교를 부탁받고 그것을 준비하면서 저 자신의 무식함을 다시 한 번 알았습니다. 그동안 복지라는 말을 많이 듣고 사용했지만 그 뜻도 제대로 알지 못하고 써왔습니다. 옥편을 찾아보았더니, 복지라는 말에는 두 개의 복자가 들어 있어서, 복 복자와 복 지자로 이루어져 있다는 것을 처음 알았습니다"라고 했더니, 설교를 듣는 온 회중이 큰 소리로 웃는 것이었다. 청중들의 웃음과 함께 그날 설교자는 행복하게 설교를 마쳤다.

때로는 모든 것을 아는 것처럼 행동하는 것보다 오히려 자기가 아는 것이 부족함을 말할 때 사람들은 그 설교자를 더욱 신뢰하게 된다는 점을 잊지 않아야 한다. 그리고 모든 것을 아는 것만이 꼭 좋은 것도 아니라는 점을 기억해야 할 것이다.

강단에 선 설교자가 진심으로 청중을 존중할 때 설교자 역시 청중으로부터 진심어린 존경을 받을 수 있다. 청중을 무시하는 태도나 훈계하고 가르치려 드는 식의 자세는 버려야 한다. 무엇보다 자기가 모든 것을 알고 있다는 식의 교만은 언제나 경계할 일이다. 미국의 대설교가였던 필립스 브룩스(Phillips Brooks)는 "설교자의 능력은 그가 설교하는 사람들을 진심으로 존중할 때 있게 된다"[3]고 말한다.

3. 청중의 삶과 연관된 설교

설교는 하늘의 이야기이면서 또한 땅의 이야기이다. 왜냐하면 설교의 텍스트(text)가 되는 성경 역시 그렇기 때문이다. 성경에는 하늘 이야기만 기록되어 있는 것이 아니다. 하늘 하나님께서 이 땅의 인간들을 통해서 어떻게 역사하셨는가를 보여 주는 것이 성경이다.

그러므로 성경을 본문으로 하는 기독교 설교 역시 하늘의 이야기와 이 땅의 이야기가 함께 있어야 한다. 만일 설교가 이 땅의 이야기만 한다면 그것은 설교가 아니라 인생 강좌가 되기 쉬울 것이다. 또한 하늘 이야기만 하고 있다면 그것은 우리 삶과는 아무런 관계가 없는 허공의 소리가 되기 쉬울 것이다.

그리스도인은 하늘의 시민권을 가진 사람으로서 이 땅에 살고 있다. 즉, 하늘의 백성이면서 동시에 이 땅의 백성으로 살아가는 것이다. 교회 역시 하늘에 존재하고 있는 것이 아니라 이 땅에 그 기초를 두고 있다.

여기서 우리는 설교가 지향해야 할 양 방향을 생각해야 한다. 설교는 먼저 하나님의 말씀을 이 땅의 사람들에게 분명하게 들려줄 수 있어야 한다. 그러기에 성경에 대한 철저한 연구와 함께 하나님께서 그 말씀을 통해서 주시고자 하는 메시지를 깊이 통찰하면서 그 말씀을 전해야 한다. 그러나 여기서 설교가 끝나 버리면 안 된다.

이제 설교는 하나님 그분의 말씀이 오늘 우리의 말씀으로 다시 해석되고 적용될 수 있어야 한다. "하나님께서 아브라함에게 이렇게 이렇게 하셨습니다"라고 성경에 나온 그때의 이야기만 하고 있다면, 이런 설교를 듣는 사람들은 '그 이야기가 오늘 우리와 무슨 상관이 있다는 말인가'라고 반문할 것이다.

설교자는 성경 속의 그 말씀이 오늘 우리의 말씀이 되도록 해야 한다. 이것이 설교자가 해야 할 말씀의 재해석 작업이요, 말씀의 현장화라 하겠다. 설교를 듣는 청중들은 그때의 말씀이 오늘 우리의 말씀으로 들려질 때 그날의 설교에 대해서 반응하게 된다.

필자가 미국에 있는 동안 2003년 여름 로스엔젤레스(Los Angeles)에 있는 새들백(Saddleback) 교회를 방문하면서 받았던 충격을 지금도 잊지 않고 있다. 주일날 그 교회를 방문하여 예배에 참석했는데, 그날 주일 설교 제목은 '성경이 말하는 성'(또는 "성경은 성에 대해서 어떻게 말씀하고 있는가?" What Does the Bible Say about Sex?)이라는 것이었다. 한국교회 문화 속에서만 살았던 나에게 그날 설교는 제목부터가 가히 충격적이라 아니할 수 없었다.

그러면서 필자는 생각을 했다. 만일 지금 한국교회에서 설교 시간에 저런 내용으로 설교한다면 그 반응이 어떻게 나올까? 물론 한국교회도 많이 열려 있어서, 성에 대한 주제로 세미나를 할 정도는 됐지만 그것을 설교로 예배 시간에 해도 괜찮을까 하는 생각을 해보았다.

우리가 잘 알고 있다시피 새들백 교회는 열린 예배(Contemporary Worship) 형식으로 예배를 드리는 교회다. 열린 예배는 가능하면 오늘의 문화를 기독교 예배에 받아들여서 현대인들로 하여금 보다 쉽게 복음에 접근하도록 하겠다는 의도에서 시작되었다. 그러기에 그들은 음악이나 드라마 등 현대적 문화 요소들을 예배에 적극 도입하여 활용하고 있다. 뿐만 아니라 설교 역시 현대인들의 삶과 직접 관련된 주제들을 많이 다루고 있다. 물론 이것이 다 옳다는 것은 아니지만 우리는 여기에서 깊이 생각할 것이 있다. 그것은 그들이 적어도 오늘의 사람들을 이해하고, 그들의 관심을 알려고 하면서, 그들의 삶을 예배와 설교에 연결시키고자 노력하고 있다는 점이다.

설교자는 설교를 통해서 하늘의 이야기가 이 땅의 이야기가 되도록 해야 할 중요한 책임이 있다. 그래서 청중들로 하여금 그날의 메시지가 삶과 무관한 설교가 아닌 자신의 삶의 이야기가 되도록 해야 한다. 그때 그들은 말씀을 통해서 자신의 삶을 진실로 변화시켜 나갈 것이기 때문이다.

설교자가 청중들의 삶과 관련된 설교를 하기 위해서는 설교를 하기 전에 먼저 듣는 훈련을 해야 한다. "만일 설교자가 회중으로부터 듣는 것에 실패 한다면, 그 설교자는 하나님의 복음을 어떻게 말해야 하는 것을 알지 못할 것이다."[4] 설교자는 회중들의 삶에 관심을 가지고, 그들과 대화를 나누면 서 듣는 가운데 그들의 문제와 관심과 고민들을 이해해야 한다. 그럴 때 회 중들에게 필요한 말씀을 생각할 수 있고, 그들에게 적절한 말씀을 전달할 수 있을 것이다.

그래서 목사가 교인들을 심방하고 상담하는 것은 목회적 돌봄을 위해서 뿐만 아니라 설교를 위해서도 매우 필요한 일이다. 하나님의 메시지는 성경 속에도 있지만, 사람들의 삶 속에도 있다. 필자 역시 목회를 하면서 어려운 사람들을 심방하고, 병원에서 고통당하는 교인들을 찾아가 기도하고, 삶에 지쳐 있는 사람들과 대화를 나누면서, 목사가 무엇을 설교해야 할 것인가 를 많이 알게 되었다. 설교자는 언제나 성경으로부터 들려오는 하나님의 음성과 함께 세상에서 들려오는 사람들의 소리를 들을 수 있어야 한다. 그 럴 때 설교는 단순한 언어가 아니라 하나님과 사람들이 만나는 생생한 현 장이 될 것이다.

4. 설교, 청중과 함께하는 여행

"오늘의 교회는 설교자들에게 '회중들에게 설교해 달라'(preach to the listeners)
고 요구할 뿐만 아니라 '회중들과 함께 설교해 달라'(preach with the listeners)고
요구한다." 5)

필자가 목회를 하다가 신학 교수가 된 이후 예배에 참석해 다른 사람들
의 설교를 들으면서 회개한 것이 있다. 과거 내 자신의 설교가 설교자인 '나
중심'이었다는 점을 발견한 것이다. 이제 설교를 듣는 청중의 입장이 되어
회중석에 앉아 설교자들의 설교를 들어보니, 얼마나 많은 설교자들이 설교
자 중심으로 설교를 하고 있는지 눈에 보였다.

거듭되는 이야기지만 현대 설교학은 그 중심이 설교자에서 청중에게로
옮겨졌다. 그동안 설교자 중심의 일방적 설교는 이제 사람들의 귀에 들려오
지 않으며 그들의 가슴을 더 이상 움직이지 못한다.

오늘 많은 설교자들이 설교에 실패하는 것은 설교가 청중들을 고려하지
않고 설교자의 일방적 선포로 진행되고 끝나는 데서 비롯된다. 이제 설교
자들은 자신의 메시지를 들을 청중들에 대한 이해와 연구를 깊이 해야 한
다. 그리고 그들을 설교의 파트너로 인정하면서 자신의 설교 여정에 함께하
도록 해야 한다.

이를 위해서 설교자는 먼저 청중들이 설교에 능동적으로 참여하도록 해
야 한다. 이 말이 청중들로 하여금 설교를 하게 하라는 말은 아니다. 청중들
로 하여금 듣되 마지못해서 듣는 피동적 존재로서가 아니라 보다 능동적
존재로서 설교를 듣도록 하라는 의미다.

여기에는 청중들이 설교를 잘 듣도록 교육하는 일도 포함되겠지만, 보다 근본적인 것은 설교자가 청중들이 듣고 싶어하는 메시지의 내용과 형식을 준비할 수 있어야 한다는 점이다. 현대 설교학에서 새로 등장한 이야기식 설교도 사실은 청중의 이러한 반응과 관련되어 나온 것이다. 사람들이 이야기에 흥미를 가지고 적극적으로 듣는 것처럼 설교 역시 이야기 방식을 통해서 흥미를 가지고 적극적으로 듣도록 하기 위한 하나의 형식인 것이다.

둘째로 설교는 설교자와 청중들이 함께 공감할 수 있는 것이어야 한다. 설교는 청중과 아무런 관계가 없는 옛날 이야기가 아니라 오늘 우리의 삶과 관련된 것이어야 한다. 왜 청중들이 설교를 지루해하고 짜증스럽게 생각하는가? 그 이유는 설교가 자기와는 아무런 관계가 없기 때문이다. 그것은 옛날 아브라함의 이야기요, 모세의 이야기요, 사무엘의 이야기일 뿐이다. 나와는 별로 관계가 없다. 이런 설교라면 어떻게 청중들이 관심을 가지고 그 설교를 들을 수 있겠는가?

이것을 극복하기 위해서 필요한 것이 경험(experience)을 나누는 일이다. 설교자 자신이나 회중의 경험, 교회 공동체가 가진 경험, 역사 속의 경험 등을 활용해서 설교하게 되면 사람들은 오래 된 성경이야기를 보다 생생한 삶의 자리로 연결시켜서 듣게 된다.

여기서 나오게 된 한 방법이 프레드 크래독에 의해서 제시된 귀납법적 설교(Inductive Method)라고 할 수 있다. 귀납법적 설교는 성경으로부터가 아니라 우리 삶의 현장으로부터 설교가 시작된다. 우리 삶의 정황, 어떤 경험, 어떤 문제들을 말하면서 설교를 시작하게 될 때 사람들은 자신과 관련된 속에서 설교를 듣기 시작하고, 설교가 진행되는 동안 함께 하게 되며, 마지막 성경 속에서 들려주시는 하나님의 음성을 듣게 되는 것이다.

귀납법적 설교가 만병통치약이라는 의미는 아니다. 그러나 설교가 설교자 일방의 것이 아니라 청중들과 함께 가는 데 있어서, 귀납법적 설교는 상당한 효과를 주게 된다. 문제는 설교가 청중의 관심을 끌면서 그들과 함께 갈 수 있어야 한다는 점이다.

셋째로 설교는 설교자와 청중이 함께하는 여행(journey)이라는 것을 인식해야 한다. 여기는 설교자와 청중 모두에게 책임이 있다. 먼저 설교자는 청중에 대한 자신의 인식을 바꾸어야 한다. 이제 청중은 더 이상 자신의 설교를 일방적으로 듣기만 하는 존재가 아니다. 설교자는 청중을 설교의 파트너로 인정하고 그들을 진심으로 존중하는 의식의 전환이 있어야 한다.

그리고 청중들 역시 설교자에 대한 존중과 함께 설교를 듣는 자로서의 책임을 다해야 한다. 필자는 어디서 강의나 강연을 할 때 가끔 이런 농담을 하고 시작한다. "과거에는 설교를 잘하고 못하고의 책임이 전부 설교자에게만 있었다. 그러나 최근 설교학에서는 설교에 대한 책임을 설교자와 청중이 반반씩 지는 것으로 본다. 오늘 내가 강의를 잘하면 저와 여러분이 모두 잘한 것이요, 만일 잘못하면 그 책임 역시 반반씩 있는 것이다."

청중 역시 설교의 파트너로서 적극 설교에 동참해야 한다. 설교자를 존중하고 그 입을 통해서 나오는 메시지를 적극적으로 들으며 피동적이 아니라 능동적 자세로 설교에 임해야 한다. 때로는 설교에 대한 자신들의 반응을 설교자에게 말함으로써 설교가 서로의 것이 되도록 해야 한다.

넷째로 설교자는 설교를 전달하는 자리에서도 청중과 함께 갈 수 있어야 한다. 종종 어떤 설교의 자리에 앉아 있으면, 설교자와 설교를 듣는 청중이 물과 기름처럼 각각 따로 논다는 느낌을 받을 때가 있다. 설교자는 목소리를 잔뜩 높이고 흥분해 있지만 회중석은 너무 차분하고 냉랭하기만 하다.

무엇이 문제일까? 그렇게 된 데는 물론 듣는 청중들의 책임도 있지만 설교자의 책임이 더 크다고 본다. 설교자는 설교를 전달하면서 그 설교를 듣고 있는 청중의 반응, 즉 그들이 보고 느끼고 반응하는 것에 대해 민감하면서 자신의 설교를 진행해야 한다. 청중들이 열심히 귀를 기울이고 있는지, 그들이 설교에 대해서 관심과 흥미를 보이는지, 설교의 내용을 잘 듣고 따라오고 있는지, 설교의 내용에 대해서 어떤 반응을 보이고 있는지, 설교에 대해서 지루해하고 있지는 않은지를 설교자는 주의 깊게 관찰해야 한다. 설교자는 혼자 신이 나 있는데, 청중은 지루해하고 있다면 어떻게 될까?

다시 말하지만 설교는 그것을 전달하는 자리에서도 청중과 함께 가야 한다. 듣는 청중들의 감정·분위기·자세 등을 살피면서, 청중들이 공감하는 가운데 하나님의 말씀이 그들의 가슴에 들려지도록 해야 한다. 듣든지 아니 듣든지 설교자 혼자 가서는 결코 안 된다. 그런 의미에서 설교자는 설교 내용뿐만 아니라 감정까지도 청중과 함께 갈 수 있어야 한다는 사실을 언제나 잊어서는 안 된다.

이제 설교자와 청중의 관계는 새롭게 정립되어야 한다. 과거의 일방적 또는 수직적 관계가 아니라 서로를 설교의 파트너로 인식하고 존중해야 한다. 그렇게 할 때 하나님의 말씀이 선포되는 설교 현장은 살아 움직이며 생동감이 넘치는 자리가 될 것이다. 성령의 역사 역시 그런 자리에서 강력하게 일어나 마른 뼈들을 살리는 기적을 이루게 할 것이다(겔 37:5).

청중을 함부로 무시하는 설교자가 청중으로부터 존중을 받을 수 없다. 설교자가 진심으로 청중을 존중할 때 청중들 역시 설교자를 진심으로 존중할 것이다. 그리고 하나님 역시 이런 설교자를 소중하게 사용하실 것이다.

당신의 긴 설교의 여정을 언제나 청중들과 함께 가라. 청중은 단순히 당신의 설교를 듣는 사람들만이 아니다. 때로는 당신이 지치고 힘들고 넘어질 때 그들이 여정의 동반자가 되어 당신을 붙들어 주고 격려하며 일으켜 줄 것이다. 당신이 메마른 사막을 걸으며 목말라할 때 그들은 당신의 오아시스 (oasis)가 되기도 하고, 황량한 광야에서 쉴 만한 안식처가 되어주기도 할 것이다. 그들은 당신이 왜 설교해야 하며 무엇을 설교해야 할 것인가를 보여주는가 하면, 또한 당신의 입을 통해서 설교한 열매들을 이 세상의 화폭에다 그려 펼쳐내기도 할 것이다. 그리고 그들은 언제나 당신의 설교를 위해서 기도하고 있음도 잊지 말라.

적 용 하 기

1. 설교자로서 자신의 설교를 듣는 청중을 어떤 대상으로 생각하고 있는가?

2. 청중들을 이해하기 위해서 어떤 노력을 하고 있으며, 그들의 삶에 대해 어떤 관심을 가지고 있는가? 설교의 파트너로서 그들을 진심으로 사랑하고 이해하려 하고 있는가?

3. 자신이 하는 설교 내용이 오늘의 청중들의 삶과 어느 정도 관련이 있는가?

8장 미주

1) 이현웅, "포스트모던 시대에서의 설교를 위한 방법론적 모색", 『신학사상』 143집(2008, 겨울), pp. 277-78.

2) Karl Barth, Homiletik, trans. Geoffrey W. Bromiley and Donald E. Daliels, *Homiletics* (Louisville: Westminster/John Knox Press, 1991), p. 84.

3) Phillips Brooks, *The Joy of Preaching* (Grand Rapids: Kregel Publications, 1989), p. 56.

4) Roger E. Van Harn, Preacher, *Can You Hear Us Listening?* (Grand Rapids: William B. Eerdmans Publishing Co., 2005), p. .

5) Ibid., pp. 132-33.

IX

설교를 넘어서

IX

설교를 넘어서

설교에는 설교 내적인 요소와 설교 외적인 요소가 있다. 설교자로서 그가 본문을 선택하고, 설교를 작성하고, 청중에게 전달하는 과정이 설교 내적인 요소들이라면, 설교는 거기를 넘어선 또 다른 요소들과 연계하여 일어나게 된다.

설교는 설교자라는 인간을 통해서 준비되고 전달되지만 그것은 인간 홀로 할 수 있는 일이 결코 아니다. 성공적인 설교가 되기 위해서는 성령을 통한 하나님의 역사하심과 인도하심과 도우심이 반드시 있어야 한다. 또한 설교는 예배라는 틀 안에서 이루어지기 때문에 예배와의 관계를 언제나 고려해야 한다. 그리고 설교와 음악의 관계 등도 생각해야 한다. 본 장에서는 이렇게 설교와 관련된 외적인 요소들을 살펴보고, 설교자들이 여기서 어떻게 해야 할 것인가를 알아보도록 하겠다.

1. 설교, 성령과 함께하는 사역

"설교는 하나님의 성령의 역사 속에서 이루어지는 하나님의 사역이다."[1] 설교를 준비하고 그것을 전달하는 것은 인간에 의해서 이루어진다. 따라서 설교자가 누구인가, 그가 어떻게 설교를 준비하고 설교를 하며, 어떤 신앙과 지식과 설교학적 능력을 갖고 있느냐는 매우 중요한 일이다. 그러나 설교는 이것으로 충분한 것이 아니다.

설교는 인간의 충분한 준비와 함께 성령님의 역사를 통해서 완성된다. 성령 없는 설교는 인간의 일(human work)에 불과할 뿐이다. 그러나 성령님께서 역사하실 때 그 인간의 일은 거룩한 하나님의 일(divine work)로 바뀐다.

그러므로 설교자들은 설교의 전 과정에서 성령님의 역사하심이 없이 설교를 제대로 할 수 없다는 사실을 깊이 인식하고, 언제나 성령님의 역사하심 속에서 설교가 진행되도록 해야 한다. 오늘 한국교회 설교자들의 설교학적 능력은 놀랍게 발전하였다. 지적 수준이나 신학적 지식, 설교에 대한 이론과 전달 방법 등에 대한 그들의 전문적 능력은 과거와 비교할 수 없으리만치 향상되었다.

그런데 문제는 세련되고 수준 높은 말들, 성경에 대한 깊이 있는 지식, 그리고 화려한 수사들이 강단에서 선포는 되고 있는데, 왠지 말씀의 능력들이 약화되고 있다는 사실이다. 필자는 이런 현상들을 보면서 현대 설교자들의 지성은 매우 발전했으나 설교자들의 영성, 특별히 성령 충만함의 부족 때문이 아닌가 생각한다.

현대 설교학자 데이빗 버트릭(David Buttrick)은 현대 설교자들의 이런 문제를 지적하면서, "성령님의 권능(power)이 없이 하는 설교는 공허

(emptiness)할 뿐이다"[2]라고 강조하고 있다.

그렇다. 설교는 인간이 하지만 그 인간에 의해서 완성되는 것이 결코 아니다. 말씀에 대한 인간의 성실함과 최선의 노력이 있어야 하는가 하면, 반드시 하나님의 성령의 역사하심이 그 가운데 있어야 한다. 그럴 때 하나님의 말씀인 설교는 하나님의 말씀으로서의 능력을 갖게 되는 것이다.

설교는 그 준비 단계에서부터 끝날 때까지 성령님의 역사와 인도하심이 절대적으로 필요하다. 필자는 설교를 준비할 때 먼저 기도한다. 본문을 선택할 때 하나님께서 말씀하시고자 하는 본문, 그리고 회중에게 필요하고 적절한 말씀을 주시도록 기도한다. 본문이 정해지면 그것을 읽으면서 하나님께서 그 말씀을 잘 이해할 수 있도록, 그리고 그것을 잘 해석할 수 있도록 해달라고 기도한다. 그러면서 몇 번이고 성경을 읽는 일과 함께 주석이나 필요한 서적들을 참고하면서 본문에 대한 이해를 하려고 노력한다.

이와 같은 해석 과정이 끝나면 하나님께서 필요하고 적절한 자료들을 주시도록 기도한 후에 그런 예화나 자료들을 찾는다. 놀라운 사실은 기도한 후 내 자신이 생각하지 못했던 좋은 자료들을 찾은 경험들이 많이 있었다는 사실이다.

본문에 대한 해석이 끝나고 예화나 자료들이 준비되었으면, 이제 준비된 것들을 중심으로 설교 원고를 작성할 차례다. 이때 다시 하나님께서 지혜를 주시고, 좋은 표현과 은혜로운 말씀으로 원고를 쓸 수 있도록 기도한다.

그리고 원고 작성이 끝나면 그것을 전달하기 위해 준비하면서, 강단에서 이 말씀을 잘 전달하고 듣는 교인들에게 은혜가 있도록 해달라고 성령님께서 도와주시도록 기도한다. 물론 모든 설교자들이 이런 기도를 하지만 특별히 원고를 작성한 후부터 강단에 서기 전까지 이런 기도가 필요할 것이다.

한국교회 설교자들이 설교단에 서기 전 강단에 올라서 무릎을 꿇고 하나님께 간절히 기도하는 전통은 하나님이나 사람들 보기에 매우 아름답고 좋은 전통이라고 생각한다. 설교자 자신의 능력보다 성령님께서 도와주시도록 기도할 때, 하나님은 말씀의 커뮤니케이션이 보다 효과적으로 이루어지도록 도우실 것이다.

성령님은 커뮤니케이션을 도우시고, 단절된 커뮤니케이션을 회복하도록 하시는 분이다. 오순절 성령 강림은 바벨탑 사건으로 막힌 인류의 언어 장벽을 극복하고, 사람들과의 원활한 언어 소통을 이루도록 하는 기적을 낳았다. 그래서 성령님은 회복의 영이시며 커뮤니케이션의 영이시다.

성령님은 설교자와 회중의 커뮤니케이션이 원활하게 이루어지도록 돕고, 영적인 하나님의 말씀이 육적인 사람들과 온전히 소통되도록 도우심으로써 하나님의 말씀인 설교가 회중의 가슴에 잘 전달될 수 있도록 하시며, 하나님의 말씀이 듣는 사람들 속에서 감동과 감화를 일으키도록 하심으로써 말씀의 효과를 극대화하도록 하신다.

이와 같이 성령님의 역사가 있을 때 말씀을 통해서 진정한 하나님과 사람들의 소통이 일어나고, 설교자와 회중 사이의 소통이 일어난다. 설교자는 설교에서 자신의 역할뿐만 아니라 성령님의 역할이 얼마나 소중하다는 사실을 명심하면서, 자신의 전체 설교 과정을 성령님께 겸손히 의지해야 한다. 설교자는 "하나님과 함께 일하라"는 소명을 받은 사람들이기 때문이다.[3]

미국 뉴욕 리버사이드 교회(Riverside Church)의 담임 목사로서 현 미국을 대표하는 설교자 중의 한 사람인 제임스 포브스(James Forbes) 목사는 설교 가운데 성령님께서 하시는 일을 다음과 같이 말하고 있다.

"그날 성경 말씀에 영감을 주시는 분도 성령님이시다. 하나님의 말씀을 오늘의 시간으로 해석하고 전달하게 하시는 분도 성령님이다. 하나님의 말씀을 듣도록 회중을 불러 모으시는 분도 성령님이시다. 그리고 우리의 마음을 열어 살아 계신 하나님의 말씀을 받아들이도록 하시는 분도 성령님이시다."[4]

성령님은 이와 같이 설교의 전 과정을 통해서 역사하시는 분이다. 그러므로 설교자는 언제나 성령님의 역사와 인도하심을 구하고, 성령님과 함께하며 성령님을 의지해야만 한다. 그럴 때 설교는 하나님의 살아 계신 말씀이 오늘의 사람들에게 살아서 역사하는 놀라운 일들이 일어나게 될 것이다.

예수님 자신도 "주의 성령이 내게 임하셔서(The Spirit of the Lord is on me) 복음을 전하고(preach) ……. 주의 은혜의 해를 전파하신다(proclaim)"(눅 4:18-19)고 말씀하신다. 예수님도 성령님이 함께 하시는 가운데 복음을 전하고 설교하셨다는 말씀이다. 예수님과 함께하신 성령님은 오늘의 설교자들과도 함께하여 복음을 전파(설교)하기를 원하신다.

성령님과 함께하는 설교자, 그리고 그 입을 통해서 선포되는 말씀은 능히 인간의 영혼을 구원하고 변화시키는 능력을 가질 것이다. 다시 강조하지만 '설교는 하나님의 성령의 역사 속에서 이루어지는 하나님의 사역이다.'

적 용 하 기

1. 설교자로서 자신의 설교 준비 과정을 돌아보라. 얼마나 성령님을 의지하고 있는가?

2. 성령님의 인도하심은 설교자의 기도 생활과 긴밀한 관계를 갖는다. 자신의 설교를 위해서 얼마나 기도하고 있는가?

3. 설교하는 순간순간 성령님을 의지하며, 성령님의 역사를 체험하고 있는가?

2. 예배와 설교

"설교는 교회에서 드리는 대부분의 예배 가운데 중요한 부분이다. (그러나) 그 설교
는 예전의(liturgical) 배경에서 일어난다."[5]

한국 개신교회의 많은 사람들은 '예배는 곧 설교'라고 생각하는 경향이
있다. 이것은 물론 종교개혁 후 나타난 개신교회가 예배에서 말씀을 강조
한 결과라고 할 수 있겠다. 그 동안 중세 교회는 미사(missa)라는 이름 아래
예배에서 성만찬이 강조되고 말씀은 약화되거나 생략되어 버렸다. 그 결과
하나님의 말씀을 바로 듣지 못한 교회는 타락할 수밖에 없었다. 그래서 종
교개혁가들은 교회가 바로 서기 위해서는 예배에서 하나님의 말씀이 바로
선포되어야 한다는 점을 강조하면서, '오직 말씀'(sola scriptura)이라는 기치
를 내걸고 교회 개혁을 시도했었던 것이다.

그러나 개신교회가 예배에서 지나치게 말씀만을 강조함으로써 개신교
예배 역시 또 다른 문제에 직면하게 되었다. 예배에서 성만찬을 비롯한 많
은 순서들이 사라져 버리고, 예배에 임하는 사람들의 의식과 자세를 왜곡
되게 하고 만 것이다. 예배 시간이면 예배를 집례하는 목사도 오직 '설교를
잘하기 위해서' 또는 '은혜를 주기 위해서' 강단에 올라가고, 예배에 참여하
는 교인들 역시 설교를 통해 '은혜받기 위해서' 교회에 나온다. 그래서 그날
설교를 통해서 은혜를 받으면 예배를 잘 본 것이고 – 이런 자세를 가진 사
람들에게 예배를 드린다고 표현하는 것은 어울리지 않을 것이다 – 그렇지
않으면 그날 예배는 망친 것이다. 이러한 현상은 예배에서 지나치게 말씀만
을 강조하는 개신교 예배의 부정적 측면이라고 하겠다.

예배와 설교의 관계에서 먼저 고려해야 할 것은 설교가 예배의 전부는 아니라는 점이다. 예배학적 차원에서 보면 설교 역시 예배의 한 부분이요, 한 순서로서 기능하는 것이다. 그러므로 설교자는 설교를 잘해야겠다는 목표도 있어야 하겠지만, 한편으로는 설교가 예배라는 틀 속에서 이루어진다는 사실도 잊지 않아야 한다. 설교가 예배를 지배하는 것이 아니라 예배를 위해서 설교가 봉사할 수 있어야 한다.

우리가 알아야 할 것은 은혜는 설교에만 있는 것이 아니라는 사실이다. 하나님께서는 예배의 모든 순서 순서들을 통해서 마땅히 있어야 할 은혜를 베푸신다. 때로는 찬송 가운데, 때로는 기도 가운데, 때로는 예물을 드리면서 우리는 하나님의 은혜를 경험하기도 한다. 예배에서 설교만 은혜의 방편이 아니고, 모든 순서들을 통해서 우리는 얼마든지 하나님의 은혜를 입게 되는 것이다.

예를 들어 개신교인의 입장에서 로마 가톨릭 교회 미사에 참석하여 그들의 짧은 강론(설교)을 듣는다면 예배가 별로 은혜가 없는 것처럼 생각될 수 있을 것이다. 우리 식으로 표현하면 설교가 별로 은혜가 되지 않았기 때문이다. 그러나 우리가 알아야 할 것은 그들은 그 미사 가운데서 하나님의 은혜를 깊이 체험하고 있다는 사실이다. 만일 그들이 미사라는 예배를 통해서 전혀 은혜를 받지 못한다면 오늘의 가톨릭교회가 존재할 수 있겠는가? 개신교인들은 주로 설교를 통해서 은혜를 받는 것으로 생각하지만, 가톨릭 교인들은 미사 의식을 통해서 또 다른 은혜를 체험하고 있다. 단지 은혜를 받는 방편(means of grace)이 다를 뿐이다. 한쪽은 말씀에서, 또 한쪽은 예배 의식에서 은혜를 받는다. 그러므로 목회자는 설교의 중요성도 잘 인식해야겠지만, 예배의 모든 순서 하나하나의 중요성을 알고 정성을 다해 임하도록 최선을 다해야 한다.

둘째로 예배와 설교의 관계에서 고려해야 할 것이 '예배와 설교의 일치성'이다. 즉, 그날 드린 예배 전체 순서와 내용과 설교가 서로 일치할 수 있어야 한다는 점이다. 어떤 교회를 가보면 그날 예배가 찬송 따로, 기도 따로, 설교 따로 제각각이다. 찬송은 성령님에 관해 부르면서 설교는 믿음에 대해서 하는 식이다.

만약 그날 설교가 믿음에 관한 것이라면 찬송이나 기도의 내용, 더 나아가 찬양대의 찬양까지도 믿음이라는 주제에 맞추게 된다면 전체 예배가 훨씬 일관성 있게 될 것이다. 예배의 각 순서는 별개로 독립된 것이 아니라 상호연관성을 가지고 진행되어야 한다는 사실을 기억하면서, 설교자는 그날의 예배와 설교가 분리가 아닌 일체감을 가지고 진행되도록 해야 한다.

특별히 생각해야 할 것은 예배와 설교의 분위기에 관련된 것이다. 가끔 어느 교회를 가보면 예배와 설교가 전혀 다른 분위기로 전개되는 것을 볼 수 있다. 예를 들어 성탄절은 교회력에서 인류의 구세주로 오신 예수 그리스도의 탄생을 축하하고 기뻐하는 절기다. 그렇다면 그날의 예배는 기쁨이 넘칠 수 있어야 하며 설교 역시 그래야 한다. 그런데 어떤 설교자들은 성탄절 설교에서 "우리 주변에는 가난하고 소외된 사람들이 얼마나 많은데 우리는 왜 그들을 외면하며 사느냐?"고 비판하면서 자기만이 의로운 양 설교를 한다. 기쁘게 찬송 부르고 모든 교인들이 기쁨으로 예배를 드리다가 설교 시간에 완전히 분위기가 바뀌어 버린다.

꼭 성탄절 날 그런 설교를 해야 할까? 교회력을 알고 여기에 대한 준비가 되어 있는 목사라면 성탄절보다는 성탄을 준비하는 대림절 기간에 그런 설교를 얼마든지 할 수 있다. 이번 성탄절은 온 교인들이 어려운 우리들의 이웃을 생각하면서 그들을 찾아가고 나누는 성탄절이 되자고, 그래서 보다 의미 있는 성탄절을 맞이하자고 하면서 대림절 기간에 얼마든지 그런 설교를 할 수 있다.

그런데 대림절 기간에는 전혀 다른 소리를 하고 있다가 기뻐해야 할 성탄절에 그런 비판적인 설교를 함으로써 예배의 분위기를 싸늘하게 하고 예배를 망쳐 버리고 만다. 이런 것이 누구의 책임인가? 교인들의 책임인가? 아니다. 그것은 설교자인 목사의 책임이요, 잘못이다. 예배에 대한 이해나 교회력에 대한 이해가 전혀 없기 때문에 이런 일들을 저지르고 만 것이다. 그래서 필자는 예배학 시간에 교회력을 강의하면서, 이런 예들을 들고는 "기뻐야 할 예배 시간에 초상집을 만들지 말라"(잔칫집을 초상집으로 만들지 말라.)고 한다.

목회자는 예배에 대한 지식과 함께 깊은 이해를 가지고 있어야 한다. 그리고 예배와 설교의 분위기를 통일성 있게 만들어야 한다. 고난 주간에는 예배 분위기와 설교의 분위기가 거기에 맞고, 부활절에는 부활절에 맞는 예배 분위기와 설교가 이루어져야 한다. 설교자는 언제나 설교가 예배 속에서 이루어지고 있음을 기억하면서, 설교와 예배의 분위기가 조화되도록 해야 한다.

셋째로 예배와 관련하여 개신교 설교자들이 특별히 기억해야 할 것은 기독교 예배의 전통에 대한 이해다. 그 동안 가톨릭교회는 말씀이 약화되고 성찬이 중심된 예배를 드려왔다. 그런가 하면 개신교회는 성찬이 약화되고 말씀이 중심된 예배를 드려왔다.

하지만 본디 기독교 예배는 말씀과 성만찬이 함께한 예배였다. 따라서 현대 로마 가톨릭 교회는 제2차 바티칸 공의회(Vatican Ⅱ, 1962-65) 이후 자신들의 미사에서 강론을 강화하도록 함으로써, 예배에서의 말씀을 회복해 가고 있다. 그런가 하면 개신교 역시 전통적으로 가졌던 예전들을 회복하고자 하는 운동(liturgical movement)이 일어나면서, 그 일환으로 예배에서의 성만찬 예전을 강화하는 교회들도 있다.

이제 개신교 목회자들도 예배에서 말씀뿐만 아니라 성만찬의 중요성도 인식하면서, 예배 현장에서 이를 실현하고자 하는 노력이 있어야 하리라 본다. 물론 성찬의 횟수도 중요하지만 먼저는 현재 진행하고 있는 성만찬 예전이 보다 의미 깊게 이루어지도록 하면서, 가능하다면 그 횟수를 늘려가는 것을 고려하는 것이 좋으리라 본다.

그 외에 기독교 예배가 가졌던 전통적인 많은 순서들에 대해서 이해를 하고 오늘 예배 현장에 적용할 수 있는 것들은 면밀히 검토한 후 활용 하는 것도 좋으리라 본다. 오늘 개신교회 예배가 갖는 문제점 중의 하나는 종교 개혁 이후 좋은 예배 순서들을 많이 상실해 버렸다는 점이다.

넷째로 예배와 관련하여 신학적으로 생각해야 할 문제 가운데 하나가 전통성과 상황성의 문제다. 현대 교회는 목회자들뿐만 아니라 예배하는 교인들까지도 예배로 인해서 많은 혼란을 경험하고 있다. 어떤 것이 기독교 예배인가라는 질문에 대해서 '이것이 기독교 예배다'라고 말할 수 없을 만큼 현대 교회는 지금 다양한 예배 형식들을 통해서 하나님께 예배하고 있다.

그 동안 계속되어 왔던 전통적인 예배(traditional worship)를 드릴 것인가, 아니면 최근에 확산되고 있는 소위 열린 예배(contemporary worship)를 드릴 것인가? 많은 사람들이 고민하고 있다.

그러나 이제 분명하게 말할 수 있는 것은 현대 기독교 예배는 어느 하나가 기독교 예배라고 규정할 수 있는 시대는 지나갔다는 사실이다. 현대 기독교 예배는 어느 하나로 통일된 형식이 아니라 다양한 형식을 통해서 하나님께 예배하고 있다. 그러므로 지금은 그 예배가 기독교 예배의 본질을 벗어나지 않는 한 그것을 인정하고, 예배의 다양성을 받아들여야 한다. 그런 의미에서 예배학자 로버트 웨버는 자신의 저서에서 오늘의 예배를 그

특징상 '혼합형 예배'(Blended Worship)라고 부르고 있다.[6]

　하지만 어떤 예배 형식을 취하든 예배 인도자들은 먼저 기독교 예배의 전통에 대한 이해가 있어야 한다. 오늘 현대 문화를 반영하는 예배를 드린다고 하면서 전통적 예배에 대한 이해는 거의 없는 사람들이 있다. 이것은 잘못이다. 오늘의 기독교 예배는 한순간에 만들어진 것이 아니다. 그것은 이천 년 기독교 예배 역사를 통해서 만들어졌다. 그러므로 열린 예배를 드리는 교회는 먼저 오늘의 예배가 있기까지의 기독교 예배에 대한 전통을 이해하고 그 바탕 위에서 그 예배를 시도할 수 있어야 한다.

　다른 한편으로 어떤 교회들은 전통적 예배를 고수하면서 현대 문화의 변화에 대해서는 배타적이고 애써 외면하는 경향이 있다. 이것도 잘못이다. 교회는 하늘에 존재하는 것이 아니라 이 땅에 존재하고 있다. 그러므로 원하든 원치 않든 교회는 세상 문화와 관계를 가질 수밖에 없는 것이다.

　기독교 예배는 그 본질은 변할 수 없으되 형식은 계속 변화되어 왔었다. 그것은 그 시대 교회가 처해 있었던 시간적, 공간적 문화를 예배에 반영한 결과였다. 시간적으로 21세기는 21세기의 문화가 있고, 공간적으로 한국은 한국의 문화적 상황이 있다. 기독교 예배는 이런 문화적 상황과 요소들을 반영하면서 발전해 왔다. 우리가 말하는 열린 예배도 그 출발은 오늘의 문화를 기독교 예배에 적극 반영함으로써 불신자들이 쉽게 기독교 복음을 접할 수 있도록 하자는 데서 출발한 것이다.[7]

　예배를 인도하는 목회자들은 먼저 기독교 예배에 대한 역사와 전통을 이해하고, 한편으로는 오늘의 문화적 상황을 통찰할 수 있는 균형 잡힌 시각을 가져야 한다. 전통에서 배우고 거기에 오늘의 문화를 반영함으로써 우리의 예배가 기독교 예배의 본질을 보존하면서, 변화하는 시대에 능동적으로 대처할 수 있는 예배를 만들어 갈 수 있어야 한다.

끝으로 목회자는 설교자이면서 동시에 예배 인도자라는 자기 정체성을 분명히 해야 한다. 개신교 목회자가 감당해야 할 두 가지 대표적 기능은 설교자로서의 예언자적 기능(prophetic function)과 예배 인도자로서의 제사장적 기능(priestly function)이다. 그러므로 목회자는 설교자로서 자신을 준비하는 것만큼이나 예배 인도자로서 자신을 준비해야 한다. 예배학자 폴 훈(Paul W. Hoon)은 자신의 저서에서 '목회자는 예배 신학자'(liturgical theologian)라고 말하고 있다.8) 이 말의 의미는 목회자는 먼저 기독교 예배에 대한 성경적 · 역사적 · 신학적 이해와 지식을 갖고 있어야 하며, 이를 바탕으로 현장에서 예배를 구상하고 인도할 수 있어야 한다는 사실이다.

그동안 가톨릭 신부가 예배 인도자로서의 기능이 지나치게 강조되었다면 개신교회 목회자는 설교자로서의 기능이 지나치게 강조되었다. 그래서 가톨릭에서는 신부를 사제(제사장)로 부르고, 개신교에서는 목회자를 설교자의 이미지(image)로 대개 생각하고 있다. 그러나 이제 이 두 기능은 분리된 것이 아니라 목회자들에게서 균형 있게 실천될 수 있어야 한다. 따라서 개신교 목회자들은 설교에 대한 준비만큼이나 예배에 대해서도 지적으로 준비되어 있어야 한다. 예배학에 대한 기본적 이론을 공부하고, 여기에 더해서 예배 신학과 다양한 예배 형식과 전통들을 배우고, 이를 오늘 예배 현장에 적용할 수 있는 지혜가 있어야 한다.

설교가 예배의 전부라고 생각하는 것은 위험하다. 그런 사고는 하나님 중심보다 인간의 의도나 목적이 앞선 예배를 만들 수 있다. 설교자는 예배 전체의 틀 속에서 설교를 생각하고 그날의 설교 준비에 최선을 다함으로써 온전한 예배와 함께 하나님의 말씀이 온전히 전해지도록 해야 한다.

존 브로더스(John Broadus)는 '설교는 예배의 한 의식'(an act of worship)이라고 언급하면서, 다음과 같은 의미 있는 말을 우리에게 하고 있다.

"설교는 설교자가 (예배 시간에) 하나님께 바치는 하나의 예물(offering)이다."9)

3. 설교자와 성만찬

참고로 설교자(목사)와 성만찬에 관한 몇 가지 생각들을 여기에서 언급하고자 한다. 대부분 개신교회에서는 설교자(목사)가 성례전을 함께 집례하고 있기 때문에 예배와 함께 성만찬 예전에 관한 내용들을 이해하고 있으면 설교자에게 도움이 되리라 여겨진다.

어떤 교회를 가면 목사가 설교는 그런 대로 하는데, 성만찬을 집례하는 것을 보면서 영 실망을 하는 경우들이 있다. 집례하는 목사가 성만찬에 대한 이해와 예전에 대한 실제적인 훈련이 되어 있지 않아서 그야말로 마구잡이식으로 진행하는 것을 볼 때, 예배학자로서 매우 마음이 아프다(참고로 필자는 예배학과 설교학을 동시에 전공하여 가르치고 있다).

성만찬을 집례하는 목사는 그것을 집례하기 전에 먼저 성만찬의 신학과 의미를 제대로 이해하고, 성만찬 예전에 나오는 순서 하나하나에 대한 이해와 훈련이 되어 있어야 한다. 이것을 기초로 하여 어떻게 하면 성만찬을 실제 현장에서 보다 의미 있게 거행할 것인가를 생각해야 한다. 예를 들어 성찬을 받는 방법도 기독교 전통 안에는 매우 다양한 형식들이 있다. 장로교회는 전통적으로 회중석에 앉아서 받지만, 성찬대 앞으로 나와서 받는 방법도 있다. 앉아서만 받는 것이 아니라 서서도 받을 수 있으며, 고난 주간 같은 때는 고난의 의미를 더 새기도록 하기 위해 앞에 나와서 무릎을 꿇고 받는 방법을 할 수도 있다.

성찬에 사용되는 성물(떡과 잔)에도 신경을 써야 한다. 전통적으로 사용한

카스테라 빵을 썰어서 해야 할 것인가, 아니면 웨이퍼(wafer, 현재 가톨릭교회 등에서 사용하는 떡)를 사용할 것인가, 아니면 한국의 전통적인 떡을 사용할 것인가? 깊이 생각해야 한다. 어느 것을 사용하든 그것이 성만찬의 깊은 의미를 살려낼 수 있는 것이어야 한다.

어떤 경우는 인절미를 사용하는데, 한국의 전통을 예배에 도입한다는 취지는 좋으나 실제적으로 인절미를 씹을 때 사람들이 주님의 살을 받는다는 영적 의미를 더욱 살려낼 수 있을까, 아니면 오히려 감소시키지는 않을까? 남이 한다고 해서 무조건 따라해서도 안 될 것이요, 아무런 신학적 사고나 실제적 상황에 대한 검증이 없이 하는 것은 차라리 하지 않는 것만 못하다.

성찬에서 받게 되는 잔 역시 마찬가지이다. 포도주로 할 것인가, 아니면 포도즙으로 할 것인가, 아니면 한국의 전통주를 사용할 것인가? 어느 교회의 성만찬 예전에 참여를 했는데, 잔을 받고 난 후 예배당 안 분위기가 완전히 이상하게 되어 버렸다. 그 동안 엄숙하게 진행되어 오던 성만찬 의식이 포도주를 받고 나자, 여기저기서 나는 기침소리로 인해서 성만찬 분위기를 완전히 깨버린 것이다. 그 이유는 포도주가 너무 독했기 때문이다.

집례할 목사는 이런 것까지도 신경을 써야 한다. 그런 경우 포도주에 물을 적당히 섞음으로써 사전에 이런 현상을 예방할 수 있다. 포도주에 물을 섞는 것은 주님께서 십자가에서 쏟으신 피와 물을 상징하는 것으로 의미가 있는 일이기도 하다.

때로는 막걸리를 성찬에서 사용하는 경우도 있는데, 이것 역시 깊이 생각해 보아야 한다. 그것을 사용함으로써 주님의 보혈의 의미를 성찬에서 더욱 깊이 할 수 있는가, 아니면 오히려 약화시키거나 방해가 되는 것은 아닌가를 생각해야 한다.

또한 성찬을 집례할 목사는 성찬이 진행되는 실제 현장에서 일어날 수 있는 돌발 상황에 대비해야 한다. 어린아이들이 떠든다거나 아니면 분병 분잔을 하는 과정에서 어떤 문제가 생긴다거나 할 때, 집례자는 어떻게 해야 할 것인가를 미리 염두에 두어야 한다.

필자가 어느 기독교 요양병원의 초청으로 세례와 성만찬 예전을 집례했을 때의 이야기다. 그 병원은 노인들을 위한 곳으로 치매 환자들도 함께 있었다. 예배를 드리고 성만찬 시간이 되어 분병 분잔 위원들의 도움을 받으면서 성만찬을 진행하였다. 떡을 나누고 잔을 나눌 순서가 되어 분잔 위원들이 회중석에 앉아 있는 분들에게 잔을 전달하였다.

분잔 위원들이 모두에게 잔을 나누고 돌아와서 다음 순서로 넘어가려고 하는데, 노인 한 분이 크게 소리를 질렀다. 자기는 포도주를 받아 마시지 않았는데, 왜 주지 않느냐는 것이다. 그 순간 집례하는 나도 당황하였다. 그런데 분잔 위원이 그분은 포도주를 이미 받아 마셨는데, 치매로 인해서 자기가 마신 것을 기억하지 못하고 다시 달라고 한다는 것이었다.

이럴 때 집례자는 어떻게 해야 할까? 잠시 생각을 하다가 분잔 위원에게 다시 잔을 가져다 그분에게 주라고 하였다. 그러면서 성만찬 예전은 모두 은혜롭게 마칠 수가 있었다. 필자의 생애에 성만찬 석상에서 포도주를 한 사람에게 두 번 주는 경험을 처음으로 해보는 순간이었다.

예배를 인도하는 사람은 이와 같이 어떤 상황이 돌발적으로 발생할 때 어떻게 해야 할 것인가를 미리 생각해야 한다. 그럴 때 그런 상황이 일어나도 침착하게 대처할 수 있을 것이다. 예배를 인도하는 목사가 교인들보다 더 당황해 있다면 그날 예배가 어떻게 되겠는가?

성찬과 관련하여 집례 하는 목사가 생각해야 할 또 하나가 성만찬 예전에서 사용하는 언어의 문제다. 물론 이것은 성만찬뿐만 아니라 모든 예배에서도 마찬가지다. 예배를 인도하는 사람은 예배에 필요한 적절한 말만 해야 한다. 그리고 불필요한 말은 하지 않아야 한다.

예를 들어 성만찬 중에 떡이나 잔을 나눈 후에 "받지 않으신 분은 손을 들어 표해 주시기 바랍니다"라는 말은 결코 할 필요가 없는 말이다. 성찬은 자신이 받기를 원하면 받는 것이요, 그 중에는 자신의 어떤 영적 문제나 주님과의 관계에 있는 문제 등으로 인해서 성찬을 받지 않으려는 사람들도 있다. 그러므로 집례자는 그들의 입장을 생각하면서, 자발적으로 참여하도록 하면 된다. 굳이 받지 않은 사람들을 손들게 해서 다시 받으라는 식의 말은 할 필요가 없다. 물론 어떤 실수로 인해서 빠지게 된 사람들을 배려한다는 점이 있기는 하지만, 거의 그런 경우는 드물다.

목사들이 성만찬 예전 중 이런 말을 하는 것은 그동안 성만찬을 인도한 사람들이 그렇게 하는 것을 봐왔기 때문에 자신도 그렇게 해야 될 줄 알고 그렇게 하는 것이다. 다시 말하지만 어떤 경우든 예배를 인도하는 사람은 예배에 반드시 필요한 말 외에는 스스로 절제해야 한다. 때로는 목사들의 말 때문에 신성해야 할 예배가 망쳐지고 있다는 사실을 잊지 말기 바란다.

그리고 성만찬 예전과 관련하여 생각할 것은 성만찬을 지나치게 신학적 이론이나 의미를 설명하는 식으로 하지 말라는 것이다. 어떤 사람들을 보면 성만찬의 의미를 강의식으로 하는 것을 보게 되는데, 그것은 주님의 성찬의 의미를 제대로 살리지 못하게 한다. 성만찬에서 하는 간단한 설교(권면)는 신학적이기보다는 신앙적 차원으로, 율법적이기보다는 은혜의 차원으로 하는 것이 좋다.

또한 성만찬의 분위기와 관련하여 생각할 것이 있다. 어떤 목사들은 성만찬의 분위기를 너무 인위적으로 조성하는 경우가 있다. 교인들의 눈물을 기어이 흘리게 만들고야 말겠다는 잘못된 생각은 성만찬의 분위기를 은혜와 성령의 역사보다는 매우 인위적이고 감정적인 분위기로 끌고 가게 한다.

그것은 잘못된 생각이다.

또 어떤 사람들은 성만찬에서 너무 엄숙함을 강요하기도 한다. 이것 역시 좋은 태도는 아니다. 성만찬은 참여하는 사람들이 그 깊은 뜻을 알고 자발적으로 참여하게 하는 것이 가장 좋다. 미리 한 주 전에 성만찬의 의미를 설교하거나 광고하면서, 한 주간 경건하게 준비하고 임하게 한다면 참여하는 모든 사람들이 말하지 않아도 경건하게 임할 것이다.

특별히 성찬은 언제나 엄숙함과 슬픔의 분위기에서 한결같이 진행되어야 할 것은 아니다. 예를 들어 부활절에 성만찬을 가지게 된다면 어떻게 해야 할까? 그날도 "웬 말인가 날 위하여 주 돌아가셨나"를 슬프디 슬픈 목소리로 부르면서 그렇게 성만찬을 해야만 할까? 아니면 부활하시고 승리하신 주님을 생각하면서, 기쁨과 환희를 가지고 성찬을 통해서 주님을 우리 안에 모셔야 할까?

성만찬의 의미와 분위기는 예배와 관련하여 변화될 수 있어야 한다는 사실을 기억해야 한다. 사순절의 성만찬은 주님의 고난에 초점을 맞추고 그런 분위기로, 부활절의 성만찬은 부활과 승리의 주님에 초점을 맞추고 거기에 맞는 분위기로, 감사의 절기 같은 경우에는 감사에 맞는 성만찬의 의미가 강조되고 거기에 맞는 분위기가 되도록 해야 한다.

성만찬은 개신교적 관점에서 보면 '눈에 보이는 말씀'(visible Word)이다. 설교자는 설교와 함께 성만찬의 중요성도 인식하면서, 설교자로서 뿐만 아니라 성찬을 바로 집례하는 자로서의 사명에도 최선을 다해야 한다. 개신교 목사가 갖는 가장 중요한 두 가지 사명과 기능이 하나님의 말씀을 선포하는 선지자로서의 기능과 하나님 앞에 예배를 인도하는 제사장으로서의 기능이라는 것을 다시 한 번 새기도록 하자.

1. 설교는 예배의 한 부분으로 예배의 틀 속에서 이루어진다는 것을 기억하라.

2. 설교자는 그날의 설교가 전체 예배와 연관을 가지며 진행되도록 해야 한다.

3. 목회자는 예배 속에서 예언자적 기능과 제사장적 기능을 함께 수행해야 한다.

4. 예배 인도자로서의 자신을 준비하라(예배학에 대한 지식과 훈련).

4. 교회의 시간과 설교: 교회력(Liturgical Year) 이해

필자가 신학교를 졸업한 후 친구 목사로부터 들었던 재미있는 이야기가 생각난다. 1980년대 후반은 신학교에서 예배학이 본격적으로 강의되기 시작하고 한국교회들 역시 예배에 대한 관심이 조금씩 높아지고 있을 때였다. 당시 그 친구는 인천의 어느 교회에서 부교역자로 사역을 하고 있었다. 자기 교회 담임 목사가 가운 위에 붉은 색 영대(stole)를 계속하고 있더니 어느 날 예배 시간에는 흰색으로 갑자기 바꾸더라는 것이다. 그래서 그 친구가 "목사님, 오늘 스톨 색깔이 바뀌었네요?"라고 말했더니, 그 목사가 이렇게 대답하더라는 것이다. "한 가지 색깔만 너무 오래하면 교인들이 지루할 것 아니야?"

웃고만 넘길 수 없는 이야기이다. 그 무렵 예전에 관심이 있는 목회자들이 예배 순서나 예배당의 장식, 그리고 목회자의 가운이나 스톨 등 변화를 시도하게 되자 그 목사도 어디서 그런 것을 보았을 것이다. 그러나 그는 왜 그것을 하는지, 어떻게 그것을 해야 하는지에 대해서는 알지 못했다. 남이 하니까 따라서 하기는 했지만, 그 의미가 무엇인지도 모르고 했던 것이다. 이런 실수가 비단 이 목회자 한 사람뿐이겠는가? 우리 역시 알지 못하면 이런 실수를 할 수밖에 없다.

최근 모든 교회들의 예배에 대한 관심이 높아지면서, 교회력을 예배와 설교에서 활용하는 일들이 많아지고 있다. 일반 세상이 일 년을 주기로 캘린더를 갖듯이 교회도 일 년을 주기로 한 캘린더를 만들어 사용하고 있는데 이것을 교회력이라고 한다.[10]

교회력은 예수 그리스도의 생애를 일 년 주기로 해서 예배와 교회 생활에 적용하도록 만들어져 있다. 즉, 예수 그리스도의 탄생, 공생애, 수난, 부활 등을 교회가 일 년 동안 예배를 통해서 기리도록 한 것이다.

교회력에 등장하는 절기는 여섯 가지, 즉 대림절, 성탄절, 주현절, 사순절, 부활절, 오순절이 있다. 그리고 이 절기 이외의 기간을 일상 시기(Ordinary Time)라고 한다. 일상 시기는 주현절 후와 오순절 후에 있게 되는데, 보통 33~34주간 정도가 된다. 일상 시기 동안 교회는 위의 여섯 가지 절기로부터 자유롭게 교회의 활동이나 예배, 설교 등을 할 수 있다. 절기에 얽매이지 않는 일상적인 시기라고 해서 '일상 시기'라고 부른다.

그러면 각각의 절기가 갖는 특징과 의미는 무엇인지 살펴보도록 하겠다. 먼저 대림절(Advent)은 예수 그리스도의 탄생을 기리는 성탄절과 관련이 있다. 우리는 대림절을 통해서 인류를 구원하시기 위해 이 땅에 인간의 몸을 입고 오신 예수 그리스도를 생각하면서 성탄절을 맞을 준비를 해야 할 것이다. 그러나 지금 우리에게 더욱 중요한 것은 이미 오신 예수님과 함께 다시 이 땅에 오실 예수 그리스도를 기다리며 영적으로 준비하는 일이다. 그러므로 대림절은 성탄절을 신앙적으로 준비한다는 의미와 함께 다시 오실 그리스도를 맞을 준비를 하는 절기가 되어야 한다.

대림절은 성 안드레의 축일인 11월 30일을 기준으로 하여 앞뒤로 가까운 주일에서 시작되며 이후 4주간 동안 계속되게 된다. 이때 예전색(liturgical color)은 보라색을 사용한다. 교회는 네 개의 초를 준비해서 매주일 하나씩 켜감으로써 대림절 네 번째 주일에는 네 개의 촛불이 켜지도록 한다. 빛으로 오실 그리스도를 기다리는 의미다. 이와 함께 설교를 통해서 성탄에 대한 준비와 함께 다시 오실 그리스도를 맞을 신앙적 준비를 하도록 메시지를 전하는 것이 좋다.

다음으로 성탄절(Christmas)은 인류를 죄와 사망과 어두움에서 구원하시기 위해 이 땅에 인간의 몸을 입고 오신 아기 예수를 기리는 절기다. 이때는 온 인류에 희망과 평화와 구원의 기쁨이 함께하는 시기다. 그러므로 교회는 기쁨과 함께 그리스도의 탄생을 축하하면서, 또한 이 소식을 온 세상에 전파하도록 해야 할 것이다.

성탄절에는 흰색을 사용하며, 교회의 메시지 역시 기쁨과 희망과 구원을 선포하는 것이어야 한다. 그리고 이웃에 대한 그리스도의 사랑을 함께 나누는 절기가 되도록 해야 한다. 간혹 성탄절 메시지가 성육신하신 그리스도 자신보다는 이웃에 대한 인간적 사랑이 앞섬으로써 성탄의 의미가 약화되어 버리는 경우가 있는데, 이것은 설교자가 주의해야 할 부분이다. 특별히 비판적 메시지로 성탄절 분위기에 찬물을 끼얹는 일은 없도록 조심해야 할 것이다. 그런 메시지는 성탄절이 아닌 다른 날에도 얼마든지 할 수 있다. 부디 성탄절에 그런 메시지를 함으로써 오히려 성탄절의 참된 의미를 왜곡하는 일이 없도록 해야 한다. 참고로 성탄절기는 12월 25일에 시작하여 1월 5일까지, 즉 주현절 전날까지 12일간 지키게 된다.

성탄절 다음으로 교회가 지키는 절기는 주현절(Epiphany)이다. 주현절을 나타내는 영어 epiphany는 그리스어 ἐπιφάνεια(epiphaneia) 또는 Θεοφάνεια(theophaneia)에서 온 말로 하나님의 나타남(appearance) 또는 현현(manifestation)이라는 의미다. 원래 이 단어는 태양이 떠오르는 것에서 유래한 말로서, 빛으로 세상에 자신의 모습을 나타내신 그리스도를 기리기 위한 것이다.

그러므로 주현절은 예수 그리스도의 세례와 함께 예수님 자신을 세상에 드러내신 공생애와 관련된 절기라고 할 수 있다. 그래서 가톨릭교회에서는 주현절을 '주님 공현(公顯) 대축일'이라고 부르고 있다. 과거에는 주님의 세례와 함께 부차적인 의미로 동방 박사들의 방문, 가나 혼인 잔치 기적 등을 기렸으나, 지금은 주님의 세례와 함께 그분의 공생애에 초점을 맞추는 것이 좋다고 하겠다. 현재 주현절은 1월 6일 하루로 지키고 있지만, 과거에는 주현절 기간을 1월 6일부터 시작하여 주님의 세례주일(Baptism of the Lord), 그리고 사순절 전 주일인 주님의 산상변모주일(Transfiguration of the Lord)까지를 주현절기로 기리기도 하였다.

주현절의 설교는 세상을 구원하기 위해서 빛으로 이 땅에 찾아오신 그리스도를 기리며, 오늘 지상의 교회와 신자들이 어둠에 싸인 세상을 구원하기 위한 선교적 사명을 고취시키는 내용으로 하는 것이 좋다고 본다. 주현절의 예전 색깔은 성탄절과 마찬가지로 흰색으로 한다.

과거에는 주현절이 사순절 바로 앞 주일(산상변모주일)까지 계속되도록 하였으나, 현재 개정된 교회력은 주현절을 하루(1월 6일)로 하고, 1월 7일부터 사순절 전 주일까지는 일상 시기(Ordinary Time)로 하도록 정하고 있다(이 기간은 보통 4주에서 9주 정도 된다). 이 기간 중 예전색은 녹색이며, 주현절 다음 주일은 주님의 세례주일로(예전색은 흰색), 사순절 전 주일은 산상변모주일로(흰색) 지키도록 하고 있다.

사순절(Lent)은 재의 수요일(Ash Wednesday)로부터 시작하여 40일 간(사순)을 지킨다. 물론 이 시기에 일요일은 40일 안에 계산되지 않는다(사순절은 여섯 번의 주일이 있다). 그러므로 실제 날수는 더 많다. 사순절은 우리가 잘 아는 대로 우리 주님의 수난과 죽으심과 희생을 기리는 기간이다. 공생애의 마지막으로 주님은 십자가를 지시고 인류 구원의 대역사를 완성하셨다.

그러므로 교회는 이 기간을 통해서 우리를 구속하시기 위해서 십자가를 지신 주님의 사랑과 은혜를 생각하고, 그분이 당하신 고난을 깊이 묵상하면서 거기에 동참하도록 한다. 세상에 치우쳤던 마음들을 접고 그리스도께로 향하도록 하며, 자신들의 불순종과 불신앙을 돌아보면서 참회하는 시간을 가진다. 이를 위해서 교회 공동체는 특별한 기도 모임을 갖는 것도 좋다.

사순절의 메시지는 주님의 수난과 함께 우리 자신들의 신앙을 돌아보고 참회하도록 하는 메시지가 선포되어야 하며, 예전색은 보라색을 사용한다.

주님께서는 십자가에서 죽으시고 3일 만에 다시 부활하셨다. 주님의 십자가가 우리를 죄에서 구속한 것이라면 주님의 부활은 우리에게 부활과 영생을 약속한 사건이다. 그러므로 교회는 주님께서 부활하신 이 날을 함께 축하하며 기뻐하면서 부활절(Easter)로 기리고 있다.

부활절은 말 그대로 우리 주님의 부활과 승리를 기리는 기쁜 날이다. 그러므로 교회는 이 절기를 통해서 부활의 기쁨과 소망을 함께 나누면서, 부활의 신앙에 굳게 서도록 메시지를 선포해야 한다. 부활 절기(Easter Season)는 일곱 주일 동안 계속 되는데, 이때 예전색은 흰색이 사용된다.

부활 절기는 50일간 지속되는데, 그 마지막 날인 50일은 성령님께서 강림하심을 기리는 오순절(Pentecost)로 지킨다. 오순절은 원래 유대인의 절기였으나 기독교는 이 날 성령님께서 강림하셨으므로 성령강림절 또는 오순절로 부르며 이 날을 기념한다.

오순절은 성령강림과 함께 지상교회가 시작된 날이다. 그러므로 이 날의 메시지는 우리 개인의 신앙을 굳세게 하시는 성령님의 역사와 교회를 견고하게 세우시는 성령님의 능력에 대해서 설교하는 것이 바람직하다. 오순절은 불을 상징하는 빨강색을 예전색으로 사용한다.

오순절 다음 월요일부터 대림절 전의 토요일까지 교회는 이 시간을 일상 시기로 지내게 된다(보통 23-28주). 이 시기 동안의 예전색은 녹색을 사용한다. 그러나 오순절 다음 주일인 삼위일체주일(Trinity Sunday)은 흰색을, 일상 시기의 마지막 주일로서 대림절 전 주일인 왕이신 그리스도 주일(Christ the King)은 흰색을 사용한다. 일상 시기는 교회의 정해진 절기에서 조금 자유로울 수 있는 기간이다. 그러므로 예배의 분위기나 메시지는 교회력의 절기로부터 보다 자유롭게 할 수 있을 것이다.

3) 교회력 도표(2008~2040)[11]

성서정과	대림절첫주일	재의 수요일	부활주일	승천일	성령강림주일
A	2007. 12. 2	2008. 2. 6	2008. 3. 23	2008. 5. 1	2008. 5. 11
B	2008. 11. 30	2009. 2. 25	2009. 4. 12	2009. 5. 21	2009. 5. 31
C	2009. 11. 29	2010. 2, 17	2010. 4. 4	2010. 5. 13	2010.5. 23
A	2010. 11. 28	2011. 3. 9	2011. 4. 24	2011. 6. 2	2011. 6. 12
B	2011. 11. 27	2012. 2. 22	2012. 4. 8	2012. 5. 17	2012. 5. 27
C	2012. 12. 2	2013. 2. 13	2013. 3. 31	2013. 5. 9	2013. 5. 19
A	2013. 12. 1	2014. 3. 5	2014. 4. 20	2014. 5. 29	2014. 6. 8
B	2014. 11. 30	2015. 2. 18	2015. 4. 5	2015. 5. 14	2015. 5. 24
C	2015. 11. 29	2016. 2. 10	2016. 3. 27	2016. 5. 5	2016. 5. 15
A	2016. 11. 27	2017. 3. 1	2017. 4. 16	2017. 5. 25	2017. 6. 4
B	2017. 12. 3	2018. 2. 14	2018. 4. 1	2018. 5. 10	2018. 5. 20
C	2018. 12. 2	2019. 3. 6	2019. 4. 21	2019. 5. 30	2019. 6. 9
A	2019. 12. 1	2020. 2. 26	2020. 4. 12	2020. 5. 21	2020. 5. 31
B	2020. 11. 19	2021. 2. 17	2021. 4. 4	2021. 5. 13	2021. 5. 23
C	2021. 11. 28	2022. 3. 2	2022. 4. 17	2022. 5. 26	2022. 6. 5
A	2022. 11. 27	2023. 2. 22	2023. 4. 9	2023. 5. 18	2023. 5. 28
B	2023. 12. 3	2024. 2. 14	2024. 3. 31	2024. 5. 9	2024. 5. 19
C	2024. 12. 1	2025. 3. 5	2025. 4. 20	2025. 5. 29	2025. 6. 8
A	2025. 11. 30	2026. 2. 18	2026. 4. 5	2026. 5. 14	2026. 5. 24
B	2026. 11. 29	2027. 2. 10	2027. 3. 28	2027. 5. 6	2027. 5. 16
C	2027. 11. 28	2028. 3. 2	2028. 4. 16	2028. 5. 25	2028. 6. 4
A	2028. 12. 3	2029. 2. 14	2029. 4. 1	2029. 5. 10	2029. 5. 20
B	2029. 12. 2	2030. 3. 6	2030. 4. 21	2030. 5. 30	2030. 6. 9
C	2030. 12. 1	2031. 2. 26	2031. 4. 13	2031. 5. 22	2031. 6. 1
A	2031. 11. 30	2032. 2. 11	2032. 3. 28	2032. 5. 6	2032. 5. 16
B	2032. 11. 28	2033. 3. 2	2033. 4. 17	2033. 5. 26	2033. 6. 5
C	2033. 11. 27	2034. 2. 22	2034. 4. 9	2034. 5. 18	2034. 5. 28
A	2034. 12. 3	2035. 2. 7	2035. 3. 25	2035. 5. 3	2035. 5. 13

B	2035. 12. 2	2036. 2. 27	2036. 4. 13	2036. 5. 22	2036. 6. 1
C	2036. 11. 30	2037. 2. 18	2037. 4. 5	2037. 5. 14	2037. 5. 24
A	2037. 11. 29	2038. 3. 10	2038. 4. 25	2038. 6. 3	2038. 6. 13
B	2038. 11. 28	2039. 2. 23	2039. 4. 10	2039. 5. 19	2039. 5. 29
C	2039. 11. 27	2040. 2. 15	2040. 4. 1	2040. 5. 10	2040. 5. 20

4) 예전색(Liturgical Color)

색깔은 하나님께서 창조하신 것 가운데 하나다. 모든 사물들은 반드시 어떤 색을 가지고 있으며, 그 색깔을 통해서 의미를 전달하고 이해하기도 한다. 이것은 신앙적 의미를 전달하는 데 있어서도 중요한 매개가 된다. 그러므로 기독교 예배는 교회력에 나타난 절기나 어떤 예배의 성격에 따라서 그 의미를 표현할 수 있는 색들을 사용하고 있는데, 이것을 예전색이라고 한다.

기독교에서 사용되는 예전색에는 크게 네 가지가 있다. 먼저 보라색(purple)은 위엄과 엄숙을 상징하는 색이다. 그러므로 이것은 왕으로 오실 그리스도를 기다리는 대림절과 함께, 사순절 기간 동안 신앙적 엄숙함과 참회 등을 표현하기 위해서 사용된다.

다음으로 흰색이 있는데, 이것은 기쁨과 밝음, 그리고 성결 등을 나타낸다. 교회는 성탄절과 부활절 기간에 대표적으로 흰색을 사용하고 있으며, 그 외에 주님의 사역과 관련된 기쁨을 나타내기 위해서 주님의 세례주일, 산상변모주일, 승천주일, 삼위일체주일, 왕이신 그리스도 주일 등에서 사용한다.

그리고 빨강색이 있는데, 이것은 보혈과 불의 상징이다. 주님의 수난주일(종려주일)과 오순절에 사용한다. 그리고 순교자 추모일, 교회의 안수식이나 임직식, 교회 봉헌 예식이나 기념주일 등에서도 사용할 수 있다.

그리고 녹색이 있는데, 이는 영원과 성장을 상징하는 색이다. 교회력에서는 일상 시기 동안에 녹색을 사용한다.

5. 균형 잡힌 설교를 위한 본문 선택

: 성서정과(聖書定課, Lectionary)

이미 언급했듯이 설교자가 설교를 위해서 성경 본문(text)을 선택하는 방법은 세 가지 정도가 있다. 먼저는 설교자 자신이 본문을 선택하는 방법이다. 다음으로는 웨스트민스터(Westminster) 예배모범(1644)의 지침에 따라서 나타났던 신약과 구약을 각각 읽는 방법이 있다.[12] 그리고 성서정과에 따라 성경 본문을 선택하여 읽고 설교를 하는 방법이다.

대부분의 개신교회에서는 처음 방법이 가장 선호되면서 광범위하게 사용되고 있다. 그동안 한국교회에서도 성서정과를 사용하는 곳은 가톨릭교회나 성공회 등 예전 중심의 몇 교회들뿐이었다. 그러나 지금은 세계적으로 교회력과 성서정과가 조금씩 관심을 끌고 있는 상황이다.

성서정과는 구약과 서신서와 복음서를 매주 읽고 설교할 수 있도록 편성되어 있다. 여기서 서신서는 편의상 사도행전부터 요한계시록까지를 포함하며, 복음서는 4복음서를 말한다. 성서정과는 3년을 주기로 하여 성경의 구약과 서신서와 복음서의 중요한 부분들을 한 번 볼 수 있도록 만들어져 있으며, 그 내용이 교회력과도 조화되도록 구성되어 있다.

그러므로 성서정과를 사용하게 될 경우 설교가 교회력과도 잘 조화될 수 있다는 장점과 함께 설교자가 본문을 선택하는 어려움이 덜어질 수 있다. 그러나 단점은 각각의 교회나 회중의 상황과 거리가 있을 수 있다는 점이다. 그러므로 성서정과를 사용할 경우 설교자는 주어진 성서정과를 통해서 메시지의 내용이 교회나 회중의 삶과 연관을 갖도록 노력해야 한다. 아니면 성서정과를 사용하되 어떤 주일들은 설교자가 본문을 정해서 설교하는 것도 좋을 것이다.

설교자 자신이 매주일 본문을 선정하여 설교하는 것도 좋은 점이 있으나 설교자 자신이 선호하는 내용들에 치중할 수 있으므로 성서정과를 참고하는 것이 설교에 도움이 되리라 본다.

참고로 성서정과의 역사를 간단히 보면 초대 교회부터 성구집 형태로 출발하여 중세 교회에서 사용이 되었는데, 종교개혁가들에 의해서 배격되었다. 그 이유는 중세 교회의 교회력에 성자축일 등이 지나치게 반영되면서 본래의 의미가 퇴색되거나 변질되면서 종교개혁가들은 교회력과 함께 성서정과를 거부하게 되었다. 그러나 1940년 스코틀랜드교회(the Church of Scotland)가 예식서를 만들면서 거기에 교회력과 함께 성서정과를 채택함으로써, 다시 현대 교회들로 하여금 이에 대한 관심을 불러일으키도록 하였다.

로마 가톨릭교회에서는 제2차 바티칸 공의회(1962-1965) 이후 1969년에 자신들의 성서정과인 『미사 전례 성서』(*The Roman Lectionary for Mass*)를 제작하여 사용하게 되었으며, 개신교회에서는 북미를 중심으로 교회일치협의회(Consultation on Church Union) 산하의 공동 본문 위원회(Consultation on Common Text)가 1983년에 『공동 성서정과』(*Common Lectionary*)를 만들어 사용하게 되었고, 이것은 1992년에 다시 『개정 공동 성서정과』(*the Revised Common Lectionary*)로 개편해 현재 사용되고 있다.[13] 여기에 따른 성서정과 표를 보면 다음과 같다.[14]

성서정과표

Year A	구약	시편	서신서	복음서
대림절기				
대림절1	사 2:1-5	시 122	롬 13:11-14	마 24:36-44
대림절2	사 11:1-10	시 72:1-7, 18-19	롬 15:4-13/	마 3:1-12
대림절3	사 35:1-10	시 146:5-10 또는 눅 1:47-55	약 5:7-10	마 11:2-11
대림절4	사 7:10-16	시 80:1-7, 17-19	롬 1:1-7	마 1:18-25
성탄절기				
성탄절	사 9:2-7	시 96	딛 2:11-14	눅 2:1-14, (15-20)
	사 62:6-12	시 97	딛 3:4-7	눅 2:(1-7), 8-20
	사 52:7-10	시 98	히 1:1-4, (5-12)	요 1:1-14
성탄절 후 1	사 63:7-9	시 148	히 2:10-18	마 2:13-23
성탄절 후 2	렘 31:7-14	시 147:12-20	엡 1:3-14	요 1:(1-9), 10-18
주현절기 (주현절 후 6, 7, 8, 9주일이 재의 수요일 바로 앞 주일이라면 주현절 후 마지막 주일(산상변모일) 성서정과를 사용할 것)				
주현절	사 60:1-6	시 72:1-7, 10-14	엡 3:1-12	마 2:1-12
주님의 수세일 (주현절 후 1)	사 42:1-9	시 29	행 10:34-43	마 3:13-17
주현절 후 2	사 49:1-7	시 40:1-11	고전 1:1-9	요 1:29-42
주현절 후 3	사 9:1-4	시 27:1, 4-9	고전 1:10-18	마 4:12-23
주현절 후 4	미 6:1-8	시 15	고전 1:18-31	마 5:1-12
주현절 후 5	사 58:1-9a, (9b-12)	시 112:1-9, (10)	고전 2:1-12, (13-16)	마 5:13-20
주현절 후 6	신 30:15-20	시 119:1-8	고전 3:1-9	마 5:21-37
주현절 후 7	레 19:1-2, 9-18	시 119:33-40	고전 3:10-11, 16-23	마 5:38-48
주현절 후 8	사 49:8-16a	시 131	고전 4:1-5	마 6:24-34
주현절 후 9	신 11:18-21, 26-28	시 31:1-5, 19-24	롬 1:16-17; 롬 3:22b-28, (29-31)	마 7:21-29
주현절 후 마지막주일 (산상변모일)	출 24:12-18	시 2 또는 시 99	벧후 1:16-21	마 17:1-9

Year A	구약	시편	서신서	복음서
사순절기				
재의 수요일	욜 2:1-2, 12-17 또는 사 58:1-12	시 51:1-17	고후 5:20b-6:10	마 6:1-6, 16-21
사순절 1	창 2:15-17; 3:1-7	시 32	롬 5:12-19	마 4:1-11
사순절 2	창 12:1-4a	시 121	롬 4:1-5, 13-17	요 3:1-17 또는 마 17:1-9
사순절 3	출 17:1-7	시 95	롬 5:1-11	요 4:5-42
사순절 4	삼상 16:1-13	시 23	엡 5:8-14	요 9:1-41
사순절 5	겔 37:1-14	시 130	롬 8:6-11	요 11:1-45
사순절 6 (수난주일)	사 50:4-9a	시 31:9-16	빌 2:5-11	마 26:14-27:66 또는 마 27:11-54
성목요일	출 12:1-4, (5-10), 11-14	시 116:1-2, 12-19	고전 11:23-26	요 13:1-17, 31b-35
성금요일	사 52:13-53:12	시 22	히 10:16-25 또는 히 4:14-16; 5:7-9	요 18:1-19:42
부활절기(주님의 승천일 본문은 부활절 7주에 사용될 수도 있음)				
부활절	행 10:34-43 또는 렘 31:1-6	시 118:1-2, 14-24	골 3:1-4 또는 행10:34-43	요 20:1-18 또는 마 28:1-10
부활절 2	행 2:14a, 122-32	시 16	벧전 1:3-9	요 20:19-31
부활절 3	행 2:14a, 36-41	시 116:1-4, 12-19	벧전 1:17-23	눅 24:13-35
부활절 4	행 2:42-47	시 23	벧전 2:19-25	요 10:1-10
부활절 5	행 7:55-60	시 31:1-5, 15-16	벧전 2:2-10	요 14:1-14
부활절 6	행 17:22-31	시 66:8-20	벧전 3:13-22	요 14:15-21
주님의 승천일	행 1:1-11	시 47 또는 시 93	엡 1:15-23	눅 24:44-53
부활절 7	행 1:6-14	시 68:1-10, 32-35	벧전 4:12-14; 5:6-11	요 17:1-11
오순절	행 2:1-21 또는 민 11:24-30	시 104:24-34, 35b	고전 12:3b-13 또는 행 2:1-21	요 20:19-23 또는 요 7:37-39

오순절 후 주일들:이 날들은 비절기 기간으로 Ordinary Time이라고 부른다.
그리고 이 날들을 날짜를 기준으로 표시한 것은 부활절 날짜에 따라 해마다 이 기간이
길어질 수도 있고 짧아질 수도 있기 때문이다.

Year	구약	시편	서신서	복음서
삼위일체주일	창 1:1-2:4a	시 8	고후 13:11-13	마 28:16-20
5.29-6.4 사이의 주일	창 6:9-22; 7:24; 창 8:14-19	시 46	롬 1:16-17; 3:22b-28, (29-31)	마 7:21-29
	신 11:18-21, 26-28	시 31:1-5, 19-24		
6.5-6.11 사이의 주일	창 12:1-9	시 33:1-12	롬 4:13-25	마 9:9-13,18-26
	호 5:15-6:6	시 50:7-15		
6.12-6.18 사이의 주일	창 18:1-15, (21:1-7)	시 116:1-2, 12-19	롬 5:1-8	마 9:35-10:8, (9-23)
	출 19:2-8a	시 100		
6.19-6.25 사이의 주일	창 21:8-21	시 86:1-10, 16-17	롬 6:1b-11	마 10:24-39
	렘 20:7-13	시 69:7-10, (11-15), 16-18		
6.26-7.2의 사이의 주일	창 22:1-14	시 13	롬 6:12-23	마 10:40-42
	렘 28:5-9	시 89:1-4, 15-18		
7.3-7.9 사이의 주일	창 24:34-38, 43-49, 58-67	시 45:10-17 또는 아 2:8-13	롬 7:15-25a	마 11:16-19, 25-30
	슥 9:9-12	시 145:8-14		
7.10-7.16 사이의 주일	창 25:19-34	시 119:105-112	롬 8:1-11	마 13:1-9, 18-23
	사 55:10-13	시 65:(1-8), 9-13		
7.17-7.23 사이의 주일	창 28:10-19a	시 139:1-12, 23-24	롬 8:12-25	마 13:24-30, 36-43
	사 44:6-8	시 86:11-17		
7.24-7.30 사이의 주일	창 29:15-28	시 105:1-11, 45b 또는 시 128	롬 8:26-39	마 13:31-33, 44-52
	왕상 3:5-12	시 119:129-136		
7.31-8.6 사이의 주일	창 32:22-31	시 17:1-7,15	롬 9:1-5	마 14:13-21
	사 55:1-5	시 145:8-9, 14-21		
8.7-8.13 사이의 주일	창 37:1-4, 12-28	시 105:1-6, 16-22, 45b	롬 10:5-15	마 14:22-33
	사 56:1,6-8	시 67		
8.14-8.20 사이의 주일	창 45:1-15	시 133	롬 11:1-2a, 29-32	마 15:(10-20), 21-28
	사 56:1,6-8	시 67		
8.21-8.27 사이의 주일	출 1:8-2:10	시 124	롬 12:1-8	마 16:13-20
	사 51:1-6	시 138		

Year	구약	시편	서신서	복음서
8.28-9.3 사이의 주일	출 3:1-15	시 105:1-6, 23-26, 45c	롬 12:9-21	마 16:21-28
	렘 15:15-21	시 25:1-8		
9.4-9.10 사이의 주일	출 12:1-14	시 149	롬 13:8-14	마 18:15-20
	겔 33:7-11	시 119:33-40		
9.11-9.17 사이의 주일	출 14:19-31	시 114 또는 출 15:1b-11, 20-21	롬 14:1-12	마 18:21-35
	창 50:15-21	시 103:(1-7), 8-13		
9.18-9.24 사이의 주일	출 16:2-15	시 105:1-6, 37-45	빌 1:21-30	마 20:1-16
	욘 3:10-4:11	시 145:1-8		
9.25-10.1 사이의 주일	출 17:1-7	시 78:1-4, 12-16	빌 2:1-13	마 21:23-32
	겔 18:1-4, 25-32	시 25:1-9		
10.2-10.8 사이의 주일	출 20:1-4, 7-9, 12-20	시 19	빌 3:4b-14	마 21:33-46
	사 5:1-7	시 80:7-15		
10.9-10.15 사이의 주일	출 32:1-14	시 106:1-6, 19-23	빌 4:1-9	마 22:1-14
	사 25:1-9	시 23		
10.16-10.22 사이의 주일	출33:12-23	시 99	살전 1:1-10	마 22:15-22
	사 45:1-7	시 96:1-9, (10-13)		
10.23-10.29 사이의 주일	신 34:1-12	시 90:1-6, 13-17	살전 2:1-8	마 22:34-46
	레 19:1-2, 15-18	시 1		
10.30-11.5 사이의 주일	수 3:7-17	시 107:1-7, 33-37	살전 2:9-13	마 23:1-12
	미 3:5-12	시 43		
11.6-11.12 사이의 주일	수 24:1-3a, 14-25	시 78:1-7	살전 4:13-18	마 25:1-13
	암 5:18-24	시 70		
11.13-11.19 사이의 주일	삿4:1-7	시123	살전 5:1-11	마 25:14-30
	습 1:7, 12-18	시 90:1-8(9-11), 12		
11.20-11.26 사이의 주일, (왕되신 그리스도 주일)	겔 34:11-16, 20-24	시 100	엡 1:15-23	마 25:31-46
	겔 34:11-16, 20-24	시 95:1-7a		

Year B	구약	시편	서신서	복음서
대림절기				
대림절 1	사 64:1-9	시 80:1-7, 17-19	고전 1:3-9	막 13:24-37
대림절 2	사 40:1-11	시 85:1-2, 8-13	벧후 3:8-15a	막 1:1-8
대림절 3	사 61:1-4, 8-11	시 126 또는 눅 1:47-55	살전 5:16-24	요 1:6-8, 19-28
대림절 4	삼하 7:1-11, 16	눅 1:47-55 또는 시 89:1-4, 19-26	롬 16:25-27	눅 1:26-38
성탄절기				
성탄절	사 9:2-7	시 96	딛 2:11-14	눅 2:1-14, (15-20)
	사 62:6-12	시 97	딛 3:4-7	눅 2:(1-7), 8-20
	사 52:7-10	시 98	히 1:1-4, (5-12)	요 1:1-14
성탄절 후 1	사 61:10-62:3	시 148	갈 4:4-7	눅 2:22-40
성탄절 후 2	렘 31:7-14	시 147:12-20	엡 1:3-14	요 1:(1-9), 10-18
주현절기(주현절 후 6, 7, 8, 9주일이 재의 수요일 바로 앞 주일이라면 주현절 후 마지막 주일(산상변모일) 성서정과를 사용할 것)				
주현절	사 60:1-6	시 72:1-7, 10-14	엡 3:1-12	마 2:1-12
주님의 수세일, (주현절 후 1)	창 1:1-5	시 29	행 19:1-7	막 1:4-11
주현절 후 2	삼상 3:1-10 (11-20)	시 139:1-6, 13-18	고전 6:12-20	요 1:43-51
주현절 후 3	욘 3:1-5, 10	시 62:5-12	고전 7:29-31	막 1:14-20
주현절 후 4	신 18:15-20	시 111	고전 8:1-13	막 1:21-28
주현절 후 5	사 40:21-31	시 147:1-11, 20c	고전 9:16-23	막 1:29-39
주현절 후 6	왕하 5:1-14	시 30	고전 9:24-27	막 1:40-45
주현절 후 7	사 43:18-25	시 41	고후 1:18-22	막 2:1-12
주현절 후 8	호 2:14-20	시 103:1-13, 22	고후 3:1-6	막 2:13-22
주현절 후 9	신 5:12-15	시 81:1-10	고후 4:5-12	막 2:23-3:6
주현절 후 마지막 주일(산상변모일)	왕하 2:1-12	시 50:1-6	고후 4:3-6	막 9:2-9

Year B	구약	시편	서신서	복음서
사순절기				
재의 수요일	욜 2:1-2, 12-17 또는 사 58:1-12	시 51:1-17	고후 5:20b-6:10	마 6:1-6, 16-21
사순절 1	창 9:8-17	시 25:1-10	벧전 3:18-22	막 1:9-15
사순절 2	창 17:1-7, 15-16	시 22:23-31	롬 4:13-25	막 8:31-38 또는 막 9:2-9
사순절 3	출 20:1-17	시 19	고전 1:18-25	요 2:13-22
사순절 4	민 21:4-9	시 107:1-3, 17-22	엡 2:1-10	요 3:14-21
사순절 5	렘 31:31-34	시 51:1-12 또는 시 119:9-16	히 5:5-10	요 12:20-33
사순절 6(수난 주일)	사 50:4-9a	시 31:9-16	빌 2:5-11	막 14:1-15:47 또는 막 15:1-39, (40-47)
성목요일	출 12:1-4, (5-10), 11-14	시 116:1-2, 12-19	고전 11:23-26	요 13:1-17, 31b-35
성금요일	사 52:13-53:12	시 22	히 10:16-25 또는 히 4:14-16; 5:7-9	요 18:1-19:42
부활절기				
부활절	렘 31:7-14	시 147:12-20	엡 1:3-14	요 1:(1-9), 10-18
부활절 2	행 4:32-35	시 133	요일 1:1-2:2	요 20:19-31
부활절 3	행 3:12-19	시 4	요일 3:1-7	눅 24:36b-48
부활절 4	행 4:5-12	시 23	요일 3:16-24	요 10:11-18
부활절 5	행 8:26-40	시 22:25-31	요일 4:7-21	요 15:1-8
부활절 6	행 10:44-48	시 98	요일 5:1-6	요 15:9-17
주님의 승천일	행 1:1-11	시 47 또는 시93	엡 1:15-23	눅 24:44-53
부활절 7	행 1:15-17, 21-26	시 1	요일 5:9-13	요 17:6-19
오순절	행 2:1-21	시 104:24-34, 35b	롬 8:22-27	요 15:26-27; 16:4b-15
	겔 37:1-14	시 104:24-34, 35b	행 2:1-21	막 2:13-22
오순절 이후의 주일들				
삼위일체주일	사 6:1-8	시 29	롬 8:12-17	요 3:1-17
5.29-6.4 사이의 주일	삼상 3:1-10, (11-20)	시 139:1-6, 13-18	고후 4:5-12	막 2:23-3:6
	신 5:12-15	시 81:1-10		

Year B	구약	시편	서신서	복음서
6.5-6.11 사이의 주일	삼상 8:4-11, (12-15), 16-20, (11:14-15)	시 138	고후 4:13-5:1	막 3:20-35
	창 3:8-15	시 130		
6.12-6.18 사이의 주일	삼상 15:34-16:13	시 20	고후 5:6-10, (11-13), 14-17	막 4:26-34
	겔 17:22-24	시 92:1-4, 12-15		
6.19-6.25 사이의 주일	삼상 17:(1a, 4-11, 19-23), 32-49	시 9:9-20	고후 6:1-13	막 4:35-41
	삼상 17:57-18:5, 10-16	시 133		
	욥 38:1-11	시 107:1-3, 23-32		
6.26-7.2 사이의 주일	삼하 1:1, 17-27	시 130	고후 8:7-15	막 5:21-43
	솔로몬의지혜서 1:13-15; 2:23-24	애 3:23-33 또는 시 30		
7.3-7.9 사이의 부일	삼하 5:1-5, 9-10	시 48	고후 12:2-10	막 6:1-13
	겔 2:1-5	시 123		
7.10-7.16 사이의 주일	삼하 6:1-5, 12b-19	시 24	엡 1:3-14	막 6:14-29
	암 7:7-15	시 85:8-13		
7.17-7.23 사이의 주일	삼하 7:1-14a	시 89:20-37	엡 2:11-22	막 6:30-34, 53-56
	렘 23:1-6	시 23		
7.24-7.30 사이의 주일	삼하 11:1-15	시 14	엡 3:14-21	요 6:1-21
	왕하 3:14-21	시 145:10-18		
7.31-8.6 사이의 주일	삼하 11:26-12:13a	시 51:1-12	엡 4:1-16	요 6:24-35
	출 16:2-4, 9-15	시 78:23-29		
8.7-8.13 사이의 주일	삼하 18:5-9, 15, 31-33	시 130	엡 4:25-5:2	요 6:35, 41-51
	왕상 19:4-8	시 34:1-8		
8.14-8.20 사이의 주일	왕상 2:10-12; 3:3-14	시 111	엡 5:15-20	요 6:51-58
	잠 9:1-6	시 34:9-14		
8.21-8.27 사이의 주일	왕상 8:(1, 6, 10-11), 22-30, 41-43	시 84	엡 6:10-20	요 6:56-69
	수 24:1-2a, 14-18	시 34:15-22		
8.28-9.3 사이의 주일	아 2:8-13	시 45:1-2, 6-9	약 1:17-27	막 7:1-8, 14-15, 21-23
	신 4:1-2, 6-9	시 15		

Year B	구약	시편	서신서	복음서
9.4–9.10 사이의 주일	잠 22:1-2, 8-9, 22-23	시 125	약 2:1- 10(11-13), 1 4-17	막 7:24-37
	사 35:4-7a	시 146		
9.11–9.17 사이의 주일	잠 1:20-33	시 19	약 3:1-12	막 8:27-38
	사 50:4-9a	시 116:1-9		
9.18–9.24 사이의 주일	잠 31:10-31	시 1	약 3:13-4:3, 7-8a	막 9:30-37
	렘 11:18-20	시 54		
9.25–10.1 사이의 주일	에 7:1-6, 9-10; 9:20-22	시 124	약 5:13-20	막 9:38-50
	민 11:4-6, 10-16, 24-29	시 19:7-14		
10.2–10.8 사이의 주일	욥 1:1; 2:1-10	시 26	히 1:1-4; 2:5-12	막 10:2-16
	창 2:18-24	시 8		
10.9–10.15 사이의 주일	욥 23:1-9, 16-17	시 22:1-15	히 4:12-16	막 10:17-31
	암 5:6-7, 10-15	시 90:12-17		
10.16–10.22 사이의 주일	욥 38:1-7, (34-41)	시 104:1-9, 24, 35c	히 5:1-10	막 10:35-45
	사 53:4-12	시 91:9-16		
10.23–10.29 사이의 주일	욥 42:1-6, 10-17	시 34:1-8(19-22)	히 7:23-28	막 10:46-52
	렘 31:7-9	시 126		
10.30–11.5 사이의 주일	룻 1:1-18	시 146	히 9:11-14	막 12:28-34
	신 6:1-9	시 119:1-8		
11.6–11.12 사이의 주일	룻 3:1-5; 4:13-17	시 127	히 9:24-28	막 12:38-44
	왕상 17:8-16	시 146		
11.13–11.19 사이의 주일	삼상 1:4-20	삼상 2:1-10	히 10:11-14, (15-18), 19-25	막 13:1-8
	단 12:1-3	시 16		
11.20–11.26 사이의 주일 (왕되신 그리스도 주일)	삼하 23:1-7	시 132:1-12, (13-18)	계 1:4b-8	요 18:33-37
	단 7:9-10, 13-14	시 93		

Year C	구약	시편	서신서	복음서
대림절기				
대림절 1	렘 33:14-16	시 25:1-10	살전 3:9-13	눅 21:25-36
대림절 2	말 3:1-4	눅 1:68-79	빌 1:3-11	눅 3:1-6
대림절 3	습 3:14-20	사 12:2-6	빌 4:4-7	눅 3:7-18
대림절 4	미 5:2-5a	눅 1:47-55 또는 시 80:1-7	히 10:5-10	눅 1:39-45, (46-55)
성탄절기				
성탄절	사 9:2-7	시 96	딛 2:11-14	눅 2:1-14(15-20)
	사 62:6-12	시 97	딛 3:4-7	눅 2:(1-7)8-20
	사 52:7-10	시 98	히 1:1-4, (5-12)	요 1:1-14
성탄절 후 1	삼상 2:18-20,26	시 148	골 3:12-17	눅 2:41-52
성탄절 후 2	렘 31:7-14	시 147:12-20	엡 1:3-14	요 1:(1-9), 10-18
주현절기(주현절 후 6, 7, 8, 9주일이 재의 수요일 바로 앞 주일이라면 주현절 후 마지막 주일(산상변모일) 성서정과를 사용할 것)				
주현절	사 60:1-6	시 72:1-7, 10-14	엡 3:1-12	마 2:1-12
주님의 수세일 (주현절후 1)	사 43:1-7	시 29	행 8:14-17	눅 3:15-17, 21-22
주현절 후 2	사 62:1-5	시 36:5-10	고전 12:1-11	요 2:1-11
주현절 후 3	느 8:1-3, 5-6, 8-10	시 19	고전 12:12-31a	눅 4:14-21
주현절 후 4	렘 1:4-10	시 71:1-6	고전 13:1-13	눅 4:21-30
주현절 후 5	사 6:1-8, (9-13)	시 138	고전 15:1-11	눅 5:1-11
주현절 후 6	렘 17:5-10	시 1	고전 15:12-20	눅 6:17-26
주현절 후 7	창 45:3-11, 15	시 37:1-11, 39-40	고전 15:35-38, 42-50	눅 6:27-38
주현절 후 8	사 55:10-13	시 92:1-4,12-15	고전 15:51-58	눅 6:39-49
주현절 후 9	왕상 8:22-23, 41-43	시 96:1-9	갈 1:1-12	눅 7:1-10
주현절 후 마지막주일 (산상변모일)	출 34:29-35	시 99	고후 3:12-4:2	눅 9:28-36, (37-43)

Year C	구약	시편	서신서	복음서
사순절기				
재의수요일	욜 2:1-2, 12-17 또는 사 58:1-12	시 51:1-17	고후 5:20b-6:10	마 6:1-6, 16-21
사순절1	신 26:1-11	시 91:1-2, 9-16	롬 10:8b-13	눅 4:1-13
사순절2	창 15:1-12, 17-18	시 27	빌 3:17-4:1	눅 13:31-35 또는 눅 9:28-36
사순절3	사 55:1-9	시 63:1-8	고전 10:1-13	눅 13:1-9
사순절4	수 5:9-12	시 32	고후 5:16-21	눅 15:1-3, 11b-32
사순절 5	사 43:16-21	시 126	빌 3:4b-14	요 12:1-8
사순절 6(수난 주일)	사 50:4-9a	시 31:9-16	빌 2:5-11	눅 22:14-23:56 또는 눅 23:1-49
성목요일	출 12:1-4, (5-10), 11-14	시 116:1-2, 12-19	고전 11:23-26	요 13:1-17, 31b-35
성금요일	사 52:13-53:12	시 22	히 10:16-25 또는 히 4:14-16; 5:7-9	요 18:1-19:42
부활절기				
부활절	행 10:34-43 또는 사 65:17-25	시 118:1-2, 14-24	고전 15:19-26 또는 행 10:34-43	요 20:1-18 또는 눅 24:1-12
부활절 2	행 5:27-32	시 118:14-29 또는 시 150	계 1:4-8	요 20:19-31
부활절 3	행 9:1-6,(7-20)	시 30	계 5:11-14	요 21:1-19
부활절 4	행 9:36-43	시 23	계 7:9-17	요 10:22-30
부활절 5	행 11:1-18	시 148	계 21:1-6	요 13:31-35
부활절 6	행 16:9-15	시 67	계 21:10, 22-22:5	요 14:23-29 또는 요 5:1-9
주님의 승천일	행 1:1-11	시 47 또는 시 93	엡 1:15-23	눅 24:44-53
부활절 7	행 16:16-34	시 97	계 22:12-14, 16-17, 20-21	요 17:20-26
오순절	행 2:1-21 또는 창 11:1-9	시 104:24-34, 35b	롬 8:14-17 또는 행2:1-21	요 14:8-17, (25-27)
오순절 이후의 주일들				
삼위일체주일	잠 8:1-4,22-31	시 8	롬 5:1-5	요 16:12-15
5.29-6.4 사이의 주일	왕상 18:20-21, (22-29), 30-39	시 96	갈 1:1-12	눅 7:1-10
	왕상 8:22-23, 41-43	시 96:1-9		

Year C	구약	시편	서신서	복음서
6.5-6.11 사이의 주일	왕상 17:8-16, (17-24)	시 146	갈 1:11-24	눅 7:11-17
	왕상 17:17-24	시 30		
6.12-6.18 사이의 주일	왕상 21:1-10, (11-14), 15-21a	시 5:1-8	갈 2:15-21	눅 7:36-8:3
	삼하 11:26-12:10, 13-15	시 32		
6.19-6.25 사이의 주일	왕상 19:1-4, (5-7), 8-15a	시 42와 43	갈 3:23-29	눅 8:26-39
	사 65:1-9	시 22:19-28		
6.26-7.2 사이의 주일	왕하 2:1-2, 6-14	시 77:1-2, 11-20	갈 5:1, 13-25	눅 9:51-62
	왕상 19:15-16, 19-21	시 16		
7.17-7.23 사이의 주일	암 8:1-12	시 52	골 1:15-28	눅 10:38-42
	창 18:1-10a	시 15		
7.24-7.30 사이의 주일	호 1:2-10	시 85	골 2:6-15, (16-19)	눅 11:1-13
	창 18:20-32	시 138		
7.31-8.6 사이의 주일	호 11:1-11	시 107:1-9,43	골 3:1-11	눅 12:13-21
	전 1:2, 12- 14; 2:18-23	시 49:1-12		
8.7-8.13 사이의 주일	사 1:1,10-20	시 50:1-8,22-23	히 11:1-3, 8-16	눅 12:32-40
	창 15:1-6	시 33:12-22		
8.14-8.20 사이의 주일	사 5:1-7	시 80:1-2,8-19	히 11:29-12:2	눅 12:49-56
	렘 23:23-29	시 82		
8.21-8.27 사이의 주일	렘 1:4-10	시 71:1-6	히 12:18-29	눅 13:10-17
	사 58:9b-14	시 103:1-8		
8.28-9.3 사이의 주일	렘 2:4-13	시 81:1,10-16	히 13:1-8, 15-16	눅 14:1,7-14
	잠 25:6-7	시 112		
9.4-9.10 사이의 주일	렘 18:1-11	시 139:1-6,13-18	몬 1-21	눅 14:25-33
	신 30:15-20	시 1		
9.11-9.17 사이의 주일	렘 4:11-12, 22-28	시 14	딤전 1:12-17	눅 15:1-10
	출 32:7-14	시 51:1-10		
9.18-9.24 사이의 주일	렘 8:18-9:1	시 79:1-9	딤전 2:1-7	눅 16:1-13
	암 8:4-7	시 113		

Year C	구약	시편	서신서	복음서
9.25-10.1 사이의 주일	렘 32:1-3a, 6-15	시 91:1-6, 14-16	딤전 6:6-19	눅 16:19-31
	암 6:1a, 4-7	시 146		
10.2-10.8 사이의 주일	애 1:1-6	애 3:19-26	딤후 1:1-14	눅 17:5-10
	합 1:1-4; 2:1-4	시 37:1-9		
10.9-10.15 사이의 주일	렘 29:1, 4-7	시 66:1-12	딤후 2:8-15	눅 17:11-19
	왕하 5:1-3, 7-15c	시 111		
10.16-10.22 사이의 주일	렘 31:27-34	시 119:97-104	딤후 3:14-4:5	눅 18:1-8
	창 32:22-31	시 121		
10.23-10.29 사이의 주일	욜 2:23-32	시 65	딤후 4:6-8, 16-18	눅 18:9-14
	렘 14:7-10, 19-22	시 84:1-7		
10.30-11.5 사이의 주일	합 1:1-4; 2:1-4	시 119:137-144	살후 1:1-4, 11-12	눅 19:1-10
	사 1:10-18	시 32:1-7		
11.6-11.12 사이의 주일	학 1:15b-2:9	시 145:1-5, 1 7-21	살후 2:1-5, 13-17	눅 20:27-38
	욥 19:23-27a	시 17:1-9		
11.13-11.19 사이의 주일	사 65:17-25	사 12	살후 3:6-13	눅 21:5-19
	말 4:1-2a	시 98		
11.20-11.26 사이의 주일 (왕되신 그리스도 주일)	렘 23:1-6	눅 1:68-79	골 1:11-20	눅 23:33-43
	렘 23:1-6	시 46		

6. 설교와 미디어 활용

가끔 우리는 예수님께서 몇 천 명을 두시고 어떻게 설교를 하셨을까 궁금할 때가 있다. 당시는 음향 시설이 존재하지 않은 때였는데 그 많은 군중이 들을 수 있도록 어떻게 설교하셨을까가 궁금하다.

필자가 성지 순례를 할 때 여행 가이드(guide)가 재미있는 이야기를 들려주었다. 그것은 예수님께서 자연을 이용하여 설교를 하셨다는 것이다.. 예를 들어 갈릴리 해변에서 설교하실 때 바람이 바다(호수)에서 육지 방향으로 불면 예수님께서 해변에 서서 바다를 등지고 군중을 향하여 설교를 하셨다는 것이다(아마 누가복음 5장에서 예수님이 시몬 베드로의 배에 오르셔서 해변에 앉아 있는 군중을 향하여 설교하는 장면을 상상하면 될 것이다). 그러면 바람의 영향으로 예수님의 목소리가 군중들에게 잘 들렸을 것이라는 말이다. 그리고 산에서 바다 쪽으로 바람이 불면 예수님께서 산 위 높은 곳에 서서 바다 쪽을 보면서 군중을 향하여 설교를 하셨을 것이라고 한다(산상수훈을 설교하실 때를 상상해 볼 수 있겠다). 역시 바람을 이용하셔서 목소리가 잘 들리게 하셨을 것이라는 이야기였다.

그러나 현대는 설교를 돕는 많은 매체들이 발명되어서 계속 발전하고 있다. 그러므로 설교자들은 이제 이런 미디어(media)들을 어떻게 효과적으로 설교에 활용할 것인가에 관심을 가지고 연구할 수 있어야 한다. 좋은 미디어들이 개발되어 있는데, 이것을 굳이 외면할 필요는 없다. 선하게 사용하면 모든 것이 선한 것이 된다. "하나님의 지으신 모든 것이 선하매 감사함으로 받으면 버릴 것이 없나니"(딤전 4:4). 현대 과학과 기술의 발전이 주는 모든 혜택들 역시 감사함으로 받으면 버릴 것이 없다.

설교와 관련하여 설교자가 먼저 생각해야 할 것은 음향 시설이다. 과거에 비하면 현대는 비교할 수 없으리만치 음향 시설들이 좋아졌다. 그러므로 설교자는 이런 음향 시설들에 대한 관심을 가지고 적절한 시설을 할 수 있어야 한다. 물론 너무 불필요하게 고가의 제품을 설치할 필요는 없지만, 설교뿐만 아니라 음악 관계 등을 함께 고려하면서 교회에 적합한 음향 시설을 갖추도록 해야 한다.

음향 시설이 잘 되어 있으면 설교자가 강단에 서서 설교하기가 편하다. 그러나 음향 시설이 좋지 않으면 설교하기도 불편하고 무엇보다 설교자의 목에 무리가 간다. 적어도 설교하기에 편할 정도의 성능을 가진 음향 시설을 갖추도록 해야 할 것이다. 그렇지 않으면 설교를 하는 날마다 설교자의 목은 쉬게 될 것이다.

얼마 전 담임 목사가 공석 중인 한 시골 교회에 가서 설교를 한 적이 있다. 조그만 농촌 교회였기 때문에 교인들도 많지 않았고, 시설들은 낡아 있었다. 그러나 교인들의 순수함과 신앙적 열심은 어디에 비교해도 뒤지지를 않았다. 그날 필자는 물론 기쁘게 설교를 했지만 한편 힘들었던 것은 음향 장치 때문이었다. 스피커 소리가 갑자기 커졌다 작아졌다 하고, 가끔 찍찍거리며 잡음이 나고 해서 신경이 쓰여 설교하기가 어려웠다. 그래서 설교를 마치고 돌아오기 전에 교회 장로님들을 만나서 한 가지 당부를 드렸다. 새로운 목사님이 오시기 전에 꼭 음향 시설부터 새롭게 해서 목사님을 맞으면 좋겠다고.

좋은 음향 시설뿐만 아니라 설교자가 또 하나 해야 할 일은 음향 시설에 대한 기본적 지식과 함께 어느 정도 그것을 다룰 수 있어야 한다는 점이다. 전문적일 필요까지는 없겠지만 자신의 음성에 맞도록 음향을 조절할 수는 있어야 할 것이다. 음향은 사람들이 모인 숫자나 공간의 크기에 따라서, 때로는 온도나 습도에 따라서 차이가 있다는 것을 알고, 설교자는 음향에 대해서 좀 더 민감하도록 하여 자신의 설교가 듣는 사람들에게 잘 전달되도록 해야 한다.

또한 설교자 자신뿐만 아니라 청중이 듣기에도 부담감이 없는가를 살피고 볼륨을 적당하게 조절하도록 해야 한다. 어떤 교회를 가면 너무나 볼륨을 크게 해서 앉아 설교를 듣기가 피곤할 정도인 경우도 있다. 청중을 전혀 고려하지 않았기 때문이라고 본다. 가능하면 실력을 갖춘 사람에게 맡겨서 음향을 관리하도록 하는 것도 좋은 방안이 될 것이다.

또 하나 어떤 설교자들은 마이크 앞에만 서면 입을 거의 마이크에다 맞추듯이 가까이 대고 말을 한다. 과거 마이크 성능이 좋지 않았던 시절 설교자들의 버릇 때문에 그렇게 된 것이 아닌가 생각한다. 최근 마이크들은 흡입력이 매우 뛰어나다. 그러므로 설교자들은 어느 정도 적당한 거리를 두고 말하는 것이 좋다. 그렇지 않으면 청중에게 설교자의 숨쉬는 소리까지 들리거나, 아니면 입으로 나오는 공기압 때문에 퍽퍽 거리는 소리가 스피커를 통해서 나오게 된다. 설교자들이 신경을 써야 할 부분이라 생각한다.

다음으로 설교자가 생각해야 할 것은 영상 시설이다. 최근 들어서 한국의 많은 교회들이 영상 시설에 지대한 관심을 가지고 있다. 대부분의 교회들이 자막(스크린)을 설치하고 프로젝터(projector)를 사용하고 있다. 이를 통해서 설교하는 설교자의 모습을 비추어주기도 하고, 설교의 내용과 관련된 장면들을 보여 주기도 한다. 그리고 설교 외에도 음악이나 교회 소식을 알리는 데 프로젝터를 사용하기도 한다.

하나님의 말씀을 전하면서 적당한 영상이나 자료들을 사용함으로써 말씀을 보다 생생하게 전할 수 있으며, 듣는 청중의 관심과 반응을 더욱 극대화할 수 있을 것이다. 그러나 영상 매체를 사용할 때 주의해야 할 것들이 있다.

첫째, 영상 자료는 설교를 돕기 위한 보조적인 자료라는 점이다. 어떤 설교자들이 영상(또는 영화) 설교를 하는 것을 보면, 설교가 끝난 후 하나님의 말씀은 남은 것이 없고 영상만 머리에 남아 있는 경우들이 있다. 설교자는 영상 자료를 통하여 설교할 때, 그것은 어디까지나 하나님의 말씀을 보다 효과적으로 잘 전달하기 위해서 사용한다는 사실을 잊지 않아야 한다. 특별히 지나치게 자극적인 내용이나 흥미 위주의 자료들은 조심하도록 해야 할 것이다.

둘째, 영상에 사용할 자료가 설교 내용과 부합하고 적절한 것인가를 고려해야 한다. 억지로 짜 맞추기 식의 자료는 사용하지 않는 것이 좋다. 그것이 꼭 필요한 것인지, 그리고 설교의 내용에 잘 맞는 것인지를 판단한 후 설교자는 그 자료들을 사용하도록 해야 한다.

셋째, 그만큼 철저한 준비를 해야 한다는 점이다. 영상 자료가 설교 내용에 적절한가를 판단하고, 그것을 설교에서 사용하게 될 경우는 기술적으로도 실수가 없도록 해야 한다. 미숙한 설교자들이 가끔 시도를 하다가 영상이 제대로 뜨지 않는다든가, 도중에 중단이 된다든가, 화면과 소리가 일치하지 않는다든가 하는 실수들이 나오게 되는데, 이것은 차라리 하지 않는 것보다 못할 때가 있다. 설교의 맥을 끊어 버리고, 심지어 어떤 경우는 청중들의 웃음거리가 되어 버리기 때문이다. 그러므로 영상 설교를 하게 될 경우는 그 내용과 함께 기술적인 면에서도 완벽하도록 설교자는 철저한 준비를 하고 이를 시도해야 한다는 점을 잊지 않아야 할 것이다.

넷째, 교회 안에 스크린을 설치할 때는 그 위치를 신중하게 생각해야 한다. 교회의 구조와 함께 회중들이 보기에 적절한 위치를 선정해야 한다. 그러나 한 가지 주의할 점은 스크린을 전면 중앙에 설치하는 경우다. 이때는 십자가를 가려 버리게 되는데, 이런 위치는 바람직하지 않다고 본다. 그럴 때는 차라리 예배당 전면의 양쪽에 스크린이 위치할 수 있도록 하는 것이 낫다고 본다.

다섯째, 영상 화면이 설교자를 돋보이게 하기 위한 도구여서는 안 된다. 그것은 말씀과 예배를 위한 보조적인 수단이어야지, 인간을 드러내기 위한 도구가 되어서는 안 된다.

여섯째, 영상을 통해서 예배의 모든 것을 해결하려고 하는 생각을 버려야 한다. 예배 순서나 설교와 관련된 내용들을 보여 주되 모든 것을 다 주려고 해서는 안 된다. 최근 어떤 교회들은 영상을 통해 찬송, 성경 말씀까지 다 보여 주기 때문에 어떤 교인들은 예배드리러 올 때 성경책과 찬송가를 아예 가져오지 않는다. 이런 현상들이 그 사람의 예배나 신앙을 위해서 바람직한 것일까? 목회자들은 여기에 대해서 깊이 생각해 볼 일이다. 편리함도 좋지만 준비도 중요하다. 자신의 성경책과 찬송가를 준비하여 예배당으로 나오는 사람과 그런 준비 없이 몸만 나오는 사람의 차이는 분명 있지 않을까?

미국 휴스턴(Houston)의 레이크우드(Lakewood)교회는 열린 예배 형식으로 수많은 사람들이 모여 예배를 드리고 있다. 영상 예배가 예배에 적극 도입된 것은 이런 교회처럼 열린 예배 형식으로 예배를 드린 교회에서 시작되었다. 그러나 이 교회를 담임하면서 설교하는 조엘 오스틴(Joel Osteen) 목사[15]는 설교 전에 반드시 회중이 성경을 손에 들고 함께 성경대로 살 것을 다짐하는 순서를 가지고 있는 것을 볼 수 있다. 오늘 우리가 다시 한 번 생각해 보아야 할 문제라고 본다.

미디어와 관련하여 설교자들이 생각해야 할 또 하나가 텔레비전(또는 인터넷) 설교이다. 오늘날 대중 매체(mass media)의 발전은 설교를 정해진 시간에 한 교회의 예배당 안에서 일어나는 사건으로만 국한시키지 않고 있다. 즉, 시간적, 공간적 제약을 벗어나 언제 어디서나 설교를 들을 수 있도록 하였다는 사실이다. 예배에 참석하지 못한 사람도 그 설교를 들을 수 있으며, 다른 교회 교인이나 심지어 기독교 신자가 아닌 사람들도 시공을 초월하여 설교를 들을 수 있다. 이것은 매스 미디어의 발전이 가져다준 기여라고 하겠다. 따라서 교회들은 이런 매체들을 활용함으로써 기독교의 복음을 전파하는 데 유익하도록 해야 할 것이다.

그러나 텔레비전 설교 등에서 설교자들이 주의해야 할 것이 있다. 첫째, 이미 언급한 것처럼 자신의 명성을 얻거나 광고 효과를 위해서 하는 설교는 조심해야 한다. 진정한 하나님의 말씀을 전하려는 동기보다는 설교자 자신이나 자신의 교회를 드러내기 위한 광고 수단으로 설교가 사용된다면 이것은 옳지 않다.

둘째, 설교자의 진정성의 문제다. 대중 매체는 그 속성상 상업적인 특성을 가지고 있다. 그러므로 소위 말하는 스타들을 내세우거나 스타들을 만들어서 자신의 상업적 목적을 달성하려고 한다. 특별히 경쟁 관계에 있는 매체들은 이런 현상이 더욱 극심하게 나타나게 된다. 그러다 보니 모든 것들을 연출하게 된다. 가끔 텔레비전에 나오는 설교자들에게서도 이런 냄새가 난다. 세련된 복장하며 제스처들이 매우 인위적이고 연출적인 행태다. 뭔가 설교자의 진정성이 없어 보이는 이런 연출된 모습들은 하나님의 말씀의 진정성마저도 비하시켜 버리고 있지는 않은지 깊이 생각해 볼 일이다. 설교가 연출된 것이어야 할까?

셋째, 텔레비전에 등장하는 설교자들의 품위에 관한 것이다. 가끔 텔레비전에 나오는 어떤 설교자들의 모습을 보면 마치 거리의 약장사를 연상하게 하는 경우가 있다. 입으로 말하는 내용이 달라서 그렇지 거리로 내보내면 약장사와 별반 다를 것이 없다는 생각을 하게 된다. 설교자는 하나님의 말씀을 전하는 설교자로서의 품위를 생각해야 한다. 말의 내용과 함께 말하는 태도나 자세는 매우 중요하다. 설교자의 저급한 행동으로 인해 고귀한 하나님의 복음이 저급하게 여겨지지 않도록 해야 할 것이다. "설교자 자신이 메시지가 된다"(The messenger is the message)는 사실을 설교자들은 언제나 잊지 않아야 할 것이다.

7. 설교와 음악

음악은 인간의 마음을 열게 하고, 심령을 깊이 터치(touch)할 수 있는 인류가 만든 귀한 자산이다. 따라서 인간이 존재하는 곳에는 어느 곳을 막론하고 음악이 존재한다. 인간들은 자신의 기쁨과 슬픔 등 모든 감정을 음악을 통해서 표현하고, 또 그 음악을 통해서 희망을 찾고 새로운 힘을 얻기도 한다.

종교의 세계 역시 음악과 함께 한다. 어느 종교를 불문하고 그들의 의식에는 반드시 음악이 사용된다. 기독교의 예배도 음악을 떠나서는 존재할 수 없다고 말할 수 있을 정도로 음악과 밀접한 관계를 가지고 있다. 기독교 예배에 있어서 음악과 예전 찬송(liturgical song)은 의식을 표현하는 데 있어서 중요한 방식이며, 특별히 음악은 예배의 청각적인 면(the whole aural character of liturgy)에 있어서 큰 영향을 미치게 된다.[16] 그러므로 우리는 예배 속에서 이루어지는 설교 역시 음악과 전혀 무관할 수 없음을 인정해야 한다.

기독교 설교 역사에서 뛰어난 많은 설교가들은 자신들의 설교 사역에 음악을 활용하였다. 종교개혁가 마틴 루터(Martin Luther), 감리교의 창시자 요한 웨슬리(John Wesley), 20세기 복음주의 최고 설교가 빌리 그래함(Billy Graham) 등이 그 대표적인 사람들이라 하겠다.

음악과 관련하여 설교자들이 고려해야 할 것들을 몇 가지 언급한다면, 첫째로 설교자들이 음악에 대한 기본적 이해를 가질 필요가 있다는 사실이다. 일반 음악과 교회 음악에 대한 기본적 지식과 함께 왜 예배에 음악이 필요한가, 예배와 설교에 음악은 어떤 기능을 하게 되는가 등을 바로 인식할 수 있어야 한다.

음악을 잘 활용하면 예배와 설교를 살리는 순기능을 할 수 있지만 그렇지 못하면 오히려 예배와 설교에 장애를 주는 역기능을 할 수 있다. 문제는 음악 자체가 아니라 그것을 활용하는 사람의 문제다. 그러므로 설교자 또는 예배 인도자는 음악에 대한 기본적 이해를 반드시 가지고 있어야 하며, 이것을 예배에서 어떻게 활용해야 할 것인가에 대한 지식을 가지고 있어야 한다.

그와 함께 설교자는 음악에 대한 기본적 훈련도 되어 있어야 한다. 저자가 어느 날 한 교회의 새벽기도회에 참석했을 때의 일이다. 그 교회가 조그만 교회라서 새벽기도회는 반주자가 없이 진행되었다. 목사가 등단해서 찬송을 부르는데, 도무지 박자 관념이 없었다. 길게 했다가 짧게 했다가 악보와는 전혀 관계없이 찬송을 인도하고 있었다. 그야말로 자유자재로 불러 나갔다. 처음 참석한 사람으로서는 당황하지 않을 수 없었다. 곡의 어느 박자가 어떻게 바뀔지 도대체 예상을 할 수 없었기 때문이다. 그 다음부터는 그 교회에 가고 싶은 마음이 없어져 버렸다.

이런 것들은 목회자들이 생각해야 할 중요한 부분이다. 어떤 경우는 곡조도, 박자도 아예 무시하며 부르는 경우도 있다. 그래서는 안 된다. 예배는 공적인 것이다. 그러므로 모인 전체 회중이 어떤 정해진 규칙에 따라서 함께해야 한다. 찬송 역시 마찬가지다. 곡조가 있고 박자가 있는 것은 다 함께 그것을 부르는 규칙이 되기 때문이다. 목회자들은 찬송을 인도할 때 최대한 정해진 규칙을 따라서 해야 하며, 자신의 음악적 재량이 도저히 안 될 경우는 그것을 보조해 줄 수 있는 사람을 정하여 함께 찬송을 부르도록 하는 것이 좋다.

둘째로 설교와 관련하여 설교자가 고려해야 할 것은 설교의 내용에 적합한 찬송가를 택하여 함께 불러야 한다는 점이다. 대부분의 설교자들이 잘하고 있지만 어떤 경우를 보면 설교 따로, 찬송 따로 하는 경우들이 있다. 설교는 감사에 관한 것을 하고, 찬송은 회개에 관해서 하는 식이다. 한국교회 대부분은 설교자가 예배 인도를 함께하기 때문에 설교의 내용과 찬송 등이 일치하도록 하는 것이 어려운 일은 아니다. 조금만 신경을 쓰면 할 수 있는 일이다. 그날의 예배는 동일한 주제로 일관성 있게 찬송, 기도, 설교 등이 진행되도록 해야 한다.

셋째로 설교 중에 가끔 설교자들이 찬송을 하는 경우가 있다. 대부분 정규 예배보다는 집회 등에서 그런 일들이 많다. 물론 설교 중에 찬송을 하는 것이 잘못된 일은 아니다. 말씀과 함께 들려지는 찬송은 우리의 심금을 울릴 수 있다. 그러나 찬송을 하게 될 경우는 그만큼 신중해야 하고, 철저히 준비를 해야 한다. 설교 분위기와 맞지 않게 찬송을 한다거나, 습관적으로 설교 시간마다 찬송을 한다거나, 아니면 준비가 되지 않아서 매우 어색하게 찬송을 하고 만다거나 하는 일들은 하지 않아야 한다.

또 어떤 때는 설교자의 찬송 실력을 과시하기 위해서 하는 경우들도 보게 된다. 이런 경우는 하지 않는 것이 더 좋다. 그 찬송은 노래하는 사람을 드러내기 위함이 아니기 때문이다. 설교 중의 노래는 말씀을 더욱 드러내고 살아나도록 하기 위함이다.

넷째로 찬송과 관련하여 고려해야 할 것은 예배 중의 찬송은 모든 회중이 함께할 수 있는 곡이어야 한다는 점이다. 예배 중에 부르는 찬송은 말 그대로 회중 찬송이다. 즉, 모든 회중이 함께 부를 수 있는 찬송이어야 한다. 어떤 경우 설교자(예배 인도자)는 아는데 회중은 그 곡이 익숙하지 않아서 부르지 못하는 것을 보게 된다. 또 어떤 경우는 목사가 수준 높은 찬송을 불러야 한다는 그릇된 관념을 가지고 예배 시간마다 몇 사람만 겨우 부를 수 있는 그야말로 수준 높은(?) 찬송을 하면서 예배 분위기를 죽이는 경우도 있다. 회중이 익숙지 않거나 조금 어려운 곡은 예배 전에 미리 한 번 정도 불러본 후 예배에 사용하는 것이 좋다. 예를 들어 금년 성탄절에 어떤 특별한 곡을 예배에서 사용하려 한다면 그 전 주일이나 그날 예배 전에 모든 회중이 함께 불러보고 예배에서 사용한다면 훨씬 좋을 것이다.

교회 음악이 전문화되고 수준이 향상되는 것은 좋은 일이다. 그러나 그 수준은 몇 사람을 위한 것이 아니라, 교회 전체를 위한 것이 되어야 한다는 사실을 명심해야 한다. 중세 교회는 교회 음악적으로 매우 발전한 시기였다. 교회를 통해서 수많은 뛰어난 음악가들이 배출되었다. 그러나 우리가 생각해야 할 것은 그럼에도 불구하고 중세 교회는 타락하였다는 사실이다. 음악은 전문화되었지만 교회는 타락하였다. 여기서 우리는 중요한 교훈을 배워야 한다. 교회 음악은 전문가를 위한 것이 아니라 회중을 위한 것이어야 한다는 사실이다. 아무리 음악적 수준이 높아졌다고 하지만, 그것이 소수 전문가들만을 위한 것이라면 별 의미가 없다. 회중과는 아무런 관계가 없기 때문이다. 예배에서 사용하는 음악은 회중 음악이다. 곧 전체 회중이 함께할 수 있는 음악이어야 한다는 사실이다. 그래서 우리는 예배에서 부르는 찬송을 '회중 찬송'이라고 한다는 점을 잊지 않아야 한다.

최근 열린 예배와 함께 부르는 찬송들은 젊은 세대들에게 매우 호소력을 가지며 확산되고 있다. 그러나 이런 곡들이 장년 예배에서 함께 부를 때는 거부감을 갖게 되는 사람들이 많다. 저자가 생각하기는 이런 곡들의 내용 때문에 그런 일들이 일어나는 것은 결코 아니다. 곡의 내용은 모두가 신앙적인 것들이다. 문제는 그 곡들이 장년들이 부르기가 쉽지 않기 때문이다.

저자가 가르치는 신학교에서는 주기적으로 지역 교회들을 방문하여(수요일 저녁) 신학생들과 교인들이 함께 예배를 드리고 있다. 그런데 처음 예배에 참석하고 나서 문제의 심각성을 발견하였다. 예배 전에 우리 학교 학생 찬양팀이 15~20분 정도 찬양을 인도하였는데, 도무지 장년들이 따라 부르기에는 어려운 곡들이었다. 교인들의 반응을 보자 대부분의 교인들은 외면하고 앉아 있거나 겨우 몇 명 찬양을 따라 하는 척하는 정도였다. 학교에 돌아와서 찬양팀 리더를 불러서 이야기했다.

우리가 그 교회를 방문하여 예배를 드리는 것은 우리를 위한 것이 아니다. 오히려 그 교회 입장과 분위기를 생각하고 거기에 맞추어야 한다. 그러려면 찬양도 그 교회 교인들에게 맞추어서 함께 부를 수 있는 곡들을 선정하고 찬양해야지 우리에게 맞는 곡들만 택해서 우리만 부른다면 무슨 의미가 있겠느냐?

다시 말하지만 예배 찬송은 회중 찬송이라는 사실이다. 그러므로 예배 인도자(설교자)는 예배에서 부르는 찬송들이 회중이 함께할 수 있는 것이어야 한다는 점을 늘 잊지 않기 바란다.

개신교 교단 중 그리스도의 교회가 있다. 한국에서는 그 규모가 크지 않지만 미국에서는 상당한 교세를 가지고 있다. 그리스도의 교회는 악기를 사용하지 않는다. 성가대도 없다. 전체 회중이 함께 찬송한다. 물론 한국에서는 그렇지 않고 악기를 사용하고 성가대가 있는 경우도 있다고 들었다.

그리스도 신학대학 교수로부터 미국 그리스도의 교회 음악에 대해서 들은 적이 있다. 그들은 주일 예배를 위해서 미리 연습을 다 하고 예배에 참석한다고 한다. 각 개인이 자기 파트에 따라서 충분한 연습을 하고 예배에 참석을 해서, 예배 찬송을 부를 때는 악기가 없어도 4부 화음으로 아름답게 찬송을 한다는 것이다. 우리 식으로 말하면 아카펠라인데, 그들의 찬양 소리를 들으면 마치 천사들의 노래를 듣는 것 같다고 한다.

전문가 몇 사람의 음악이나 찬송이 아니라 회중 전체가 함께 아름답고 수준 있는 목소리로 하나님을 찬송하는 것, 이것이 오늘의 교회들이 지향해야 할 진정한 예배 음악이 아닐까?

마지막으로 설교자는 성가대의 찬양에 대해서도 관심을 가져야 한다. 개신교에서 찬양은 대개 성경을 봉독한 후 설교하기 전에 한다. 그러므로 성가대의 찬양은 설교와 깊은 관련을 가지게 된다.

어떤 경우에는 찬양 따로, 설교 따로 진행되는 것을 본다. 어느 날 부활절 예배에 참석을 하였는데, 그 교회에서는 부활절이라 특별한 찬양들을 준비하여 다섯 곡 정도를 하였다. 성가대의 규모며 수준은 매우 뛰어났다. 그런데 처음 시작하는 곡을 듣고 필자는 깜짝 놀랐다. 부활의 찬송이 아니라 수난의 찬송을 부르고 있었다. 그러나 마음속으로 한 곡 정도 수난 찬송을 부르고 바로 부활 찬송을 부르지 않겠는가 생각했는데, 다섯 곡 모두가 수난에 관한 찬송이었다. 물론 마지막 곡은 예수님의 보혈과 그로 말미암은 우리의 구원을 노래하는 내용이었다.

그 부활절, 나는 그 찬양들을 들으면서 '이 사람들이 부활절을 다시 수난절로 돌려 버리는구나' 하고 깊은 탄식을 하였다. 얼마나 기뻐해야 할 부활절인가? 그날은 우리 주님이 죽음의 권세를 깨뜨리고 살아나신 승리와 환희의 아침이 되어야 하지 않겠는가? 그러나 그날 아침 찬양으로 인해서 부활의 승리와 기쁨과 감격은 다시 우울한 수난절 분위기로 돌아가 버리고 말았다.

누구의 책임일까? 물론 성가대를 지휘하는 사람의 책임이 클 것이다. 한편으로는 그 지휘자가 왜 그런 곡들을 선택했는지 그 의도는 이해할 수 있다. 그는 주님의 수난에서 시작하여 부활의 아침에 다시 그분이 우리를 구원해 주신 은혜와 감격을 노래하고 싶었을 것이다. 그러나 그런 의도는 목회자와 상의하여 수난 주일에 하는 것이 훨씬 어울리고 좋다. 왜 굳이 부활절에 그런 곡들을 해야만 하겠는가?

한편 우리는 여기서 설교자(목회자)의 책임을 생각해야 한다. 많은 교회들이 예배 시 성가대의 찬양을 지휘자나 성가대에게 맡겨 버린다. 또 지휘자나 반주자나 성가대는 자신들을 마치 독립 기관처럼 생각하면서 목회자가 찬양에 대해서 이야기하는 것을 간섭으로 여기면서 좋아하지 않는 경우도 있다.

그러나 이것은 잘못된 생각이다. 예배에 참여해서 어떤 역할을 하는 사람들은 거기에서 자신을 드러내거나 자기 마음대로 하기 위해서 하는 것이 아니다. 그것은 예배 인도자든지, 설교자든지, 기도하는 사람이든지, 성가대원이든지, 지휘자든지, 반주자든지 모두가 마찬가지다. 우리는 각자 자신이 맡은 부분들을 통해서 하나님께 드리는 전체 예배가 보다 의미 있고 아름다운 예배가 되도록 하기 위해서 예배에 참여하는 것이다. 결코 자신의 어떤 능력이나 재능을 드러내기 위해서 하는 것이 아니다. 이것은 목회자들을 비롯해서 모두가 예배 시간마다 깊이 새겨야 할 부분이다.

특별히 목회자는 전체 예배와 관련하여 가장 중요한 책임을 가지는 사람이다. 그러므로 예배 전반에 대한 계획과 생각을 가지고 있어야 하며, 이를 예배에 참여하는 모든 사람들에게 주지시키고 협력을 구해야 한다. 예배 중에 있을 찬양과 기도, 헌금, 또는 성찬 위원, 안내 위원들에 이르기까지 미리 교육을 하고 그 예배에서 각자가 어떻게 해야 한다는 것을 알리는 것이 좋다. 그렇게 함으로써 전체 예배가 균형과 질서, 그리고 일관성을 가지고 진행될 수 있다.

이를 위해서 목회자는 반드시 예배에 대한 성서적, 신학적 이해를 가지고 그것을 실천 현장에서 어떻게 적용할 것인가를 생각하고 계획할 수 있어야 한다. 그리고 예배 음악에 대한 기본적 이해를 가지고 있어야 한다. 때로 목회자들이 교인들이나 성가대 등으로부터 신뢰와 환영을 받지 못하는 이유 가운데 하나는 목회자가 예배나 음악에 대한 이해와 지식이 너무 없기 때문이다. 어떤 신학적 이유나 타당성보다는 그때그때 자기 생각에 따라서 즉흥적으로 하기 때문에 오히려 목회자가 문제를 만들기도 한다.

찬양의 경우 지휘자와 함께 예배 음악에 대한 견해를 나누면서, 목회자의 의견이나 방향을 미리 말해 준다면 지휘자들도 이에 적극 협조하고 준비하게 될 것이며, 그런 예배는 더욱 빛나고 아름답게 될 것이다. 적절하고 은혜로운 음악과 함께 이루어지는 예배, 그리고 그 가운데 선포되는 하나님의 말씀은 생각만 해도 얼마나 아름답고 가슴 설레게 하는가?

8. 설교와 교회 성장

교회 성장에 대한 현대 신학자들이나 목회자들의 입장은 매우 다양하다. 교회 성장에 대한 적극적 동의와 지지를 하는 사람들로부터 시작하여 교회 성장에 대하여 부정적이고 비판적인 사람들까지 다양한 견해들이 현존하고 있다.

그러나 필자는 교회 성장에 대하여 비판적인 자세를 갖는 사람들도 교회 성장 자체를 비판하기보다는 그 방법론에 대해 비판하고 있다고 본다. 1970년 도널드 맥가브란(Donald A. McGavran)에 의해서 교회 성장학(Church Growth)[17]에 대한 이론과 방법론이 최초로 제시되면서, 현대 교회는 여기에 대해 적극적인 관심을 가지기 시작했으며 이를 교회 현장에 적극 적용하기를 주저하지 않았다.

그 결과 세계 교회들이 이 시기를 통해서 외형적 성장을 이루고 일정한 결과를 얻게 된 것은 교회 성장학의 커다란 기여였음을 부인할 수 없다. 그러나 문제는 그 방법이 때로는 너무나 인위적인 것들이어서 오히려 역효과를 가져오는 경우도 많았다. 특별히 한국교회는 교회 성장제일주의에 사로잡혀 수단과 방법을 가리지 않고 오직 교회 성장이라는 목표에만 매달린 상당한 교회들로 말미암아 지금 심각한 대가를 치르고 있다.

하나님의 교회는 본질적으로 성장해야 한다. 예수님의 천국 비유에서 볼 수 있듯이 하나님의 교회는 조그만 겨자씨가 자라 큰 나무가 되듯이 자라고 성장해야 한다. 그러나 문제는 그것이 인위적인 것이 아니라 하나님의 방법에 의한 것이어야 하며, 그 정당성이 있어야 한다는 사실이다. 따라서 오늘의 교회와 목회자들은 이에 대한 고민과 함께 그 길을 찾을 수 있어야 한다.

그런 측면에서 '설교와 교회 성장'을 생각해 보는 것 역시 매우 중요한 주제가 될 것이다. 설교와 교회 성장은 어떤 것이어야 하는가? 설교는 교회 성장과 관련이 있는 것인가, 아니면 전혀 무관한 것인가? 설교는 교회 성장을 고려해야 하는가, 아니면 배제해야 하는가?

필자는 설교가 교회 성장을 목표로 하는 것에 대해서는 동의하지 않는다. 설교는 근본적으로 하나님의 말씀을 인간들에게 전하는 것이 첫 번째 책임이요, 사명이기 때문이다. 만일 설교가 교회 성장을 목표로 하게 된다면, 그 설교는 반드시 왜곡되고 타락할 수밖에 없다. 오늘 한국의 일부 교회와 설교자들의 탈선은 분명히 이와 관련이 있다. 순수한 하나님의 말씀을 전하려고 하기보다는 사람들을 끌어 모으기 위한 수단으로 설교를 이용함으로써, 사람들의 비위를 맞추고 오직 축복만 외쳐대는 설교는 결국 교회를 병들게 만들고 만 것이다.

교회 성장은 설교의 결과로 자연스럽게 나오는 것이지 교회 성장이 설교의 목표가 되어서는 안 된다. 생각해 보라. 설교를 듣는 청중이 설교 시간마다 말씀을 통해서 하나님의 음성을 듣고 하나님을 만나는 경험을 하면서 변화되어 간다면, 왜 그런 교회가 성장을 하지 않겠는가?

그런 의미에서 필자는 설교와 교회 성장은 긴밀한 관계가 있다고 본다. 빈약한 설교 현장이 어떻게 부흥이 되겠는가? 설교 시간마다 지루함을 견디지 못하는 교회가 어떻게 성장을 할 수 있겠는가? 하나님의 말씀보다는 인간들의 소리가 넘쳐나는 곳에 어떻게 사람들의 변화가 일어나겠는가?

설교학자로서 설교학적인 측면에서 교회 성장과 설교를 관련시켜 볼 때, 필자는 "교회 성장은 설교의 문제요, 설교는 곧 설교자의 문제다"라는 생각을 한다. 이것은 설교자들에게 매우 중요한 문제이면서 동시에 자신의 설교를 성찰해 보아야 할 당위성이다. 자신이 목회하고 있는 교회가 성장하지 않는 데에는 설교가 중요한 요인이 될 수 있다. 즉, 설교가 교회 성장의 원인이 아니라 오히려 교회 성장의 장애 요인이 될 수 있다는 사실이다.

설교자는 먼저 교회 성장과 관련한 바른 신학을 가지고 있어야 한다. 성장제일주의도 문제이지만, 반성장주의적인 신학도 문제다. 하나님의 교회는 본질적으로 성장해야 한다. 교회에서 선포되는 복음(설교)을 통해서 죽어가는 영혼들을 구원하고 세계를 구원해야 한다. 그 결과 구원받는 숫자가 늘어나면 교회는 성장하게 된다. 성장은 무조건 나쁜 것이라거나 성장하지 않는 것이 옳은 것처럼 호도하는 것은 잘못된 것이다.

오늘 성장제일주의의 신학을 갖는 사람들도 문제지만 반성장주의적 신학을 가지고 있는 사람들 역시 심각한 문제가 있다. 맥가브란은 '교회 성장은 기본적으로 신학적 자세의 문제'(Church growth is basically a theological stance.)라고 하였다.[18] 그런 의미에서 설교자의 신학은 설교의 내용을 결정할 뿐만 아니라 교회의 성장에도 지대한 영향을 미치게 된다.

설교자가 성경을 진정한 하나님의 말씀으로 믿는가, 설교를 참 하나님의 말씀으로 믿고 선포하는가, 복음주의적인가 아니면 자유주의적인가, 설교가 영혼 구원을 지향하는가 아니면 사회적 이슈에만 치중하고 있는가, 성장 지향적인가 아니면 반성장주의인가에 따라서 설교의 결과는 엄청난 차이를 가져오게 될 것이며, 그 결과가 교회의 성장에도 바로 영향을 미치게 될 것이다.

영혼 구원에 대한 열정을 상실한 자유주의적인 신학, 성장에 대한 비판적 자세, 하나님의 절대적 능력을 신뢰하지 못하는 패배주의적인 사고 등은 교회 성장을 가로막는 부정적인 모습들이다. 만일 설교자가 이러한 신학을 소유하고 있다면 분명한 것 하나는 거기에는 교회의 성장이 있을 수 없다는 사실이다. 우리가 기억해야 할 것은 복음적인 교회들은 지금도 부흥하고 있으나 자유주의적인 교회들은 침체하고 있다는 사실이다. 한때 자유주의 물결이 휩쓸고 간 서구의 교회들에서 우리는 진지한 교훈을 얻을 수 있어야 할 것이다.

다음으로 교회 성장과 관련하여 설교자들이 생각해야 할 것은 자신의 설교 내용과 방법에 관해서다. 현재 한국교회 설교자들의 상당한 경우 설교를 들어보면 그 설교가 복음적이기보다는 율법적이고 지나치게 도덕적인 교훈에 치중하고 있음을 보게 된다. 물론 하나님의 말씀은 윤리적 차원을 포함하고 있다. 그러나 설교는 윤리 이전에 복음이라는 사실을 잊지 않아야 한다. 복음이 없는 윤리는 종교를 율법으로 만들어 버리고 만다.

설교가 윤리적인 데 치중하게 되면 설교를 전달하는 방법 역시 훈계식 또는 강의식으로 빠지게 된다. 이것은 설교가 강의가 아니라는 점에서 그 방법에 있어서 심각한 문제를 가질 수밖에 없다. 따라서 오늘의 설교자들은 이 점을 언제나 기억하면서 자신의 설교 내용과 방향을 점검해야 한다. 설교는 근본적으로 하나님의 복음을 선포하는 데 가장 우선을 두어야 한다.

참고로 설교와 교회 성장의 관계를 연구한 데이빗 에비(David Eby) 목사는 교회 성장을 위한 복음적 설교의 특징을 다음 여섯 가지로 들고 있다.[19]

1) 예수 그리스도와 그분의 사역(the Person and Work)에 대해서 설교하라.
2) 은혜로 구원받게 됨(Salvation by Grace)을 선포하라.
3) 죄와 악(Sin and Guilt)에 대해서 양심에 호소하라.
4) 영생과 하나님께 대한 책임(Eternity and Accountability to God)에 초점을 맞추라. 즉, 영원한 생명과 하나님의 심판이 있음을 설교하라.
5) 오직 그리스도 안에만 구원이 있음(Exclusive Salvation in Christ alone)을 선포하라.
6) 회개하고 믿음(Repentance and Faith)을 가지도록 촉구하라.

또 하나 생각할 것은 설교의 내용이 오늘의 청중과 얼마나 관련이 있느냐다. 어떤 설교자들의 설교를 들어보면 하늘 이야기만 하고 있다. 청중과는 아무런 관련이 없다. 그것을 듣는 청중은 마치 옛날 이야기를 듣는 것처럼 앉아 있을 뿐이다. 설교에 대한 별 관심도 없다. 매주 교회에서 이런 메시지가 선포되고 있다면 그런 교회가 성장할 수 있을까? 만일 그런 메시지를 선포하는 데도 교회가 성장한다면 그것은 아마 기적일 것이다.

설교자는 복음의 내용을 오늘의 사람들의 입장에서 재해석하여 그것을 전달할 수 있어야 한다. 그럴 때 하나님의 말씀은 과거의 말씀이 아니라 오늘의 말씀이 되며, 듣는 사람들의 마음을 움직이고 변화시키는 능력을 갖게 될 것이다.

설교자의 신학과 그가 하는 설교의 내용과 방법은 교회 성장과도 긴밀한 관계가 있다. 오늘 자신의 교회는 자신의 설교의 결과요, 설교를 듣는 사람들은 자신의 설교를 통해서 만들어진 작품들이다. 설교는 교인들의 내면적, 영적 성장과 함께 교회의 외형적 성장에도 중요한 요인이 된다는 사실을 기억하면서, 설교자들은 오늘 자신의 설교에 더욱 관심을 가지고 설교를 위해 최선을 다해야 할 것이다.

당신의 설교를 통해서 날마다 구원받는 숫자가 더해 가는 사도행전의 역사가 당신의 교회에서 일어나기를 바란다. 그리고 그 결과 당신의 교회가 하나님과 사람들 보기에 아름답게 성장하기를 바란다.

"당신의 설교가 당신의 교회를 만든다."

9장 미주

1) 이현웅, 『21세기에 다시 본 존 칼빈의 설교와 예배』 (서울: 이레서원, 2009), p. 55.

2) David Buttrick, A Captive Voice: *The Liberation Preaching* (Louisville: Westminster/John Knox Press, 1994), p. 39.

3) Dennis F. Kinlaw, *Preaching in the Spirit*, 홍성철 역, 『성령 안에서 설교하라』 (서울: 도서출판 세복, 1997), p. 41.

4) James Forbes, *The Holy Spirit and Preaching* (Nashville: Abingdon Press, 1989), p. 19.

5) David M. Greenhaw and Ronald J. Allen, ed., *Preaching in the Context of Worship* (St. Louis: Chalice Press, 2000), p. .

6) Robert E. Webber, *Blended Worship: Achieving Substance and Relevance in Worship* (Massachusetts: Hendrickson Publishers, 2000).

7) Tim and Jan Wright, ed., *Contemporary Worship* (Nashville: Abingdon Press, 1997), pp. 23-26.

8) Paul Waitman Hoon, *The Integrity of Worship* (Nashville: Abingdon Press, 1971), p. 80.

9) John Broadus, *On the Preparation and Delivery of Sermons* (New York: Harper San Francisco, 1979), p. 316.

10) 영어에서는 Church Year, Christian Year, Liturgical Year라고 부른다.

11) 본 교회력 도표는 주승중, 『은총의 교회력과 설교』(서울: 장로회신학대학교 출판부, 2006), pp. 349-50에 나온 것을 인용하였다.

12) 웨스트민스터 예배모범에서는 신약과 구약을 각각 1장씩 읽도록 하고 있다. 그러나 이것은 본문의 길이가 너무 길어지는 경향이 있다. 그래서 스코틀랜드교회에서는 후에 이것을 조정하기도 하였다. 웨스트민스터 예배모범 제2항에서는 "본문의 길이는 목회자의 지혜를 따라서 하되 보통 매모임에서 신약과 구약을 각각 1장씩 읽는 것이 좋다"라고 말하고 있다. Thomas Leishman, ed., *The Westminster Directory* (Edinburgh and London: William Blackwood and Sons, 1901), p. 18.

13) 성서정과의 역사와 가치성 등에 대한 자세한 내용은 정장복, 『교회력과 성서일과』(서울: 대한기독교서회, 1996), pp. 62-85; 주승중, 『은총의 교회력과 설교』(서울: 장로회신학대학교 출판부, 2006), pp. 293-312를 참고하면 많은 도움이 될 것이다.

14) 본 성서정과표는 주승중, 『은총의 교회력과 설교』(서울: 장로회신학대학교 출판부, 2006), pp.

328-45를 인용하였다. 이것은 『개정 공동 성서정과』에 따른 것인데, 이에 대해서 보다 자세한 내용은 Peter C. Bower, Handbook for the Revised Common Lectionary (Louisville: Westminster John Knox Press, 1996)를 참조하면 도움이 될 것이다.

15) 조엘 오스틴 목사는 베스트셀러가 된 『긍정의 힘』이라는 책의 저자로 한국교회에 잘 알려져 있다. Joel Osteen, *Your Best Life Now*, 엔터스 코리아 역, 『긍정의 힘』(서울: 두란노, 2005).

16) Mary E. Mcgann, *Exploring Music as Worship and Theology: Research in Liturgical Practice* (Collegeville: The Liturgical Press, 2002), p. 20.

17) Donald A. McGavran, *Understanding Church Growth* (Grand Rapids: William B. Eerdmans Publishing Co., 1970).

18) Donald A. McGavran, *Understanding Church Growth*, 3th edition, revised and edited C. Peter Wagner (Grand Rapids: William B. Eerdmans Publishing Co., 1994), p. 8.

19) David Eby, *Power Preaching for Church Growth: The Role of Preaching in Growing Churches* (Ross-shire: Mentor, 1998), pp. 55-58.

여정을 마치며

설교의 영광

"설교자의 보좌는 강단(pulpit)이다. 설교자는 그리스도를 대신하여 그곳에 선다. 그의 메시지는 바로 하나님의 말씀이다. 그의 주변에는 불멸의 영혼들이 있다. 보이지 않는 구세주께서 그의 곁에 계신다. 성령님께서 회중 위에 임하여 계신다. 천사들이 그 광경을 바라보고 있다. 천국과 지옥이 그 결과를 기다리고 있다. 이 얼마나 장엄한 연합의 광경이며 한편 커다란 책임인가!"[1]

필자가 설교를 해오면서 잊지 못할 몇 가지 경험들이 있다. 최근 어느 교회에서 상당한 기간 동안 설교를 하게 되었다. 설교를 하게 된 마지막 주일에 어느 장로님으로부터 이런 말을 들었다. 그는 대학 교수로 은퇴하신 분이었는데, 그 주일의 설교를 듣고 며칠 후 필자에게 웃으면서 이런 말씀을 하셨다. "목사님, 은혜를 너무 받아도 안 되겠습니다. 목사님 설교를 듣고 은혜를 많이 받아서 그날 밤에 잠을 잘 수가 없었습니다." 그러면서 그는 자기가 받은 은혜를 감사하였었다. 어떤 교인들은 "목사님, 목사님의 설교를 들으면서 너무나 행복했어요. 감사해요. 그리고 목사님, 사랑해요"라고 말을 하면서, 부족한 사람을 격려해 주기도 하였다. 하나님 앞에 심히 황송할 따름이었다.

그러나 한편으로 이 말을 들었을 때 설교자가 느꼈을 기쁨을 여러분이 상상해 보시기 바란다. 설교자들이 설교할 때마다 이런 일이 일어나고 이런 말을 들을 수 있다면 설교자 역시 얼마나 감사하고 행복하겠는가?

서울에서 신학교를 다니며 교육 전도사로 사역할 때의 일이다. 그때 필자는 중·고등부 학생회를 맡아서 주일 오전 9시에 설교를 하고 있었다. 이제 신학에 입문해서 설교학에 대한 초보적인 지식을 가지고 나름대로 열심히 하려고 했던 때였다. 그러나 다른 사람들이 볼 때는 서투르고 부족한 점 또한 많았으리라.

그로부터 몇 년이 지난 후 한 청년에게서 이런 이야기를 들었다. 그가 시골에서 서울로 올라와 우연히 필자가 설교하고 있는 교회의 학생회 예배에 참석하게 되었다고 한다. 물론 그는 당시 학생이 아니었고 고등학교를 졸업한 상태였다. 그런데 그 예배에서 필자의 설교를 듣고 예수님을 영접하였다고 한다. 그리고 그 후 열심히 신앙 생활을 하게 되었다는 것을 필자에게 말했었다.

나는 그가 그날 그 예배에 참석했었는지, 내가 전한 설교를 들었는지 알지 못했다. 그러나 비록 설교자가 그의 내면에 일어나는 일들을 알지 못했었지만, 하나님께서는 그분의 말씀을 통해서 그의 심령 속에 역사하고 계셨던 것이다.

그 후 그는 신학교에 진학을 하게 되었다. 그리고 지금쯤은 강단에 서서 나와 같이 하나님의 말씀을 전하는 설교자가 되어 맡기신 말씀의 사역에 충실하고 있으리라. 설교는 이렇게 사람을 변화시키고 그를 하나님의 사람으로 만드는 능력이 있음을 보게 된다. 이것이 바로 하나님의 말씀의 역사요, 설교자의 기쁨과 보람이요, 설교의 영광이 아니겠는가?

폴 스캇 윌슨(Paul Scott Wilson)이 말한 대로 '설교는 하나님의 사건' (preaching as God's event)2)이다. 말씀을 통해 하나님은 인간들 속에서 하나님의 사건을 일으키신다. 죄인을 회개시켜 구원하시고, 믿음이 없는 자들에게 확신을 주시고, 절망한 자들을 회복시켜 주시고, 병든 자들을 고치시며, 세상을 바라보고 따르는 자들을 변화시켜 그리스도의 헌신된 사람들로 세워 나가신다. 그러기에 설교는 단순한 연설이 아니다. 그것은 하나님의 음성이요, 구원을 일으키는 능력의 말씀이다. 오늘 설교자인 우리들은 바로 이 말씀을 전하도록 부름받은 것이다.

그런 의미에서 에밀 부르너(Emil Brunner)가 말한 대로 "아무리 아니라고 하더라도 이 지상에서 일어나고 있는 최고의 일은 설교"3)라고 할 수 있다. 설교는 이렇게 위대한 일이요, 영광스러운 일이다.

비록 설교자로서 가는 그 길이 어렵고 힘들지라도 기쁨으로 가도록 하자. 때로는 설교로 인해서 환희를 느끼고 때로는 그 설교로 인해서 괴로워하고 좌절하는 순간이 있을지라도, 우리가 가야 할 이 길을 힘차게 가도록 하자.

한국교회의 설교자들이여!

하나님께서 우리에게 하나님의 말씀을 전하도록 부르시고 맡기신 이 영광스러운 직분을 다시 생각하면서, 오늘 설교자로서 자신의 삶에 최선을 다하도록 하자. 하나님께서 우리에게 하나님의 말씀을 맡기셨고, 또한 한국 교회와 한국의 미래를 맡기셨으니……

강단에서 맡긴 사명을 다하고 주 앞에 이르는 그날까지 이 땅의 모든 설교자들이 멀지만 가야 할 이 설교의 여정(旅程)에 하나님이 주시는 하늘의 위로와 능력이 늘 함께하기를 기도하면서, 이제 여기서 '설교의 여정'을 마친다.

> "지혜 있는 자는 궁창의 빛과 같이 빛날 것이요,
> 많은 사람을 옳은 데로 돌아오게 한 자는
> 별과 같이 영원토록 비취리라"(단 12:3).

여정을 마치며 미주

1) Haddon W. Robinson, *Biblical Preaching* (Grand Rapids: Baker Academic, 2001), p. 16.

2) Paul Scott Wilson, *The Preaching of Practice* (Nashville: Abingdon Press, 1995), p. 20.

3) Emil Brunner, *Revelation and Reason* (Philadelphia: Westminster Press, 1946), p. 142. Clyde Reid, *The Empty Pulpit*, 정장복 역, 『설교의 위기』 (서울: 대한기독교출판사, 1985), p. 31에서 재인용.

참고문헌

吉善宙. 『講臺寶鑑』. 경성: 동명서관, 1926.

길진경. 『靈溪 吉善宙』. 서울: 종로서적, 1980.

윤석민. 『커뮤니케이션의 이해』. 서울: 커뮤니케이션북스, 2007.

이현웅. 『21세기에 다시 본 존 칼빈의 설교와 예배』. 서울: 이레서원, 2009.

_____. "길선주 목사의 설교론과 설교에 관한 분석 연구." 『한국 기독교 신학논총』, 제55호(2008. 1).

_____. "포스트모던 시대에서의 설교를 위한 방법론적 연구." 『신학사상』, 제143집(2008. 여름).

_____. "현대 기독교 설교자의 정체성에 관한 존재론적 이해." 『신학과 실천』, 제23호(2010. 여름).

정장복. 『교회력과 성서일과』. 서울: 대한기독교서회, 1996.

_____. 『한국교회의 설교학 개론』. 서울: 예배와 설교 아카데미, 2005.

주승중. 『은총의 교회력과 설교』. 서울: 장로회신학대학교 출판부, 2006.

Allen, Ronald J., Barbara S. Blaisdell, and Scott B. Johnston. *Theology for Preaching: Authority, Truth, and Knowledge of God in A Postmodern Ethos*. Nashville: Abingdon Press, 1997.

_____. *Thinking Theologically*. Minneapolis: Fortress Press, 2008.

Aristotle. On Rhetoric. Translated by George A, Kenndy. New York: Oxford University Press, 1991.

Awbrey, Ben. *How Effective Sermons Begin*. Ross-shire: Mentor, 2008.

Barth, Karl. Homiletik, Translated by Geoffrey W. Bromiley and Donald E. Daliels. *Homiletics*. Louisville: Westminster/John Knox Press, 1991.

Baumann, J. Daniel. *An Introduction to Contemporary Preaching*. Grand Rapids: Baker Book House, 1990.

Baxter, Richard. *The Reformed Pastor*. Carlisle: The Banner of Truth Trust, 2001.

Bounds, Edward McKendree. *Preacher and Prayer*. 이혜숙 역. 『설교자와 기도』. 서울: 도서출판 세복, 1997.

Bower, Peter C. *Handbook for the Revised Common Lentionary*. *Louisville*: Westminster/John Knox Press, 1996.

Broadus, John A. *On the Preparation and Delivery of Sermons*, 4th ed. revised by Vernon L. Stanfield. New York: Harper San Francisco, 1979.

Brooks, Phillips. *The Joy of Preaching*. Grand Rapids: Kregel Publications, 1989.

Buttrick, David. A Captive Voice: *The Liberation of Preaching*. Louisville: Westminster/John Knox Press, 1994.

_____. *Homiletics: Moves and Structures*. Philadelphia: Fortress Press, 1988.

Calvin, John. *Calvin's Commentaries vol.* : Commentaries on the Prophet Jeremiah and the Lamentations, vol. Ⅰ. Translated by John Owen. Grand Rapids: Baker Books, 2005.

_____, *Commentaries on the Twelve Minor Prophets*, Transleted by John Owen. Grand Rapids: Baker Books, 2005.

_____. *Institutes of the Christian Religion*. Edited by John T. McNeill, Vol. ⅩⅩⅠ: The Library of Christian Classics. Louisville: Westminster/John Knox Press.

Campbell, Charles L. *Preaching Jesus*. Grand Rapids: Wm. B. Eerdmans Publishing Company, 1997.

Chartier, Myron Raymond. *Preaching As Communication: An Interpersonal Perspective*. Nashville: Abingdon Press, 1981.

Craddock, Fred B. *As One without Authority*. St. Louis: Chalice Press, 2001.

_____. *Preaching*. Nashville: Abingdon Press, 1985.

Davis, Henry Grady. *Design for Preaching*. Philadelphia: Fortress Press, 1958.

Demaray, Donald. *Pulpit Giant*. 나용화 역.『강단의 거성들』. 서울: 생명의 말씀사, 2002.

de Vaux, Roland. *Ancient Israel: Its Life and Institutions*. Translated by John McHugh. Grand Rapids: Wimmiam B. Eerdmans Publishing Co., 1997.

Eby, David. *Power Preaching for Church Growth: The Role of Preaching in Growing Churches*. Ross-shire: Mentor, 1998.

Edwrads, J. Kent. *Effective First-Person Biblical Preaching: The Steps from Text to Narrative Sermon*. Grand Rapids: Zondervan, 2005.

Eslinger, Richard L. *The Web of Preaching: New Options in Homiletic Method*. Nashville: Abingdon Press, 2002.

Fasol, Al. *A Complete Guide to Sermon Delivery*. Nashville: Broadman & Holman Publishers, 1996.

Ferguson, *Everett. Backgrounds of Early Christianity*. Grand Rapids: William B. Eerdmans Publishing Co. 2003.

Forbes, James. *The Holy Spirit and Preaching*. Nashville: Abingdon Press, 1989.

Greenhaw David M., and Ronald J. Allen, ed. *Preaching in the Context of Worship*. St. Louis:

Chalice Press, 2000.

Hoyt L. Hickman, Hoyt L., Don E. Saliers, Laurence Hull Stookey, and James F. White. *The New Handbook of the Christian Year.* Nashville: Abingdon Press, 1992.

Hoon, Paul Waitman. *The Integrity of Worship.* Nashville: Abingdon Press, 1971.

Johnston, Graham. *Preaching to a Postmodern World.* Grand Rapids: Baker Books, 2001.

Kinlaw, Dennis F. *Preaching in the Spirit.* 홍성철 역. 『성령 안에서 설교하라』. 서울: 도서출판 세복, 1997.

Koller, Charles W. *How to Preach without Notes.* Grand Rapids: Baker Books, 2005.

Leishman, Thmas. ed., *The Westminster Directory.* Edinburgh and London: William Blackwood and Sons, 1901.

Lloyd-Jones, D. Martyn. *Preaching and Preachers.* Grand Rapids: Zondervan Publishing House, 1972.

Lose, David J. *Confessing Jesus Christ: Preaching in a Postmodern World.* Grand Rapids: William B. Eerdmans Publishing Company, 2003.

MacArthur, John, and The Master's Seminary Faculty, *Preaching: How to Preach Biblically.*

Nashville: Nelson Reference, 2005.

Maxwell, William D. *A History of Christian Worship.* Grand Rapids: Baker Book House, 1982.

Mcgann, Mary E., *Exploring Music as Worship and Theology: Research in Liturgical Practice.* Collegeville: The Liturgical Press, 2002.

McGavran, Donald A., *Understanding Church Growth.* Grand Rapids: William B. Eerdmans Publishing Co., 1970.

Mcluhan, Herbert Marshall. *Understanding Media.* 박정규 역. 『미디어의 이해』. 서울: 커뮤니케이션 북스, 2007.

Osteen, Joel. *Your Best Life Now.* 엔터스 코리아 역. 『긍정의 힘』. 서울: 두란노, 2005.

Parker, T. H. L. *Calvin's Preaching.* 김남준 역. 『칼빈과 설교』. 서울: 도서출판 솔로몬, 2003.

_____. *The Oracles of God: An Introduction to the Preaching of John Calvin.* Cambridge: James Clarke & Co., 2002.

Pieterse, H. J. C. *Communicative Preaching.* 정창균 역. 『설교의 커뮤니케이션』. 수원: 합동신학대학 원출판부, 2002.

Randolph, David James. *The Renewal of Preaching: A New Homiletic Based on the New Hermeneutics.* Philadelphia: Fortress Press, 1969.

Reid, Clyde. *The Empty Pulpit: A Study in Preaching as Communication.* New York: Harper &

Row Publisher, 1967. 정장복 역.『설교의 위기』. 서울: 대한기독교출판사, 1985.

Rice, Charles. *Interpretation and Imagination: The Preacher and Contemporary Literature*, Philadelphia: Fortress Press, 1970.

Robinson, Haddon W. *Biblical Preaching*. Grand Rapids: Baker Academic, 2001.

Robinson, Haddon W., and Torrey W. Robonson, *It's All in How You Tell It: Preaching First-Person Expository Messsages*. Grand Rapids: Baker Books, 2005.

Rose, Lucy Atkinson. *Sharing the Word: Preaching in the Roundtable Church. Louisville*: Westminster John Knox Press, 1997.

Swears, Thomas R. *Preaching to Head and Heart. Nashville*: Abingdon Press, 2001.

Van Harn, Roger E., Preacher, *Can You Hear Us Listening? Grand Rapids*: William B. Eerdmans Publishing Co., 2005.

Vines, Jerry. and Jim Shaddix, *Power in the Pulpit: How to Prepare and Deliver Expository Sermons*. Chicago: Moody Press, 1999.

Webber, Robert E., *Blended Worship: Achieving Substance and Relevance in Worship*. Massachusetts: Hendrickson Publishers, 2000.

_____. *God Still Speaks*. 정장복 역.『그리스도교 커뮤니케이션』. 서울: 대한기독교서회, 1991.

Wiersbe, Warren W. *Preaching and Teaching with Imagination*. Grand Rapids: Baker Books, 1996.

Wilson, Paul Scott. *The Practice of Preaching*. Nashville: Abingdon Press, 1995.

Wright, Tim and Jan. ed., *Contemporary Worship*. Nashville: Abingdon Press, 1997.